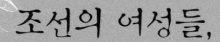

조선의 여성들,

부자유한 시대에 너무나 비범했던

박무영 · 김경미 · 조혜란 지음

돌베
개

조선의 여성들, 부자유한 시대에 너무나 비범했던

박무영, 김경미, 조혜란 지음 | 2004년 7월 5일 초판 1쇄 발행 | 2022년 4월 18일 초판 15쇄 발행
펴낸이 한철희 | 펴낸곳 돌베개 | 등록 1979년 8월 25일 제406-2003-000018호 | 주소 (10881) 경기도 파주시 회동
길 77-20 (문발동) | 전화 (031) 955-5020 | 팩스 (031) 955-5050 | 홈페이지 www.dolbegae.co.kr | 전자우편
book@dolbegae.co.kr | 책임편집 이경아·김희동 | 편집 윤미향·김희진·서민경 | 본문디자인 이은정·박정영 |
인쇄·제본 영신사 | ISBN 89-7199-188-7 (03990)책값은 뒤표지에 있습니다.

이 도서의 국립중앙도서관 출판시도서목록(CIP)은 e-CIP 홈페이지
(http://www.nl.go.kr/cip.php)에서 이용하실 수 있습니다.(CIP제어번호: CIP2004001207)

조선의 여성들,

부자유한 시대에 너무나 비범했던

우리 앞의 여성 선배를 찾아서

텔레비전을 켜놓고 음식을 하고 있었다. 퀴즈 프로그램이었다. "다음은 인물을 알아맞히는 문제입니다. 현모양처 – 삐익, 신사임당." 뭐라고?

날카로운 눈매의 멋진 편집장은 찻잔을 놓으며 웃었다. "제 여학교 때 급훈이 뭐였는지 아세요? '현모양처' 였어요." 뭐라고?

— 생각해보니 나도 그렇게 자랐고, 나도 그 문제 맞췄을 거다.

우린 한국 고전 문학을 전공하는 학자들이다. 그리고 마흔 언저리 어느 무렵부터 과거의 여성들에 대해 공부하기 시작했다. 주로 작가나 작품 속의 인물들이 중심이 되는 문학 공부였지만, 우리는 신사임당이 '현모양처' 이전에 '사람' 이었고, 우리 선배라는 사실을 알아갔다. 그리고 우리가 얼마나 외로웠는지 알아챘다. 우리 모두 여자이기 전에 사람이고 싶었지만, '현모양처' 인 신사임당이나 퀴리 부인 말고는 – 아, 유관순 '누나' 가 더 있었다! – 별로 아는 여성 선배가 없었다. '현모양처' 는 별 매력이 없었고, 퀴리 부인은 서양 사람이었다. 그래서 우리는 훌륭한 '할아버지' 들을 바라보면서 자랐다는 것을 알아채게 되었던 것이다.

그러나 우리는 모두 '여성'이었다. 여성으로 40년을 살면서, 아직도 여성으로서의 삶은 인간 일반의 삶과는 또 다른 문제들에 부딪치고 해결하며 살아야 한다는 것을 알게 된다. 그래서 우리에겐 훌륭한 할아버지들 말고도 여성 선배가 따로 더 필요했다. 여성이란 조건을 가지고도 사람으로 살아간 여성 선배 말이다. 그러나 우리는 우리 앞의 그 긴 세월 속에서 공감하고 닮고 싶은 여성 선배 하나를 갖지 못하고 '하늘에서 뚝 떨어진 사람들'처럼 살았다는 것을 드디어 깨닫게 된 것이다.

물론 우리만 그런 건 아니었다. 주변을 보면 훌륭한 혹은 평범한 많은 여성들이 그런 갈증을 품고 살고 있었다. 우리보다 훨씬 자유로워 보이는 후배들도 별로 다르지 않다는 생각도 들었다. 장애인 여성 국회의원의 휠체어가 국회를 누비게 되어도, 롤러 브레이드를 타고 유세장을 누비는 젊은 언니가 국회에 들어가도, 우리 딸들과 아들들이 우리의 역사에서 사랑하는 여성 선배 하나 갖지 못하고 자라는 사정은 비슷해 보였다. 그래서 우리는 우리가 찾아낸 여성 선배들의 이야기를 하고 싶어졌다. 여성이라는 조건 속에서 어떻게 사람으로 살아갔는지, 그 다양한 방식의 싸움과 인내와 고통과 환희를 이야기하고 싶어졌다.

그런 소망을 오래 품고 있는 동안에 사회적으론 여성 담론이 범람했다. 우리 역사 속의 여성들을 이야기하는 다양한 방식의 저술들도 쏟아져 나왔다. 문화인물로 선정되고, 지역의 인물로 선정되어 '선양'되었다. 기뻐할 만한 현상이기는 하다. 어찌 보면 우리의 기획은 아까운 나무만 한 그루 또 죽이는 사족일지 모른다.

　그러나 그런 출판물들을 지켜보면서도 우리는 우리의 이야기를 해야 겠다는 생각을 접을 수 없었다. '현모양처'라는 오래된 덧칠이 우리에게서 신사임당이란 여성 선배를 빼앗았듯이, 이 정치적 기획들과 출판물들은 또 어떤 덧칠을 하고 있는지, 노파심을 접을 수 없었다. 여전히 남성적인, 혹 은 상업적인 덧칠이 많은 것 같았다. 때로는 지나치게 급진적인 해석이 이 여성 선배들의 실상을 왜곡하는 것 같기도 했다.—오해는 없으시길! 우리 는 이 작업들 모두를 부정하는 것이 아니다. 이 작업들의 일부가 지닌 훌 륭한 의도와 결과를 충분히 존경하고 인정한다. 우리의 작업도 그런 작업 의 일부가 되길 바란다.—그래서 우리는 한국 고전 문학을 전공하는 연구 자들이라는 우리의 위치와 여성 선배를 바라는 우리의 갈망, 우리의 정체 성을 담은 작업을 하기로 결정했다. 가능한 객관적 자료로 증명할 수 있는 범위에서, 우리가 아는 범위 내의 여성사적 연구 결과들을 토대로 우리의 여성 선배들을 살려내보기로.

　그러나 우리가 불러내고자 하는 것은 '위대한 여성들'이 아니다. '위 대하다'는 수식어는 필연적으로 추상화와 일종의 폭력적인 위압감을 내포 하게 된다는 것이 우리의 생각이다. 그것은 삶의 구체적인 숨결을 죽이고 그 당사자들을 추상화시킨다. 보통 사람들에게는 전범적인 위압감을 준다. 여성이 사회적인 타자로 젠더화 된 세상에서 우리는 그런 위압감에 익숙하 다. 그런 위압적인 여성 선배가 우리에게 또 필요한 것은 아닐 것 같았다. 우리는 우리와 똑같은 여성들이 각자의 삶을 최선을 다해 견디고 살아가고 장악했던 다양한 방식들을 드러내고 싶다. 그 과정에서 우리와 똑같이 겪는 그 삶의 갈피들, 그 숨소리를 살려내고 거기서 뭔가를 배우고 싶다.

한 여성 단체의 워크숍에서 김호연재라는 시인의 이야기를 한 적이 있다. 열 명 남짓의 소그룹, 당당한 여성 운동가들 사이에 수줍은 모습의 한 부인이 있었다. 자유롭게 이야기하는 시간이 되었을 때, 뜻밖에 그 부인이 입을 열었다.

저도 이런 경험 있어요(이야기 중에 호연재가 남편의 외도에서 받았던 고통과 대처 방식을 이야기했었다). 이분, 참 현명하다는 생각이 들어요. 자기 힘으로 어쩔 수 없는 상황이라면, 자기가 처한 상황에서 자신을 지키기 위해 최선을 다했다는 생각이 들었어요.

상담 전화를 담당하신다는 분이 말을 받았다.

상담할 때도 중요한 건 자신에 대한 존중감을 회복하도록 도와주는 거예요. 그 것만 되면 나머지는 알아서 해요. 이혼하는 방법을 모르는 건 아니잖아요.

그 순간 이백 년 전의 호연재와 우리 모두가 그 자리에 함께 있었다. 서로를 이해하고 공감하는 따뜻한 유대감 속에서. 그리고 깨달았다. 이백 년 전의 한 여성이 이처럼 부드럽게 우리 삶에 개입하고 조언하는 선배일 수 있다는 사실을. 우리가 그녀를 이처럼 진심으로 이해할 수 있다는 것을.

우리는 이 책을 통해 다양한 방식으로 그런 공감을 나눌 수 있기를 바란다.

우리는 이 여성 선배들의 삶을 한 가지 색깔로 물들이고 싶지 않았다. 그들은 각기 다른 삶의 경험과 꿈, 과제를 안고 각자의 방법으로 살았다. 그들은 '여성'이라는 같은 발판 위에 서 있는 그만큼 서로 다른 사람들이기도 하다. '현모양처'의 자리에 다른 근사한 무언가를 들어서게 해서, 우리 선배들이 지녔던 그 '단 한 가지 삶의 방법'을 그것으로 바꾸어놓지 않도록 조심하자는 것이 우리의 생각이었다. 이들 각자의 삶을 각각 '단 한 가지 방법'으로 존중하고 싶다. 여기 불러놓은 열네 명의 여성들은 비슷한 조건―조선 시대의 여성으로 살았다. 두엇을 제외하면 어쨌든 모두 상류 계층의 여성들이었다. 그러나 모두 다른 방법으로 살았다. 그렇게 그들 각자로 만나려고 노력했다. 아쉬운 것은 좀 더 포괄적인 계층, 시대의 여성 선배들을 불러내오지 못한 것이다. 우리가 확보할 수 있는 자료가 그랬지만, 변명이다. 그러나 누군가가 또 이런 작업을 할 것이다. 즐겁게 기다린다.

객관적인 자료로 증명할 수 있는 한도를 벗어나지 않고자 하는 것이 우리의 원칙이었지만, 실상 이 글들의 절반은 우리들 자신이다. 고백하자면 이 글들은 우리 각자가 이 여성 선배들 각자와 만나고 싸우고 화해하고 반하고 연애한 기록들이다. 우리가 확보할 수 있었던 자료를 통해서 우리 각자가 그들에게 공감하고 이해했던 방식들이다. 우리 세 사람도 그녀들과 마찬가지로 서로 다 다른 사람들이다. 그런 자취가 우리 각자의 문체로 드러난다. 우리는 굳이 이것을 숨길 생각이 없다. 이 글을 읽어주는 독자들도 또한 각자의 방식으로 그들을 만날 것이다. 그렇기를 기대한다.

우리 선배 한 분은 대학생인 따님과 진짜 친구다. 그녀를 통해서 우린 또 삶을 배운다. 우리는 이 글을 그 따님과 그녀의 친구들이 읽어주었으면 한다. 엄마가 자신의 엄마와 할머니, 먼 옛날의 선배들을 이해하면서 무엇을 발견했는지, 우리가 어떻게 한 줄로 서 있는 사람들인지 말해주고 싶다. 물론 워크숍에 참여해서 우리를 따뜻하게 하고 용기를 주었던 그 부인과 그분의 친구들도 읽어주시길 바란다. 우리를 지혜롭게 살게 도와주는 선배, 오래 전 친구를 만나는 경험으로. 여성 관련 자료들을 기막히게 분석해내던 남학생 제자들도 읽어주었으면 한다. 억압 속에서도 사람다운 품위를 잃지 않았던 사람들의 숨소리를 듣는 것은 그들의 삶을 풍요롭게 할 것이다. 우리의 어린 아들들과 딸들도 읽어주길 바란다. 여성과 남성의 차이를 넘어서 삶에 진실한 사람은 언제나 존경받아야 한다. 우리 아들과 딸들이 우리의 할아버지들에게서와 마찬가지로 우리의 할머니들에게서도 그런 모습을 발견하고 사랑할 수 있기를 바란다. 여자나 남자 모두가 활짝 꽃피도록 서로 돕는 세상이 얼마나 고울지 꿈꾸어주었으면 한다. 우리 편집장님과 편집부 식구들도 물론 읽어주실 것이다. 멋진 여성들을 만나 함께 작업하는 것은 행운이다. 우리는 그런 행운을 누렸다. 우리들 각자도 서로에게 축복이다.

문제는 우리다. 우리가 감히 이런 소망을 가질 만큼, 성실하게 작업했을까? 우리는 이 선배들에게 또 어떤 덧칠을 하고 있나? 변명은 우리가 정말 사심 없이 그녀들을 사랑하고 존중했다는 것뿐이다.

2004년 여름에 필자들

차 례

■
신사임당에 대해 언급하는 글들은 많지만 정작 신사임당은 정리된 형태의 문집이나 화첩이 없다. 그러나 신사임당은 그림으로, 글씨로, 또 율곡 이이의 어머니로 워낙 이름이 있는 여성이었기에 조선 시대부터 그녀의 그림 및 자식 교육에 대해 언급한 기록들이 많이 남아 있다. 너무나 고맙게도 이런 조선 시대의 자료들을 한데 모아 잘 정리해주어서, 여기저기 흩어져 있는 자료를 찾아야 하는 수고를 덜어준 책이 있다. 이은상의 『사임당의 생애와 예술』이 바로 그 책이다. 이 책은 1962년에 성문각에서 출판한 이후 여러 번의 증보를 거쳐 1994년에 완성판이 나왔다. 이 책에는 사임당의 생애 및 가족 관계, 자식들에 대한 전기적 사실 및 학문, 교육, 그림, 글씨 등 다양한 내용이 포괄되어 있다. 저자는 증보판을 내면서 조선 시대의 자료들만이 아니라 박정희 정권 이후의 관련 자료들까지도 다 수록하고 있다. 이 밖에 신사임당의 생애를 알 수 있게 해주는 직접적인 자료로는 이이가 쓴 「선비행장」 외에 「행장」, 「시장」諡狀, 「신도비명」 등이 있는데, 이는 『율곡전서』에 실려 있다. 송시열의 문집인 『송자대전』의 「감찰증좌찬성이공묘표」는 신사임당의 남편인 이원수의 묘표인데, 여기에 신사임당과 아들 이우 등에 대한 언급이 있다.

■■
신사임당에 대한 연구는 주로 그녀의 교육 및 예술에 대한 것이고, 근래에는 신사임당에 대한 연구가 활발하지 않다. 이런 이유로 신사임당에 대한 기존 연구의 논의는 대체로 새로운 시각을 제공하고 있지는 않다. 신사임당의 교육에 대해서는 1976년 박영사에서 출판한 손인수의 『신사임당의 생애와 교육』이 있으며, 예술에 대해서는 1991년에 상명여자대학교에서 나온 이영애의 「신사임당의 초충화 연구」가 있다.

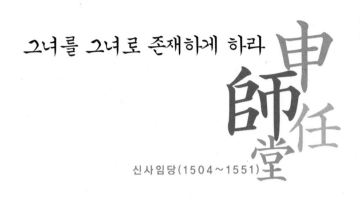

그녀를 그녀로 존재하게 하라

신사임당(1504~1551)

신사임당, 우리에게는 너무나 무거운 이미지인

오늘날 우리에게 '신사임당'이라는 이름은 너무나 낡은 기호이다. 그녀의 이름을 들으면 더 이상 고민할 필요도 없이 '현모양처'가 자동 기술적으로 연상되고, 혼수 가구를 취급할 것 같은 가구집 상호도 떠오르며, 이런저런 이미지 위로 중후한 표정을 짓고 있는 초상화도 겹쳐진다. 트레머리를 하고 입가에 약간 어색한 미소를 흐릿하게 물고 있는 그녀의 초상.

그러나 익숙하게 잘 알고 있는 것 같은 그녀인데, 막상 신사임당申師任堂의 생애에 대한 자료는 의외로 찾아보기 힘들다. 또 그녀의 그림은 대개 그녀가 현모라는 사실과 연관되어 설명되곤 한다. 재미있는 것은 조선 시대 기록에서는 주로 그녀가 율곡栗谷 이이李珥(1536~1584)의 어머니였다는 사실과 관련지어 현모로서의 의미를 부여하고 있는 데 비해, 오늘날에는 거기에 하나가 더 추가되어 현모양처로 거론된다는 사실이다. 신사임당의 이름과 결부되는 조선 시대의 현모 논의는 하나의 이데올로기가 되더니, 현대 한국사에서 현모양처의 이미지로 되살아나 오늘날의 여성들을 가늠하는 척도로 기능하기도 한다. 그리고 그녀의 이름은 현대 한국 여성이 추구해야 할 최고의 가치로 자리 매김 되었는데, 그 과정에서 다수 여성의 의견을 수렴했다는 이야기는 들어본 기억이 없다.

　결혼을 하려고 해도 번듯한 직장이 필요하다는 이야기가 나오는 오늘날의 여성들에게 신사임당은 뛰어난 재주를 지닌 화가였을 뿐 아니라 현모에다가 양처의 역할까지 넉넉하게 소화해낸 슈퍼 우먼 이미지로 자리 잡았다. 게다가 그녀의 이미지는 중후하다. 어느 정도 근엄한 무게를 갖춘, 그래서 감정적인 표현 따위는 이미 그 안에서 한 번 걸러져서 밖으로는 표출되지 않을 법한 표정을 짓고 있는 신사임당의 표상은 오늘날의 여성들에게는 너무나도 버거운 것이 되어버렸다. 그러더니 2003년 가을, 급기야 어떤 여성 단체는 오늘날의 여성들에게 신사임당은 부담스러운 역할 모델이라면서, "신사임당은 이제 그만!! 허난설헌으로 하자!"라는 구호를 외치기에 이르렀다. 1551년에 땅에 묻힌 신사임당의 혼령이 이 이야기를 듣게 된다면 어떤 표정을 지을지 궁금해진다.

섬세하고 여린, 예민하고 감성적인

　율곡은 자신의 어머니인 신사임당의 행장을 기록하고 있다. 그렇게 길

그 녀 를　그 녀 로　존 재 하 게　하 라,　신 사 임 당

지는 않지만 신사임당의 여러 면모들이 입체적으로 제시되어 있는 글이다. 그런데 길지 않은 분량 가운데 반복해서 기술되는 면모가 있다. 이 행장에 의하면 신사임당은 눈물이 많은 여성이었던 것 같다.

　　그녀가 친정에 갔다가 어머니와 작별할 때의 일이다. 이때 그녀는 눈물로 어머니에게 이별을 고했는데, 대관령에 이르러서는 어머니 생각에 가마를 멈추게 하고 한동안 쓸쓸히 눈물을 흘리다가 시 한 수를 남겼다고 한다. 잘 알려진 작품이지만 다시 한 번 소개하기로 한다. 사임당이 서른여덟 살 때 서울의 시댁 살림을 주관하기 위해 강릉을 떠나면서 지은 시인데, 늙은 어머니를 홀로 남겨두고 시댁으로 향하는 안타까움이 잘 배어난다.

머리 하얀 어머님을 강릉에 두고	慈親鶴髮在臨瀛
한양을 향해 홀로 가는 이 마음	身向長安獨去情
고개 돌려 북촌 땅 바라보니	回首北村時一望
흰 구름 내려앉는 저녁 산만 푸르구나	白雲飛下暮山靑

　　서울에 온 뒤에도 사임당은 항상 강릉을 그리워하여, 밤중에 사람들 기척이 뜸해지면 눈물을 흘리며 울었으며 또 어떤 때는 새벽이 되도록 잠을 이루지 못했다. 그녀의 가슴에는 늘 친정어머니에 대한 그리움과 그만큼의 눈물이 차 있었던 것 같다. 혼자가 되면 그 눈물이 흘러내리고, 사무치는 마음에 잠도 이룰 수 없었던 그녀는 감성이 매우 풍부한 여성이었을 것이다. 어느 날 친척 집 여종이 찾아와 거문고를 연주했을 때도 그녀는 눈물

을 보인다. 거문고 소리를 듣던 사임당은 눈물을 흘리며 "거문고 소리가 그리움이 있는 사람의 마음을 움직인다"라고 했는데, 방에 같이 있던 사람들이 슬퍼하면서도 그 뜻을 몰랐다고 한다. 악기 연주가 사임당의 눈물샘을 자극했던 것을 보면, 그녀는 매우 예민한 신경을 지녔을 것으로 보인다. 거문고 선율이 예민하면서도 섬세한 그녀의 마음을 울렸고 그녀의 슬픔으로 인해 온 방 안 사람들이 다 슬픔에 빠지게 되었다고 하니, 모두들 그녀의 슬픔에 감염된 셈이다. 그리고 그 슬픔의 원인은 아마도 홀로 계실 친정어머니였을 것이다. 율곡은 곧이어 사임당의 시 한 구절을 적어놓았는데, "밤마다 달을 보고 비노니, 생전에 뵈올 수 있게 하소서"라는 내용이다.

그녀의 눈물에 대한 마지막 기사는 1551년 남편 이원수李元秀(1501~1561)가 수운판관水運判官의 임무를 수행하기 위해 관서 지방으로 갔을 때의 일을 전해준다. 그녀는 그때 남편에게 눈물을 흘리며 편지를 썼다고 한다. 어쩌면 사임당은 이때 자신의 죽음을 예감하고 있었던 것은 아닌가 하는 생각이 든다. 그해 5월, 병이 난 그녀는 남편과 남편을 따라갔던 두 아들 선璿과 이珥를 보지 못한 채 숨을 거둔다. 남편에게 편지를 쓰며 눈물을 흘리는 신사임당의 모습은 미처 우리가 예상하지 못했던 그녀의 인간적인 면모이다.

신사임당의 행장을 살펴보면 삼분의 일은 학문과 그림, 서예 등의 내용으로, 또 삼분의 일은 홀로 남은 친정어머니에 대한 사무치는 그리움으로, 그리고 나머지 삼분의 일은 신사임당의 눈물로 구성되어 있다. 건드리기만 하면 눈물이 흐르는 감정선을 지닌 그녀의 모습은 그녀가 남긴 초충화의 섬세하고도 정밀한 묘사를 연상케 한다. 자신의 주변에 대해 민감하고도 섬세하게 반응했던 그녀였기에, 그 시선에는 마당의 풀벌레들·가지·오이·나비·개구리 등 일상적이면서도 작은 사물들이 그 모습 그대로, 고운 자태로 포착될 수 있었던 것이다. 진경산수는 아니지만 그녀의 그림에는 우리의 텃밭 한 모퉁이에서 범상하게 만날 수 있는 바로 그 친숙한 대상들이 가지런하게 담겨 있다.

사임당의 민감한 성품을 짐작해볼 수 있는 다른 일화들도 있다. 사임당이 열여덟 살 되던 해인 1521년, 아버지 신명화申命和가 서울에서 강릉으로 오던 도중 심한 병에 걸려 거의 죽을 지경에 이른 적이 있었다. 사임당의 어머니 이씨 부인은 혼수상태의 남편을 마중해 와서는 조상 무덤 앞에서 손가락을 끊으면서 간절하게 기도를 드린다. 이때 사임당 역시 아버지를 간호하다 잠이 들었는데, 한 신인神人이 나타나 대추알 크기의 약을 아버지에게 먹이는 꿈을 꾸었고 그 이튿날 신명화의 병이 나았다고 한다. 설화 같은 이야기인데, 이 일화가 여러 글에서 언급되는 것을 보면 허구적인 이야기만은 아닐 것이다.

사임당은 또 다른 꿈 이야기로도 유명하다. 그 꿈은 다름 아닌 율곡의 태몽이다. 서른세 살 되던 해 사임당은 동해 바닷가에서 선녀가 백옥 같은 피부를 지닌 아기를 안겨주는 꿈을 꾸었다고 하며, 율곡을 낳을 때는 검은 용이 바다로부터 날아와 부인의 침실 문 머리에 서리는 꿈을 꾸었다고 한다. 이 이야기가 바로 율곡이 태어난 방을 몽룡실夢龍室이라 부르게 된 내력이다. 율곡의 탄생과 관련한 꿈 이야기야말로 고소설의 영웅 일대기를 연상하게 한다. 꿈은 평소 간절히 바라던 바라든가 또는 어떤 기억들이 무의식 차원으로 내려가서 나타나는 것이라고 한다. 신사임당이 이런 꿈을 꾼 것 역시 그녀의 정신이나 심리 상태와 관련된 현상이라 여겨진다. 자신의 상황에 예민하면서도 간절하게 반응하고, 그것이 의식 혹은 무의식 깊이 각 인되어 꿈이 된 것이다. 이 역시 사임당의 성격이나 기질, 성향 등과 관련 되는 부분일 것으로 보인다.

눈물 많고 꿈이 영험한 사임당. 사물에 섬세하고도 풍부하게 반응하는 감수성, 여린 감정선, 병약한 모습 등은 사임당의 예술가적 기질을 잘 설명 해주는 단서들이다.

유교의 덕목으로 가릴 수 없는 천재적인 예술혼

"얘야, 뭐하고 있느냐?"

사임당의 아버지 신명화는 딸아이의 등 뒤로 다가서며 묻는다. 일곱 살 난 딸아이는 오늘도 그림 연습에 몰두하고 있다. 그 애는 종종 뒤뜰에 있 는 풀벌레들을 한동안 뚫어지게 들여다보고는 여치며 잠자리며 나비들을 제법 실감나게 그려내곤 했다. 그런데 지금은 지난번 우연한 기회에 얻은 안견安堅의 산수화를 옆에 놓고 이리저리 붓을 움직인다. 눈썰미가 좋은 딸 아이는 그 그림을 스승 삼아 산도 그리고 산그늘도 표현해낸다. 아버지가 다가서도 딸아이의 붓놀림은 멈출 줄 모른다. 정신을 모으고 골똘하게 그 림 삼매경에 빠져 있는 모양이었다.

'이 아이는 경전만 빨리 깨치는 줄 알았더니 그림에도 재능이 있구나.

비록 아들은 아니지만 가르치는 재미가 나는 아이야. 기특하구나.'

　신명화는 딸만 다섯 두었는데, 그중 둘째인 이 딸아이에게 더욱 정이 갔다. 가르쳐주는 대로 잘 이해하고 속이 찬 대답들을 하며, 글씨와 자수, 그림으로 관심 영역을 넓히면서 자신의 세계를 구축해가는 모습이 그렇게 든든할 수가 없었다.

　가만히 앉아만 있어도 땀이 절로 배어나는 한여름 오후. 신사임당은 종이를 펼쳐놓고 뭔가에 몰두해 있다. 그녀는 지금 쇠똥벌레 습작이 한창이다. 오후 내내 쇠똥을 굴려 자기 몸보다 더 크게, 동그랗게 원처럼 말아올리는 쇠똥구리의 몸짓은 한참을 들여다봐도 지루하지 않다. 갑옷을 입은 것처럼 무게 있게 생긴 녀석들이 힘겹게 힘겹게, 때로는 한 개의 쇠똥말이에 두 마리가 달라붙어 기우뚱대는 모습이라니……. 신사임당은 마당 한구석에서 진행되는 사건들을 놓치고 싶지 않았다. 약간의 윤기가 감도는 시커먼 쇠똥구리 위로 붉은 술을 부드럽게 펼쳐 보인 맨드라미가 우아하다. 순간, 그 옆으로 나비 세 마리가 떼 지어 날아든다. 가볍게 나풀거리며. 신사임당은 하나라도 놓칠까 종이를 펼치고 붓을 들어 섬세하게 묘사해 나간다. 그녀의 손끝을 따라 한 마리, 두 마리 쇠똥구리들이 모습을 드러내더니 쇠똥을 굴리며 간다. 맨드라미가 붉은 술을 드리운다. 연보랏빛 나비 세 마리, 순간 모여든다. 맨드라미 옆으로 푸른색 과꽃이 몇 송이 피어난다. 한참을 그리다가 문득 인기척이 느껴져 뒤를 돌아다보았다. 아무도 없다. 어렸을 때 내가 뭔가에 몰두해 있으면 어느새 아버지가 등 뒤에 서 계시곤 했는데……. 이제 친정아버지는 돌아가고 안 계시다.

신사임당은 어려서부터 경전에 익숙했으며, 글도 잘 지었고 글씨에도 재주를 보였다. 자신이 경구로 삼는 문장은 정갈하게 해서체로 썼으며, 당나라 시 가운데 마음에 드는 작품들을 고른 후에는 능숙한 초서체로 써 내려갔다. 그뿐만 아니라 바느질과 수놓기에 이르기까지 정밀하고 공교하지 않은 것이 없었다. 그런데 사임당의 재주에 대해 이야기할 때 가장 중요하게 거론해야 하는 영역은 그림이다. 율곡은 사임당이 일곱 살 때 안견의 그림을 모방하여 산수도를 그린 것이 매우 절묘하다고 평가했다. 그러면서 포도 그림의 경우는 세상 누구도 흉내 낼 수 없다고 했다.

실제로 신사임당이 남긴 그림들은 그녀를 본격적인 화가로 분류하기에 충분한 근거가 된다. 그 그림들은 결코 여성의 덕으로써, 혹은 율곡과 같은 현인을 낳은 어머니여서 도달할 수 있는 경지가 아니다. 여섯 폭의 매화 습작이 남아 있는 것을 보면 그녀 역시 원하는 선과 형태를 표현하기까지 수많은 연습 과정을 거쳤을 것이다. 그녀의 그림은 조선 당대부터 이미 훌륭한 작품으로 인정받았다. 그녀 그림에 대한 평가 중 빈번하게 접할 수 있는 표현이 '청신하다', '정밀하다'는 것과 '찍어놓은 한 점이 하늘의 조화를 뺏었다', '배워서 된 것이 아니다'라는 평가들이다. 이런 그림은 결코 집안일을 다 돌보고 난 여가에 자연스럽게 되는 일이 아니며, 각고의 노력을 통해서만 얻을 수 있다. 천재 외에도 자신이 원하는 것을 표현하고자 하는 적극적인 의지와 인내, 집중력 등이 없으면 도달할 수 없는 경지임에도 불구하고 조선 시대의 많은 유학자들은 그녀의 그림을 부덕婦德이나 율곡과 관련지어 설명하려고 했다.

그 녀 를 그 녀 로 존 재 하 게 하 라 , 신 사 임 당

숙종肅宗(1661~1720)이나 홍양한洪良漢(1724~1802), 오세창吳世昌(1864~1953) 등이 율곡과 무관하게 신사임당의 그림을 높이 평가하는 반면, 다수의 남성 양반들은 그녀의 그림 자체가 아니라 그녀가 율곡의 어머니였다는 사실에 주목하고 싶어한다. 송시열宋時烈(1607~1689)은 사임당의 난초 그림에 대한 발문을 썼는데, 이 글에서 그는 "손가락 밑에서 표현된 것으로도 오히려 능히 자연을 이루었으니 사람의 힘을 빌려서 된 것은 아닌 것 같다"라고 평가했다. 그러나 이 평가는 그녀의 그림 자체에 대한 찬사라고 보기는 어렵다. 앞의 문장은 곧장 "그림도 하물며 이 같거늘 오행의 정수를 얻고 또 천지의 근본 되는 기운의 융화를 모아 참 조화를 이루어 자식을 낳음에는 율곡 선생을 낳으심이 당연하다"라는 내용으로 연결된다. 즉 그림에 대해 적극적인 평가를 하고 있지만 이는 율곡의 어머니로서의 사임당을 환기시키려는 도입처럼 배치되고 있는 것이다.

사임당의 그림을 논하면서 그녀가 율곡의 어머니라는 사실이 부가적으로 기술되는 것과, 그녀의 그림이 훌륭한 것이 그녀가 율곡의 어머니였다는 사실과 밀접하게 거론되는 것은 전혀 다른 맥락이다. 왜냐하면 너무나 당연하게도 인품이 훌륭하거나 자식이 뛰어나거나 하는 요소들이 훌륭한 작품을 보장하지는 않기 때문이다. 그런데 송시열 무렵에 오면서부터 사임당의 작품을 논할 때 예술가로서의 자질보다는 율곡의 어머니로서의 신사임당이 강조되는 경향을 보인다. 다수의 글에서 화가로서의 그녀의 자질에 대한 평가는 줄어들고, 그녀가 남긴 그림의 생명력을 율곡과 관련지어 논하려는 태도들이 나타난다.

예를 들어 송상기宋相琦(1657~1723)는 「사임당화첩 발문」에서 그녀의 그림은 신묘한 솜씨로 살아 움직이는 듯하다고 하면서, 이를 '부인의 정숙한 덕과 아름다운 행실 그리고 율곡 같은 아들이 있다는 사실'과 연관 지어 설명하고, 그녀의 그림이 보배로운 것은 율곡의 어머니가 그린 그림이기 때문이라고 했다. 여덟 폭 매화첩에 대한 신석우申錫愚(1805~1865), 신응조申應朝(1804~1858)의 발문에는 그림에 대한 평가는 거의 보이지 않고, 그녀가 율곡의 어머니라는 사실만 더욱 부각된다. 그러면서 율곡 선생의 도학이 영원한 한 그녀 그림의 생명 역시 영원하리라는 투의 의미 부여를 하고 있다. 사임당의 그림이 귀한 이유가 자신들이 숭상하는 율곡의 어머니가 그린 그림이기 때문이라는, 어찌 보면 사적이면서 자의적이기까지 한 평가에서 우리는 여성의 재능을 한 인격체로서의 개인의 재능으로 간주하지 않으려 했던 그들의 분위기를 감지할 수 있다. 화가로서 사임당의 자질에 대한 언급은 퇴색하고 아들 잘 둔 어머니로서의 사임당이라는 기호가 힘을 얻기 시작한 것이다.

그런데 송상기의 「사임당화첩 발문」에는, 그의 친척 중 한 사람이 신사임당의 풀벌레 그림을 지니고 있었는데 여름철이 되어 햇빛을 쪼이려고 널어놓았더니 닭이 달려들어 쪼아 먹으려는 바람에 그림에 구멍이 뚫렸다는 일화가 소개되어 있다. 이는 그녀의 풀벌레 그림이 진짜 벌레와 방불할 정도의 전문적인 실력을 토대로 그려진 것임을 반증하기에 충분하다. 비록 솔거의 그림은 남아 있는 것이 없지만 우리가 신라의 솔거를 훌륭한 화가로 인정하는 것은, 그가 황룡사 벽에 그렸던 소나무 그림을 진짜 소나무로

착각한 새가 날아와 앉으려다 벽에 부딪혀 죽었다는 설화에 근거한 것이다. 신사임당은 여전히 검증 중인 작품들도 있지만, 이미 여러 차례 검증과 평가가 내려진 작품들을 다수 남겼다. 조선의 선비들은 사임당에게 예술가의 칭호가 아닌 어머니의 칭호를 부여하려 했지만, 송상기의 이 기록은 사물에 대한 뛰어난 관찰력과 표현력을 겸비했던 화가로서의 사임당의 면모를 잘 전해준다.

당돌한 새색시

"여보게, 내 자네에게 긴히 할 말이 있네."

"예."

신명화는 사위 될 사람을 앞에 앉혀놓고 말을 꺼냈다.

"자네도 알다시피 내게는 딸이 다섯이나 있다네. 딸들은 나이가 되면 마땅히 시집을 보내야지. 그런데 다른 딸은 시집을 가도 서운하지 않은데, 둘째만은 내 곁에 두고 싶어."

"생각해보겠습니다."

이원수는 생각에 잠겼다.

'한양에 계신 어머니도 혼자신데, 장인의 부탁이 이렇듯 간곡하시니……. 하긴 장인어른도 혼인하신 뒤로 계속 본가와 처가를 오르내리며 지내셨지. 그러니 이런 말씀을 하시는가 보다.'

1522년, 신사임당은 열아홉 살의 나이로 서울 사람인 이원수와 혼례를 치렀다. 덕수 이씨인 남편은 여섯 살에 아버지를 여의고 어머니 밑에서 외아들로 자랐다. 스물두 살 되던 해에 혼례를 치르기 위해 강릉으로 왔는데, 장인의 이런 권유도 있고 해서 일단 강릉에서 지내기로 한다. 당시만 해도 혼인한 뒤 일정 기간 처가에서 사는 경우가 많았다. 그런데 그해 11월 신명화가 서울 본가에서 세상을 떠났다. 사임당은 아버지의 삼년상을 치르기 위해 강릉 집에 머물다가 스물한 살 되던 해 처음으로 시어머니 홍씨에게 인사를 드리기 위해 서울로 갔다. 그리고 그해 9월 서울에서 첫아들 이선을 낳았다. 시댁은 서울 수진방(현재의 종로구 수송동 및 청진동)에 있었는데, 신사임당은 수진방에서 죽 지낸 것이 아니라 근 10년 동안 시댁의 근거지인 경기도 파주 율곡리와 강릉, 봉평 등을 옮겨다니며 살았다. 스물여섯에 맏딸 매창梅窓(1529~1592)을 낳았고, 그 뒤로 둘째아들 이번과 둘째딸을 얻는다. 셋째아들인 율곡 이이를 낳은 장소는 강릉인데, 태몽을 꾼 장소는 봉평이라고도 한다. 율곡이 다섯 살 되던 해, 그러니까 신사임당이 서른일곱 살 때 그녀가 몹시 앓은 적이 있었다. 아이가 갑자기 사라져서 온 집을 찾아다녔는데, 외할아버지 사당 앞에서 어머니의 쾌유를 빌고 있는 이이를 발견했다고 한다. 이것도 강릉에서의 일이다. 강릉 친정에 머물던 사임당이 서른여덟 살 되던 해 시어머니가 연로하여 살림을 물려주니, 그녀는 시댁의 살림을 맡아 수진방으로 가게 된다. 대관령을 넘으면서 어머니를 그리워하는 시는 이때 지은 것이다.

　　"어머니, 제 그림 좀 봐주세요."

그녀를 그녀로 존재하게 하라, 신사임당

율곡은 자랑스러운 듯 조금은 수줍은 듯 자기 그림을 내밀었다.

"아주 화목한 가정을 그린 게로구나."

"예, 어머님. 실은 제가 『이륜행실』을 읽다가 장공예라는 사람의 9대 가족이 한집에서 살았다는 이야기를 읽었어요. 어찌나 좋아 보이던지 저도 형제들이 함께 모여 부모님을 모시고 사는 그림을 그려본 거예요. 나중에 저도 이렇게 살고 싶어서요. 제 방에 이 그림을 붙여놓고 매일매일 볼 거예요."

그런 율곡의 모습을 보며 사임당은 생각에 잠긴다.

'아홉 살 난 아이의 생각이 참 기특하기도 하구나. 여러 가지 경전을 읽는 것만 해도 기특한데, 그 내용을 저렇게까지 살갑게 깨닫다니…… . 아, 내가 자식들 교육에 더욱 열심을 내야겠다. 아이아버지가 조금만 더 학문이 깊었더라면 얼마나 좋았을까…… .'

사임당은 자녀 교육에도 힘을 썼다. 특히 율곡은 세 살 때부터 글을 깨쳤는데, 영특함이 남달랐다. 율곡은 어머니에게 학문을 배워 일곱 살에 유교 경전을 익히게 된다. 그런데 율곡의 수학 과정에서 아버지에 대한 언급은 없다. 사임당에 비해 이원수는 학문이 깊지 못했던 것으로 보인다. 이원수의 인격에 대한 언급은 보여도 그의 학문에 대한 기록은 찾아보기 어렵다. 이원수는 쉰한 살 때 수운판관이라는 종오품 벼슬을 한다. 이는 세금으로 내는 곡식을 실어 올리는 운수 사무를 맡아보는 자리인데, 이것도 가문의 음덕으로 하게 된 자리이지 그가 과거를 봐서 얻은 자리는 아니었다.

그런데 이원수는 벼슬이나 권력에 대한 관심은 있었던 것 같다. 『견첩록」見睫錄에는 다음과 같은 기록이 있다고 한다. 그 당시 영의정은 이기李芑라는 사람이었는데, 그는 이원수의 오촌 아저씨뻘 되는 인물이었다. 이원수는 이기의 문하에서 지냈는데, 사임당은 그것이 영 마땅치 않았다. 왜냐하면 이기는 윤원형과 공모하여 을사사화를 일으킨 장본인 중 하나였기 때문이다. 어느 날 사임당은 남편에게 만류하는 뜻을 전한다. "저는 당신이 그 집에는 안 가셨으면 좋겠습니다. 영의정이란 분이 어진 선비를 모해하고 권세를 탐하니, 그 영광이 오래갈 리가 있겠습니까?" 이원수는 권세가 대단한 친척의 문하에 있으면 뭔가 이득이 있지 않을까 생각했던 것 같다. 이 무렵 그의 나이가 오십에 가까웠으니 그럴 수도 있겠다 싶다. 그러나 사임당은 그런 남편의 행동에 문제를 제기했다. 살림살이가 빠듯한 것이나 남편이 나이 들도록 번듯한 벼슬자리가 없다는 것이 양해의 이유가 될 수는 없었다. 그리고 남편은 부인의 뜻을 받아들여 뒷날 화를 당하지 않을 수 있었다.

또 이원수는 부인의 재주를 남들에게 자랑하고 싶어한 것도 같다. 서울 시댁으로 신행해오던 날의 일이었다. 강릉에 삼 년 동안 살면서 부인의 그림 솜씨를 익히 봤을 남편이었다. 그는 그날 왔던 손님들에게 자기 부인의 재예를 보이고 싶었다. 그래서 그림을 그리라고 청했는데, 사임당은 난감했다. 어쩌면 그런 남편이 경박스러워 보였을 수도 있다. '아, 저이는 왜 저러실까?' 하지만 남편이 계속 재촉을 하니, 계집종을 시켜 유기 쟁반을 가져오게 하고 거기에다가 간략하게 하나 그려 보냈다고 한다. 송시열은 이를 놓고 만일 종이나 비단에 그리면 남들이 그것을 가지고 갈까 봐 가져갈 수 없도록 그렇게 한 것이라 해석했다.

사임당은 자기 의견이 분명한 성격의 여성이었다. 조선 시대 여자가 그
나마 자기 의견을 말할 수 있게 되는 나이는 아마도 집안 살림을 물려받은
후이거나 아니면 며느리를 본 후가 아닐까 한다. 그러나 사임당은 그 이전
부터 자기 생각대로 말하고 행동하였다. 서울 시댁에 머무를 때의 일이다.

하루는 친척들이 모인 잔치 자리에서 여자 손님들이 모두 이야기하고
웃고 하는데 사임당만이 말없이 그 속에 혼자 앉아 있었다. 그러자 시어머
니 홍씨가 물었다. "며늘아기는 왜 아무 말도 안 하느냐?" 그제야 사임당
은 입을 열었다. "여자로 태어나 문밖을 나가본 적이 없어서 본 것이 전혀
없습니다. 그러니 무슨 말씀을 드리겠습니까?"

그냥 듣기에는 매우 요조한 듯한 대답이다. 그런데 그 대답은 함께 앉
아 있던 다른 여자들을 다 부끄럽게 만들었다고 한다. 아무 말도 안 한다
는 것은 순종 내지 복종의 표현일 수도 있지만 불만의 표시이거나 경우에
따라서는 무시의 몸짓일 수도 있다. 사임당의 무언은 어느 쪽이었을까? 시
댁이었으니 모인 사람들도 다 시댁의 친척들이었을 것이다. 만약 신사임당
이 그들이 무색해질 것을 배려했다면 혹은 그들에게 동화되기 위해 애썼다
면 그 물음에 그렇게 반응하지 않았을 것이다. 오히려 분위기를 맞추기 위
해 뭔가 다른 말을 해야 하지 않았을까? '여사서' 女四書 같은 여성 교육서를
보면 시댁 식구들과의 관계를 강조하고 특히 시부모에게 말대답하지 말라
고 한다. 그런데 신사임당의 대답은 그 자리에 있는 모든 여성들을 가르치
는 듯했다. 아마도 대개는 손윗사람들이었을 것이다. 신사임당은 그런 수

다가 못마땅했던 것 같다. 그러니 그렇게 말할 수는 없고 문밖을 나가보았니 아니니 하는 내용들로 자기 생각을 전달한 것이다. 남편을 제외하고는 다 남이었을 시댁에서 새 며느리 신사임당은 무게중심을 지키고 있었던 것 같다.

신사임당은 남편에게도 역시 절대 만만한 부인은 아니었으리라. 이기와의 일화에서도 그랬지만, 『동계만록』桐溪漫錄에 의하면 신사임당은 남편에게 재혼을 하지 말라고 했다.

제가 죽은 뒤에도 당신은 다시 장가들지 마세요. 우리에게는 이미 칠남매나 있습니다. 그러니 또 무슨 자식을 더 두겠다고 『예기』에서 가르치는 것을 어기겠습니까?

이 말을 들은 남편은 얼른 수긍하지 않는다. 부인이 죽으면 새장가 가는 것은 너무나도 당연한 일인데 그걸 말리다니……. 공자, 증자, 주자의 예를 들면서 어떻게 해서든 부인의 이 제의에 어깃장을 놓고 싶어 여러 질문들을 차례로 던지는데, 그때마다 신사임당은 정확한 전거를 대면서 남편을 더 이상 도망할 곳이 없게 몰아버린 것이다. 이것이 사실이었는지 여부는 알 수 없다. 율곡의 기록을 보면, 사임당이 살아 있을 때부터인지 아니면 그녀가 죽은 뒤부터인지는 불분명하나 이원수에게는 첩이 있었다. 다만 분명한 것은 신사임당이 양처라면 이때의 양처란 남편의 뜻을 그냥 순순히 받드는 여성이 아니라는 사실이다. 사임당이 어진 아내의 전형이라면, 그

그 녀 를   그 녀 로   존 재 하 게   하 라 ,   신 사 임 당

어진 아내란 자신의 판단대로 말하고 행동할 줄 알고 필요하다면 때로는 남편에게 문제를 제기하면서 자신의 주장을 펼 수도 있는 여성인 셈이다.

사임당이 마흔여덟 살 되던 해 삼청동으로 이사를 한다. 이해에 남편은 이선과 이이 두 아들을 데리고 평안도 지방으로 내려갔다. 한 해 전에 임명된 수운판관의 일을 하기 위해서이다. 그런데 음력 5월 17일 새벽, 병으로 누운 사임당은 갑자기 세상을 뜨고 말았다. 편히 잠들었다가 그냥 운명한 것이다. 바로 그날 남편과 두 아들은 배를 타고 서강에 도착했는데, 짐 속의 유기가 모두 빨갛게 변하여 사람들이 괴이한 일이라고들 말했다.

친정과 가까운 삶의 환경

사임당은 여러 면에서 남편보다 뛰어났다. 그러나 그녀가 남편을 무시했다거나 집안 살림을 소홀하게 여겼다거나 하는 기미는 보이지 않는다. 이런 점에서 사임당은 현숙하다는 평가를 받을 만하다. 사임당은 자신에게 주어진 환경 속에서 최대한의 것을 추구했던 것으로 보인다. 자신의 지적인 취향은 유명한 문학 작품들을 서예로 옮기면서, 또 자식들 특히 율곡을 가르치면서 충족시킬 수 있었을 것이다. 조선의 양반가 여성들에게 금기시되었던 표현 욕구는 그림을 그리면서, 한편으로는 딸들과 자수를 하면서 실현해갔으리라. 그리고 자신보다 학문적 성취가 낮은 남편에게 많은 것을 기대하기는 어려웠을 것이므로 어려서부터 뛰어났던 아들 율곡을 잘 가르쳐 친정아버지와 같은 학자로 키우고 싶어했을 수도 있다. 그리고 그녀는 이 모든 것을 모나지 않게 성취했다. 지혜로우면서도 전략적으로 뛰어난 경영 수완이 엿보이는 듯하다.

　4남 3녀를 낳아 기르면서 이렇게 다방면에 걸쳐 자기 이름을 남긴 조선 시대 여성은 찾아보기 어렵다. 게다가 학문이나 문학이라면 밤에 혹은 남모르게 추구할 수도 있었으나 그림의 경우는 사정이 좀 다르다. 작업의 성격상 더 넓은 공간에서 종이나 비단, 그리고 수많은 물감들을 펼쳐놓은 채 공개적으로 해야 하는 일인 것이다. 사임당은 조선 시대의 다른 여성들과는 다른 투철한 자아 실현 욕구를 지녔던 것일까?

　사임당이 이렇게 할 수 있었던 데는 환경적인 요인이 있었다. 그것은 친정의 분위기였다. 사임당은 오늘날 기록으로 남은 조선 시대 여성 중 어쩌면 가장 특이한 환경에서 성장한 인물일 것이다. 사임당 집안은 외가의 영향력이 강하였다. 아버지 신명화는 혼인 후 부인을 본가로 데려가지 않고 자신이 16년 동안 서울과 강릉을 오가며 생활했다. 이는 부인인 용인 이씨와 사이가 소원해서가 아니라 부인의 부탁 때문이었다. 신명화는 강릉에 사는 이사온李思溫의 무남독녀 외딸과 혼인했다. 혼인 후 이씨 부인은 남편 신명화를 따라 시댁이 있는 서울로 올라와 시부모를 모셨다. 그러던 중 강릉의 친정어머니가 병환 중에 있다는 소식을 듣고는 시댁의 허락을 얻어 다시 친정으로 가서 어머니의 병구완에 전념하게 된다. 그 후 신명화가 강릉으로 내려가 함께 서울로 가자고 했을 때, 이씨 부인은 자식이라고는 오로지 자기 하나인데 늙고 병든 어머니를 뒤로 한 채 떠나기 어렵다며, 각자 자신의 부모를 모시는 게 어떻겠느냐고 부탁한 것이다. 그리고 신명화는 이를 받아들였다. 그래서 그 이후로 16년 동안 서울과 강릉에서 살게 되었고 그들의 자식인 딸 다섯은 모두 강릉에서 성장했다. 당시는 연산군 때로 사화가 일어나 어지러웠고, 세상의 권력 다툼을 멀리했던 신명화는 마흔한 살에 진사시에 합격했으나 출사하지 않은 채 강릉에 머물면서 딸들을 가르쳤던 것이다.

그런데 이사온의 부인 최씨는 강릉 사람인 참판 최응현崔應賢의 딸이었다. 이사온 역시 장가든 후 처가에서 딸을 낳았으며 이 딸은 외할아버지인 최응현의 가르침 아래에서 자라게 된다. 이사온은 강릉 북평에 자리잡았으므로 최씨는 친정과의 거리도 그리 멀지 않은 곳에서 외딸을 기르며 산 셈이다. 이렇게 신사임당의 어머니 계보는 친정과의 유대가 강했다. 신사임당 또한 어머니 이씨가 나서 자란 곳에서 태어나 성장하면서 아버지 신명화가 본가와 처가를 오가며 생활하는 것을 자연스럽게 받아들였을 것이다. 신사임당도 혼인 후 곧장 시댁으로 가지 않고 강릉에 머물면서 자식들을 낳아 키우기도 했다. 신사임당은 친정의 자장磁場 안에서 생활할 수 있었기에 친정의 지원하에 자신이 원하는 일들을 할 수 있었다. 신사임당의 성취에는 개인의 능력과 의지도 중요한 요인이었지만, 자신을 지지해주는 친정이라는 환경 또한 무시할 수 없는 요인으로 작용했던 것이다.

외가의 영향력이 강한 성장 배경은 율곡에게까지 이어진다. 강릉에서 태어난 율곡은 어머니를 사랑했던 것 못지않게 외할머니를 사랑하고 존경했다. 신사임당이 죽은 후 삼년상을 마친 율곡은 열아홉 살 되던 해 금강산에 있는 절로 들어가 1년 정도 머문 적이 있다. 그 후 다시 유교를 선택

한 율곡은 절에서 내려와 서울 집이 아니라 강릉 외할머니 댁으로 가서 그
곳에서 『자경편』을 지으며 마음을 가다듬었다. 율곡과 외할머니의 특별한
유대는 이씨 부인이 남긴 「분재기」分財記에서도 확인된다. 이씨 부인은 율곡
에게 제사를 상속했던 것이다. 그러면서 제사를 위한 용도로 서울 수진방
에 있는 기와집 한 채와 노비 및 전답을 율곡에게 상속했다. 용인 이씨는
아흔의 나이로 손자의 봉양을 받는 가운데 세상을 떠났다.

조선의 안토니아스 라인, 신사임당의 모계 계보

「안토니아스 라인」Antonia's Line이라는 영화가 있다. '안토니아의 계
보'라는 뜻인데, 여주인공 안토니아를 중심으로 4대에 걸친 어머니와 딸의
계보가 영화의 축이다. 여성들이 삶의 주체가 되어 살아가는 방식에 대한
이야기인데, 가부장제에 익숙한 우리들에게는 낯설고도 신선한 설정이다.
그런데 조선 시대와 같은 명명백백한 유교적 가부장제 사회에서도 어머니
와 딸의 계보를 그려볼 수 있는 경우가 있으니, 바로 신사임당을 중심으로
하여 어머니 용인 이씨, 신사임당 그리고 딸 이매창이 그들이다.

사임당은 물론 아버지에게서 배우고 격려받았을 것이므로 아버지의 영
향도 컸을 것이다. 그런데 아버지는 사임당이 혼인한 그해 죽고 만다. 그
이후 사임당의 삶을 버팀목처럼 지켜봐준 이는 어머니 용인 이씨였다. 용
인 이씨는 강릉의 유명한 집안이었던 이조참판 최치운의 자손이었다. 외가
의 그늘 아래서 유복하게 자랐을 그녀는 어려서부터 『삼강행실도』를 읽어

그 녀 를 그 녀 로 존 재 하 게 하 라 , 신 사 임 당

외웠다. 신중한 성격의 소유자였던 이씨 부인은 말은 어눌했으나 마음을 다할 줄 아는 덕을 지녔다. 시집가면 남편을 따라 시댁에서 사는 것이 도리인 줄은 알았으나, 자식이라고는 하나밖에 없는데 차마 늙은 부모, 병든 어머니를 그냥 떠나올 수 없어 남편과 상의하여 혼인 후에도 친정에서 살았다. 이것은 효성으로 설명 가능하겠지만, 출가외인이라는 당시의 가르침과는 상반되는 선택이기도 했다. 그녀는 새로운 삶의 방법, 자신의 형편에 맞는 삶의 형태를 만들어갔던 것이다. 이씨 부인이 마흔두 살 되던 해 봄, 부인의 어머니 최씨 부인이 세상을 떠났다. 그리고 그때 서울에서 돌아오던 남편이 갑자기 병을 얻어 심각한 상황에 처하게 된다. 이 소식을 들은 이씨 부인은 딸들과 외사촌과 함께 남편을 마중 나가 조산助山에 있는 최씨의 재실齋室로 들어갔다. 그리고는 단지斷指를 하면서 남편의 목숨을 구해달라고 정성으로 기도를 올리기 시작했다. 그 간절한 기도의 내용은 율곡이 쓴 「이씨감천기」李氏感天記에 실려 있다. 이때는 날이 가물었는데 검은 구름이 모이고 우레와 번개가 치며 비가 쏟아졌다고도 한다. 기도의 영험함 덕분이었는지 남편 신명화는 자리에서 일어나 다음해까지 목숨을 연장할 수 있었다. 신명화가 회복되자 온 마을에서는 모두 부인의 기도 덕분이라고 칭송했으며 그 사정이 알려져서 마침내 1528년에 그녀를 기리는 열녀 정각이 세워지기에 이른다. 남편이 죽은 지 6년 뒤의 일이었다.

　이 일도 물론 열녀라는 제도로 설명 가능할 것이다. 그러나 이씨 부인의 열烈은 이데올로기에 긴박되어 스스로 생명을 끊는 비인간적인 행동이 아니었다. 남편에 대한 간절한 마음으로 절로 행한 행동이었다. 사임당은 이런 어머니를 의지하며 자랐다. 시댁에서 살면서도 매일 밤 친정어머니를 그리워했던 사임당. 그녀는 친정 부모에 대해 깊은 정을 품었던 여성이다.

이런 어머니 밑에서 자란 사임당은 매창을 길러냈다. 사임당은 칠남매를 두었다. 그중 학문적으로 가장 뛰어난 이는 율곡이었고, 막내아들 이우 李瑀(1542~1609)는 거문고·글씨·시·그림 등 예술적 재능이 뛰어났다. 그런데 사임당의 학문·인격·시·글씨·그림·자수·바느질 등을 모두 물려받은 이는 첫째딸 매창이었다. 매창이 그의 어머니를 그대로 빼닮았다는 평가는 조선 시대부터 나온다. 그녀는 '부녀자 중의 군자'라는 칭송을 들었고, 시를 썼으며 매화, 새 등의 그림을 남겼다. 율곡도 누나의 식견과 지혜를 신뢰하여 뭔가 의논하고 싶은 일이 있으면 매창을 찾았다고 한다. 조선을 대표하는 학자가 조언을 구한 사람 중의 하나가 매창이었던 것이다.

계미년(1583), 북쪽 오랑캐의 난리가 일어나 군량이 부족했던 때에도 율곡은 누이를 찾아가 걱정을 이야기했다. 그러자 매창은 "지금 시급한 일은 모든 사람들로 하여금 신이 나서 따라오게 하는 일이야. 그래야만 이 어지러운 상황을 구할 수 있지. 우리나라가 서자에게는 등용의 기회를 주지 않고 그 길을 막아버린 지 어언 백 년이 넘지 않니. 그 형편에 처한 이들이 모두들 울분에 가득 차 있으니 이왕이면 그들에게 곡식을 가져다 바치게 하고 그 대신 벼슬길을 터준다면 사리에도 옳고 군량미 문제도 해결될 것 같구나"라고 하였다. 율곡도 이 의견에 감탄하고 임금에게 그대로 아뢴 일이 있다고 한다. 조선 시대 여성 가운데도 이렇게 국가와 사회 문제에 대해 관심을 가지고, 더구나 신분 문제와 관련해서 대안을 제시할 수 있는 여성이 있었다. 그러나 매창의 마지막은 비참하였다. 예순네 살 되던 해 임진 왜란이 나서 아들과 함께 피난했으나, 원주 영원성이 함락되는 바람에 맏 아들과 더불어 왜구의 칼에 죽었다.

그녀가 태임을 본받으려 했던 까닭

신사임당. 그녀의 호인 '사임당'師任堂은 주周나라 문왕文王의 어머니 태 임太任을 본받겠다는 뜻이다. 동양 문화권에서 태임은 역사상 가장 현숙한 부인으로 간주되었는데, 신사임당이 워낙 현모양처의 대명사가 된 오늘날 에 태임은 주나라 문왕의 어머니였다는 사실이 더 부각되는 듯하다. 그래 서 그녀가 사임당을 호로 삼은 까닭 역시 훌륭한 아들의 어머니가 되고 싶 어서라고 해석하기도 한다. 물론 태임은 태교를 잘한 여성으로 알려져 있 고, 그 결과 문왕을 낳을 수 있었다. 하지만 과연 그녀는 훌륭한 어머니가 되고 싶어서 호를 사임당이라 했을까?

조선 시대 여성 가운데 태임을 본받고 싶어했던 사람은 비단 신사임당 혼자만이 아니었다. 그렇다면 조선 시대 여성들에게 있어 태임은 어떤 의 미였을까?

임윤지당任允摯堂은 조선 시대의 여성 성리학자이다. 윤지당이라는 그녀 의 호 역시 태사太姒와 태임太任을 존경한다는 뜻에서 온 것이다. 즉 주자가 "태임과 태사를 존경한다"고 한 말과 태임의 친정이었던 지중씨에게서 지 摯라는 글자를 취해서 만든 것이다. 태사는 무왕武王의 어머니이자 문왕의 비이다. 윤지당은 평소 "하늘의 도는 강건하고 땅의 도는 순하여 각각 그 법도가 있다. 태사와 문왕이 하신 일이 각기 달랐던 것은 분수가 달랐기 때문이다. 그러나 본성을 끝까지 파고들면 서로 같은 것이니, 이는 이치가 하나이기 때문이다. 태사와 문왕이 남녀의 처지가 서로 바뀌었다면 각자는 그 성별에 따라 또 그렇게 했을 것이다. 그러므로 부인이 되어서 태임과 태사가 되기로 다짐하지 않는 자는 모두 자포자기하는 것이다"라고 이야기했다고 한다. 그런데 윤지당은 남편이 일찍 죽어 자식을 낳지 못했고, 양자를 들였으나 양자 역시 일찍 죽었다. 그러므로 그녀에게 있어 태임이나 태사를 어머니의 역할에 국한시켜 이해하기는 어렵다. 인용문을 보면, 윤지당은 태임이나 태사를 문왕과 성별만 다를 뿐 결국 동등한 성인의 반열에 속하는 인물로 이해함을 알 수 있다.

태임, 태사에 대한 언급은 강정일당姜靜一堂의 경우에도 등장한다. 그녀는 남편에게 쪽지를 보내면서 "여자로 태어나서 태임, 태사를 본받으려고 마음먹지 않는 자는 모두 자신을 포기한 것이라고 하였으니, 그렇다면 비록 여자라도 큰 일을 한다면 또한 성인에 이를 수 있는 것입니다. 글쎄요, 당신은 어떻게 생각하시는지요?"라고 윤지당의 말을 인용하여 물었다. 정일당도 그녀가 낳은 5남 4녀가 모두 첫돌이 되기 전에 죽는 아픔을 경험해야 했다. 그러므로 그녀 역시 훌륭한 아들을 낳은 어머니라는 모델로 태임이나 태사를 설정했을 확률은 그리 높아 보이지 않는다. 정일당에게 있어 태임, 태사는 곧 성인의 이름이었다. 그녀 역시 여자도 성인이 될 가능성이 있다고 여긴 것인데, 역대 여성 인물 중에서 그 역할 모델을 찾다 보니 태임, 태사가 선택된 것으로 보인다. 신사임당 역시 윤지당이나 정일당과 같은 의미 맥락에서 태임을 본받겠다는 뜻을 세운 것이 아닐까 싶다.

나를 율곡의 어머니라 부르지 마라

우리나라에서 자식 교육은 어머니의 책임인 것처럼 되어왔다. 아버지는 생계를 책임지고 어머니는 자식의 대학 입학을 책임지는 구도, 편리한 분업이다. 이런 형편으로 인해 신사임당은 율곡 같은 잘난 아들을 둔 덕에 유명해진 여성으로 기억된다. 그녀의 그림과 글씨는 그저 부가적 덕목인 것처럼 여겨지는 경향이 있다. 왜냐하면 사임당을 논할 때는 현모양처라는 개념이 앞서기 때문이다. 그러나 막상 실상을 보면 사임당은 자녀들에게 공부를 강요하지도 않았으며 남편에게 특별히 어진 것도 아니었다. 또 시댁이 아니라 친정과의 유대가 강하였다. 그러면서 그림, 글씨, 문학 등을 통해 자신의 세계를 확보해 나갔던 여성이다.

신사임당을 어머니의 기호로 만들려는 담론이 시도되었던 것은 송시열 무렵이었던 것으로 보인다. 그리고 그것을 한국적 전통으로 명명하면서 현모양처 이데올로기로 고정시킨 것은 박정희 때의 일이다. 박정희는 충·효·열을 한국적 전통으로 강조하였고, 이를 위해 이순신과 신사임당을 선택하고 현충사와 오죽헌을 정비했다. 오죽헌이 오늘날과 같은 모습을 갖게된 것은 1975년의 일인데, 그때 율곡을 모시는 문성사文成祠를 새로 지었고 박정희가 직접 그 현판 글씨를 쓰기도 했다. 유교적 가부장제와 군사 문화

가 묘한 방식으로 만나는 지점이다. 신사임당이 친정 부모에게 효성스러웠
던 것은 사실이나, 가부장제 이데올로기인 현모양처 논리가 과연 그 점을
강조하고 싶었던 것일까? 아니면 열? 보통 조선의 열녀 논의는 남편이 죽
은 다음부터 비롯된다. 그런데 신사임당은 남편보다 10년이나 먼저 죽었으
니 어떤 방식의 열을 수행했다는 것일까? 율곡이 어머니에 대해 효성스러
웠던 것은 사실이니, 아들의 효를 받은 것 하나는 해당 사항이 있겠다. 하
지만 자식의 효도를 받았기 때문에 기림의 대상이 된다는 것은 어쩐지 어
색하다. 사임당과 율곡의 만남은 신이 허락한 축복에 가깝다. 어머니의 노
력에 의해 대학자가 기획되는 것은 아닐 것이기 때문이다.

바로 이 지점에 안타까운 점이 있다. 신사임당이 훌륭한 작품들을 남
긴 것은 분명하지만, 그녀의 작품들이 귀하게 여겨지고 그 이름이 기록될
수 있었던 것은 그 아들이 율곡이었다는 사실을 간과할 수 없다. 매창 역
시 뛰어난 예술적 재능을 지니고 있었고 식견과 학식이 탁월했지만, 매창
은 신사임당만큼 알려지지 않았다. 물론 1975년 당시에도 매창에 대한 관
심은 흔적조차 찾기 어렵다. 조선 시대 여성들은 자신의 능력이나 재능과
는 무관하게, 그 아들이 출세하는가 여부에 따라 공적인 명예를 부여받을
수 있었다. 21세기에 와서까지도 이런 관습에 붙잡혀 있을 필요가 있을까?
신사임당이 율곡의 어머니였기에 조선 시대를 관통하여 오늘날까지 기억
될 수 있었다면, 오늘날 우리들은 그녀를 바라볼 때 아들이나 남편의 이름
이 아니라 그녀를 그녀의 이름으로 기억할 수 있어야 한다.

신사임당은 그녀 혼자만으로도 입전의 대상이 되기에 충분하다. 굳이

그 녀 를   그 녀 로   존 재 하 게   하 라 ,   신 사 임 당

아들의 힘을 빌리지 않아도 된다. 정서적 감응력이 풍부한, 뛰어난 지적 능력을 지닌, 현실적인 구도 안에서 자신의 욕망을 전략적으로 추구할 줄 알았던, 예민하면서도 다정다감했던, 그림에 있어 천재를 발휘했던 그녀를 그녀로 존재하게 하라.

■ 송덕봉에 관한 가장 풍부한 자료는 그녀의 남편인 미암 유희춘이 기록한 일기이다. 미암의 일기는 『미암일기초』라는 제목으로 조선총독부에서 탈초하여 조선사 자료총서로 출간되었다. 담양에 『미암일기』가 보관되어 있는데, 담양문화원에서 이를 번역한 것이 있다. 최근 정창권이 『홀로 벼슬하며 그대를 생각하노라』(사계절, 2003)라는 제목으로 편역하여 부분적이지만 쉽게 미암의 일기를 접할 수 있게 되었다. 송덕봉이 쓴 시문들은 당시에 따로 편찬되지 못하였던 것으로 보이며, 『미암일기초』 뒤에 함께 수록되어 있어 그 면모를 대강이나마 파악할 수 있다.

■■ 송덕봉에 대한 연구는 그다지 활발하지 않다. 따로 시문집이 남아 있지 않고, 그나마 남아 있는 시문도 많지 않기 때문이다. 지금까지 나온 논문들은 송덕봉의 작품 세계를 다루기보다는 생애와 창작 활동을 주로 다루고 있는데, 박사 학위 논문을 쓴 송재용의 「여류문인 송덕봉의 생애와 문학」(국문학논집15, 단국대 국어국문학과, 1997), 정창권의 「미암일기에 나타난 송덕봉의 일상생활과 창작 활동」(어문학 78, 한국어문학회, 2002) 등이 여기에 속한다. 필자도 「조선 여성의 또 다른 삶」(여/성이론7, 2002, 여성문화이론연구소)이라는 제목으로 송덕봉을 다룬 적이 있다. 이외 박미혜는 「16세기 夫權과 婦權의 존재 양식-미암일기에 나타난 유희춘과 송덕봉의 사례를 중심으로」(한국여성학18, 한국여성학회, 2002)라는 제목으로 미암과 송덕봉의 관계를 통해 16세기 양반 사대부의 부부 관계를 다루고 있다.

임금 앞에 서고 싶었던 규방의 부인 宋德峯

송덕봉(1521~1578)

낯선 풍경

뜰의 꽃들이 흐드러지게 핀 봄날이었던가, 아니면 책을 읽다 문득 멀리 담장 밖에서 들려오는 음악 소리에 귀를 기울이던 어느 한가한 오후였던가. 16세기의 관료이자 문인으로 평생 독서와 저술에 몰두했던 유학자 미암眉巖 유희춘柳希春(1513~1577)은 자신의 '지극한 즐거움'至樂이 어디에 있는지 다시 한 번 확인하게 된 듯 이렇게 시로 읊었다.

뜰의 꽃 흐드러져도 보고 싶지 않고	園花爛熳不須觀
음악 소리 쟁쟁 울려도 관심 없어	絲竹鏗鏘也等閑
좋은 술, 어여쁜 자태엔 흥미 없으니	好酒妍姿無興味
참으로 맛있는 건 책 속에 있다네	眞腴惟在簡編間

— 「지극한 즐거움을 읊어 성중에게 보여주다」至樂吟示成仲

담담하고 동요가 없는 이 유학자의 고요한 마음에는 난만하게 흐드러진 꽃의 아름다움이나 감각적인 음악 소리도 흥미로운 대상이 되지 못했는지, 이 시에는 한 시대를 대표하는 학자의 시답게 책 속에서 즐거움을 찾아 마음을 닦고 수양하려는 태도가 드러나 있다. 시의 제목은 '지극한 즐거움을 읊어 성중에게 보여주다'인데, '성중'成仲은 바로 미암의 부인인 송덕봉宋德峯의 자字이다. 미암은 자신의 고상하고 우아한 내면세계를 부인에게 자못 자랑하고 싶었는지 아니면 이런 자신을 알리고 싶었는지 이 시를 지어 아내에게 보여주었다. 그런데 그 아내인 송덕봉은 이런 남편을 자랑스러워하거나 존경하기는커녕, 오히려 재미없어 하며 이렇게 화답하였다.

봄바람 아름다운 경치는 옛부터 보던 것이요 　　春風佳景古來觀
달 아래 거문고 타는 것도 한 가지 한가로움이지요 月下彈琴亦一閑
술 또한 근심을 잊게 하여 마음을 호탕하게 하는데 酒又忘憂情浩浩
그대는 어찌 책에만 빠져 있단 말입니까? 　　　　君何偏癖簡編間
— 「차운함」次韻

자칫하면 가식적인 태도로도 읽힐 수 있는 남편의 고고한 선비 같은 면모에 대해, 부인은 인간의 진실한 정과 감각을 느끼는 것이 얼마나 중요한지 잊지 말 것을 따끔하게 지적하고 있다. '정말 맛있는 것'眞味은 책 속에 있다는 남편과 '책에만 빠져'[偏癖] 인간적인 면모를 잃어가는 것 아니냐고 응수하는 아내. 조선 시대 사대부의 아내는 남편의 학문적 성취나 관료로서의 성취를 조용히 내조하며 집안 살림을 도맡았던 현모양처가 아니었던가? 그래서인지 아름다운 봄 경치, 달 아래 거문고, 근심을 잊게 하는 술의 즐거움도 놓칠 수 없는 것이라고 맞받아치는 이 부인은 흔히 알려져 있는 조선 시대 사대부 여성과는 사뭇 다른 호방하고 활달한 느낌을 준다. 도대체 이 활달한 기상의 여성은 누구인가?

총명한 여아에서 정경부인까지

송덕봉은 중종 16년(1521) 12월 20일 전라도 담양에서 아버지 송준[宋駿]과 어머니 함안 이씨 사이에서 막내딸로 태어났다. 송덕봉의 가계를 살펴보면 중앙에까지 크게 알려진 집안은 아니었지만 지방의 만만치 않은 집안이었음을 알 수 있다. 그녀는 홍주 송씨로, 홍주 송씨는 여산 송씨에서 분적해 나왔다. 홍주 송씨 족보에 의하면 할아버지 송기손[宋麒孫]은 자[字]가 국서[國瑞]로, 성종 때 생원과에 합격하여 참봉이 되었으며, 문음[門蔭]으로 사헌부 감찰이 되고 이어서 구례와 남평의 현감을 지냈다. 문음이란 2품 이상 고위 관료의 자제에게 과거 시험을 거치지 않고 관직을 주는 제도였다. 그러나 문음으로 관직에 나아가면 승진에 한계가 있고 고위 관료에 이르지는 못했다. 송기손은 아들 넷 딸 둘을 두었는데, 아들 넷이 모두 높은 지위에 올라 세상에서는 '송씨 집안의 네 마리 용'이라 일컬었다고 한다. 송

덕봉의 아버지 송준은 송기손의 장남으로 자가 자운子雲 호는 이요당二樂堂
이며, 송덕봉의 숙부가 되는 송숙宋驌은 성종 때 진사에 합격했으나 벼슬길
에 나아갈 뜻을 접고 시서詩書에 몰두하였고, 송구宋駒는 벼슬이 자사에 이
르렀다. 송준은 연산군 때 대사간·우승지·전라감사·예조판서 등을 역임한
이인형의 딸 함안 이씨와 결혼하였는데 이 사람이 바로 송덕봉의 어머니이
다. 송준은 서른한 살에 생원시에 급제하여 참봉이 되었고 음직으로 별좌
주부, 사헌부 감찰 등을 역임하고 단성현감이 되었는데, 단성현감에 부임
한 지 석 달 만에 관직을 그만두고 고향으로 돌아가 덕운산에서 살았다. 송
준은 함안 이씨와의 사이에 정노, 정언, 정수 등 세 아들과 두 딸을 두었는
데, 송덕봉은 그 막내딸이다.

송덕봉의 집안은 서울에까지 알려진 큰 집안은 아니었으나, 담양에 근
거를 두고 계속 관직에 나아갔으며 학문과 시문에 힘쓴 지방의 명문이었음
을 알 수 있다. 송덕봉은 이처럼 학문과 시문에 힘쓰는 집안 분위기 속에
서 경전과 역사책을 공부하며 자랐다. 어려서부터 명민했던 그녀는 학문적
일 뿐 아니라 여성 교육에도 개방적인 분위기 속에서 자랐다. 열여섯 살 되
던 해인 1536년, 송덕봉은 해남 출신으로 뒷날 호남의 다섯 현인 중 한 사
람으로 꼽히게 되는 미암 유희춘에게 시집갔다. 이때 미암의 나이 스물네
살로 당시 호남 지역에서 학문과 문학으로 이름을 날리고 있었다. 이후 이
둘은 친구 같은 부부로 평생을 함께하였다.

미암은 1513년 12월 4일 전라도 해남에서 아버지 유계린과 어머니 탐
진 최씨 사이의 2남 3녀 중 둘째아들로 태어났다. 미암의 외할아버지는 『표

해록」漂海錄의 저자이자 홍문관 교리를 지낸 최부崔溥(1454~1504)였다. 미암은 일찍부터 총명함으로 이름이 났으나 삶이 그다지 평탄하지만은 않았다. 스물여섯 살이 되던 1538년 과거에 급제한 뒤 홍문관 수찬, 무장현감 등을 지냈으나, 1547년 양재역良才驛의 벽서 사건에 연루되어 21년간 유배 생활을 해야 했던 것이다.

송덕봉은 열여덟 살 되던 해 미암이 과거에 급제하여 관직에 나아가자, 시어머니 최씨를 모시고 서울로, 무장으로 남편의 벼슬살이를 뒷바라지하기 위해 따라다녔다. 당시 정국은 나이 어린 명종이 즉위하여 문정왕후가 수렴청정을 하던 때로, 문정왕후의 동생 윤원형이 득세를 하고 있었다. 미암은 문정왕후가 윤원형에게 내린 밀지의 부당함을 논박하다 1545년 백인걸, 김난상 등과 함께 파직당하고, 그 2년 뒤 양재역 벽서 사건에 무고하게 연루되어 제주도에 유배되었다. 그러나 제주도는 고향에 가깝다 하여 다시 함경도 종성으로 유배를 가게 된다. 미암이 유배 가던 때 송덕봉의 나이 스물일곱 살이었다. 결혼한 지 11년, 탄탄대로가 열릴 것 같던 미암의 유배는 송덕봉에게 적지 않은 충격이었을 것이다. 그러나 그녀는 남편을 대신해 집안 살림을 떠맡았다. 21년간의 유배 기간 동안 시어머니를 모셨고, 또 시어머니의 상을 당해 혼자서 상을 치렀다. 시어머니의 삼년상을 마친 뒤, 어느덧 마흔 살에 접어든 송덕봉은 남편의 유배지인 종성으로 가기 위해 혼자 길을 나섰다. 험한 산길을 넘고 넘어 마천령에 오른 송덕봉은 이후 사람들의 입에 오르내리게 되는 시 한 수를 짓는다.

가고 또 가서 드디어 마천령에 이르니	行行遂至磨天嶺
동해는 가이 없어 거울처럼 고르네	東海無涯鏡面平
아낙네가 무슨 일로 만리 길을 왔나	萬里婦人何事到
삼종의 의리는 무겁고 이 한 몸은 가벼워서라네	三從義重一身輕

— 「마천령 위에서 짓다」磨天嶺上吟

남쪽에서 저 함경도 종성으로 가는 험한 길을 넘다 마천령에 오른 송덕봉은 멀리 펼쳐지는 동해를 바라보며 왜 이 먼 길을 왔는지 스스로 물었다. 그리고 삼종의 의리가 중하니 내 한 몸 힘든 것은 아무것도 아니라며 삼종의 의리를 지키기 위해 온 것이라고 답했다. 이 시는 이후 송덕봉의 대표 시로, 그리고 부인의 모범적인 시로 꼽히게 된다. 송덕봉은 분명 삼종지도를 좇아 간 것이나, 이는 송덕봉의 전모가 아니다. 오히려 뒷사람들이 그 부분만 부각시켜 삼종지도를 즐겨 좇은 인물로 평가한 것이라 보는 것이 옳다. 여하튼 이 시기 송덕봉은 자신이 할 수 있는 최선의 방법을 택했고, 종성에서 미암과 불안한 유배 생활을 함께했다.

1565년 문정왕후가 죽었다. 미암을 비롯해, 윤원형 세력을 비판했던 사람들을 풀어줘야 한다는 논의가 일기 시작했고, 그 여파로 미암은 우선 종성에서 충청도 은진으로 옮겨졌다. 1567년 선조가 즉위하자 계속될 것만 같던 유배 생활이 끝나고 미암은 드디어 복직되었다. 송덕봉의 나이 오십을 바라보는 마흔일곱이었다. 복직된 미암은 일단 서울로 갔다. 송덕봉은 그간의 살림을 보살피기 위해 담양으로 내려갔다가 이듬해 아들과 손자, 딸과 사위를 데리고 서울로 올라왔다. 이때부터 미암 부부의 서울 생활이 시작되었다. 이후 미암은 대사성, 부제학 등 고위직을 역임하였고, 송덕봉도 어느 때보다 편안한 생활을 계속하였다. 그 사이 아들 경렴은 하서 김인후의 딸과 결혼시켰고, 딸은 윤관중과 결혼시켜 함께 데리고 살았다. 이 시기 미암과 송덕봉은 살림살이를 불리고 본가를 헐고 새로 집을 지었는데, 이러한 일들은 송덕봉이 도맡아하였다. 미암이 기와 굽는 일이나 공사를 맡을 사람을 선택해서 맡기면 전체적인 것은 송덕봉이 감독했다. 1577년 미암이 세상을 떠나고, 그 이듬해 송덕봉도 쉰여덟의 나이로 세상을 떠났다.

송덕봉의 생애를 살펴보면 크게 세 부분 그러니까 시집가기 전, 미암의 유배 시절, 미암이 관직에 복귀한 뒤의 시절로 나눌 수 있는데, 현재 남아 있는 자료는 대부분 미암이 복직한 뒤의 것들이다. 이 시기 고향 집으로 돌아간 송덕봉은 집을 개축하고 살림을 돌보다가 서울에 있는 미암에게 올라와서 함께 지낸다. 그리고 얼마 뒤에 다시 고향으로 내려가 새로 집을 짓고 만년을 고향 집에서 보낸다. 이 시기 송덕봉 부부의 삶은 16세기 지방에 기반을 두고 서울에서 관직 생활을 했던 양반의 생활을 잘 보여준다. 송덕봉의 삶을 보여주는 자료로 현재 남아 있는 것은 남편 미암이 쓴 일기이다. 미암은 거의 빠짐없이 매일 일기를 썼는데, 관직 생활에서 일어난 일을 소상하게 기록하고 있을 뿐 아니라 부인을 비롯한 가족들의 일이나 소소한 일상사도 자세하게 기록하고 있어서 당시 양반가의 생활을 구체적으로 전해준다. 이 일기가 모두 전하지는 않고, 유배에서 풀려 복직된 1567년부터 세상을 떠나던 해인 1577년까지의 일기가 남아 있어 『미암일기초』

眉巖日記草로 간행되었다. 이 일기에는 부록으로 송덕봉의 편지와 시가 수록되어 있다. 이 시문과 기록들을 살펴보면 송덕봉은 우리가 흔히 알고 있는 조선 시대의 현숙한 여성상을 깨는 다양한 면모를 보여준다. 그런데 재미있는 것은 이러한 면모가 그 남편인 미암이나 주위 사람들에게 자연스럽게 받아들여지고 있다는 사실이다. 오히려 이를 낯설게 여기고 어색해 하는 것은 현대의 우리들이다. 그렇다면 우리가 조선 시대 여성의 삶에 대해 오해하고 있었던 것인가?

시를 짓고 풍류를 즐기다

송덕봉은 집안 살림을 맡아 하는 틈틈이 시를 썼고 그것을 시집으로 엮었다. 그러나 시집은 전하지 않는다. 그 대신 미암의 기록을 통해 송덕봉의 시문이 몇 편 전하고 있다. 송덕봉이 남성의 영역과 공유할 수 있었던 것은 시를 쓰는 것이었다. 그러나 여성들의 경우 시문을 짓더라도 남에게 보이지 않는 것이 미덕이었던 당시의 관습 때문이었는지, 송덕봉은 주로 남편인 미암하고만 시를 주고받았다. 송덕봉은 남편이 멀리 떨어져 있을 때도 시를 써서 보내곤 했다. 미암은 가끔 송덕봉의 시에 대해 "부인이 내 시에 화답했는데, 매우 아름답다"라고 하며 부인의 시에 대해 간단히 평가하기도 했다. 그런가 하면 미암이 쓴 시를 보고 송덕봉이 "시를 짓는 법은 문장을 쓰는 것처럼 직설적이어서는 안 됩니다"라고 지적하자 미암이 깜짝 놀라며 그 말대로 지었다는 기록도 보인다.

송덕봉이 살았던 16세기에는 여성들을 위한 교육에 그다지 인색하지 않았다. 아들딸 구분 없이 제사를 지냈고 유산상속에서도 딸을 배제하지 않았으며, 집안 내에서 여성의 역할이 컸기 때문에 교육의 필요성이 더욱 절실했던 것이다. 당시 송덕봉의 집안도 여성들에게 언문뿐 아니라 한문 및 경전, 역사 등 기본 교양을 가르치는 전통이 있었던 것으로 보인다. 미암 행장行狀의 송덕봉에 관한 기록을 보면, 송덕봉이 어려서부터 경전과 사서를 공부하여 여사풍이 있었다고 한다. 또 송덕봉의 재종손녀가 석주石洲 권필權韠(1569~1612)에게 시집을 갔는데, 그녀 또한 한시에 능했다고 하니 집에서 받은 교육의 결과라 하겠다. 석주 권필의 부인이 된 송씨 부인의 아버지 송제민宋濟民은 송덕봉의 숙부인 송구의 손자이다. 해광海狂 송제민은 송덕봉의 오촌 조카가 되는데, 석주가 쓴 「해광공유사」海狂公遺事에 보면 자녀 교육을 엄격히 하여 여자라도 열 살이 되면『소학』을 통독하고『효경』,『열녀전』을 읽게 했다고 한다. 이러한 분위기는 송씨 집안뿐 아니라 송덕봉의 시집인 미암 유희춘의 집안도 마찬가지여서, 미암의 누이들 역시 한시를 남기고 있다. 미암의 집에서도 집안 모임이 있을 때면 송덕봉이 시를 써서 주고받곤 했으며, 미암과도 종종 시를 주고받았다. 그래서인가 16세기는 신사임당, 허난설헌, 이매창 등 여성 시인들의 존재가 낯설지 않던 시대였다.

송덕봉 역시 적지 않은 시편들을 썼을 것으로 짐작되나 현재 전하는 시편은 30수를 넘지 않는다. 이 시들은 주로 생활 체험에서 나온 것들로 부부의 다정함이나 자녀에 대한 애틋함, 자연의 모습을 읊고 있으나 술을 마시고 규방의 갑갑함을 노래한 시도 있다.

미암이 복직되면서 다시 시작된 서울 생활은 비교적 여유로웠다. 다른 양반 부인들과 가끔 모임을 가지기도 했고, 미암이 한가로울 때면 함께 장기를 두기도 했다. 당시 양반 집안에서는 여종에게 악기나 노래를 가르쳐 집안 행사나 놀이 때 노래를 시키거나 악기를 연주하게 하는 것이 유행이었다. 송덕봉도 집에 데리고 있던 여종에게 노래와 해금을 가르쳐 집안의 규모를 갖추었다. 물론 가장인 미암의 '허락을 받아서'라는 단서가 있지만, 송덕봉은 여종인 죽매竹梅에게 노래를 가르치기로 하고 전악典樂에게 보내 해금을 배우게 했다. 다음해 중양절, 죽매는 능숙하게 해금을 연주하여 잔치의 분위기를 돋우었다. 이날 미암의 집에서는 술과 음식을 마련하고 가을 날씨를 즐기는 잔치가 벌어졌는데, 이 자리에는 아들을 비롯하여 첩과 서녀 등 가족들이 다 모였다. 아들들이 차례로 일어나 춤을 추고 시를 차운하는 가운데 송덕봉도 시를 차운하였는데, 날이 어둑어둑해서야 자리를 파했다. 이를 보면 송덕봉이 매우 적극적으로 문화를 향유하고자 했던 것을 알 수 있다.

물론 송덕봉도 여느 부인들처럼 술을 빚고 음식을 만들고 옷을 짓는 등 집안의 대소사를 관장하였다. 여기에 서책 정리, 집수리나 신축, 땅 사는 일 등의 재산 관리도 송덕봉의 몫이었던 것 같다. 미암은 1575년 11월 16일 일기에 "저녁에 등잔 아래서 부인과 집안 살림을 의논하였다. 부인이 담양에 있는 전답을 일일이 부르면 나는 그것을 부인의 사집책私集册에 기록하였다"라고 쓰고 있다. 미암과 송덕봉은 집안 살림을 의논하면서 자신들이 가지고 있는 전답의 목록을 정리했던 것 같다. 이 일이 있은 뒤 이들은 전답을 사들였는데, "부인이 용산의 여동생에게서 면화밭을 사고"(1575년 12월 2일), "부인이 중미 열두 섬으로 동안東岸에 있는 송구례의 논 세 두락을 샀다"(1575년 12월 25일)라는 기록에서 보듯이 모두 송덕봉이 직접 산 것으로 되어 있다. 이외에도 미암이 책을 번역하다 미심쩍어 하는 부분을 도와주기도 하고, 미암이 손자인 광연光延을 가르치는 것을 보고 교육 방향을 충고하기도 했다. 이처럼 송덕봉은 집안일을 도맡아하던 여가에 틈틈이 시를 썼다. 그러나 시에 대한 애착이나 자부가 없었던 것은 아니다. 드러내지는 않았지만 재능을 인정받기 원했고, 그것은 꿈으로 표현되기도 했다.

임금이 알아주기 바란 재주

1574년 2월 8일 아침. 송덕봉은 간밤에 임금을 뵈었다. 아침에 일어나 미암에게 이 말을 하니 길한 징조라고 하였다. 이들 부부는 아침에 일어나서 서로 꿈을 이야기하고 길흉을 점치곤 했다. 그런데 간혹 송덕봉은 임금의 꿈을 꾸었다. 봉건 왕조시대에 임금이나 임금이 있는 궁궐은 공적인 삶의 중심을 이루는 영역이었다. 임금을 모시거나, 임금이 집으로 찾아오는 꿈을 꾸는 것은 공적인 영역에 대한 송덕봉의 호기심이 무의식적으로 표출된 것일지도 모른다.

이보다 앞서 1569년 8월 8일 송덕봉은 임금이 집으로 찾아오는 꿈을 꾸었다. 꿈에서 임금은 송덕봉에게 문재文才가 있다는 말을 듣고 찾아왔다면서 시를 한 수 읊어달라고 한다. 송덕봉이 옛날에 지은 시를 들려주니 임금이 칭찬을 하고 궁궐로 데리고 들어가 상을 내린다. 당시 여성의 문재가 공적으로 인정받을 기회는 없었다. 문재가 있어도 그것을 드러내지 않는 것이 미덕이 아니었던가? 자신의 문재에 대한 강한 자부심과 이를 알리고 싶어한 열망이 송덕봉의 무의식에 이런 영상을 만들어냈는지도 모를 일이다. 송덕봉이 꿈에 임금 앞에서 읊었다는 시는 미암이 무장현감으로 있을 때 관아에서 지었다는 시이다.

한 쌍의 선학 맑은 밤하늘에서 우니   一雙仙鶴唳清霄

달 속의 항아가 옥퉁소를 부는 듯   疑是姮娥弄玉簫

만리의 뜬구름 돌아간 곳   萬里浮雲歸思地

뜨락 가득한 달빛은 하얀 털로 쓸어놓은 듯   滿庭秋月刷鸝毛

─「우연히 읊다」偶吟

임금 앞에서 인정받고 싶다는 욕망, 즉 공적인 인정을 받고자 하는 욕망은 남성들만의 것이 아니었다. 이는 바깥세상에 대한 관심으로 이어져 송덕봉은 종종 임금 행차를 보기 위해 집을 나서곤 했다. 서울로 올라온 지한 해가 지난 1569년 8월 16일 송덕봉은 종묘로 제사를 지내러 나온 임금 행차를 구경하기 위해 새벽부터 집을 나서 행차를 보고 돌아왔다.

부인이 삼경부터 구경을 나가기 위해 얼孼오촌 조카의 종인 억정億貞의 집으로 갔는데, 바로 종묘동 입구 큰길의 남쪽에 있다. 저녁에 부인이 딸을 데리고 집으로 돌아와서 임금의 얼굴을 우러러본 것을 갖추어 이야기해주었다. 또 가마와 호위대의 태도를 보았는데 평생의 기이한 구경거리도 이에는 미칠 수 없다고 하였다. 그리고 정미년 7월 임금께서 집에 납시는 꿈을 꾸었는데 이제 그것이 맞았다고 했다.

―기사년(1569) 8월 16일 일기 중에서

별다른 구경거리가 드물었던 조선 시대에 임금의 행차와 중국 사신의 행차는 특별한 구경거리였다. 임금이 종묘에 제사하는 의식을 행하고 환궁하는 길에는 채붕을 설치하고 광대들이 여러 가지 놀이를 성대하게 벌였다. 그러면 임금은 곳곳에서 가마를 멈추고 이를 구경하곤 했는데, 일반 백성들에게는 놀이뿐 아니라 임금을 보는 것 자체가 특별한 구경거리였다. 남녀의 구별이 강조되고 특히 여성의 사찰 출입과 관광이 금지되었지만 16세기까지는 여전히 여성들이 관광에 나서고 있었다. 이때 남편들은 행차가 지나가는 길목의 집을 미리 빌려놓고 거기서 구경하도록 해주기도 했다. 그래서 행차가 지나는 길목의 집들은 이것으로 수입을 얻기도 했다. 송덕봉과 같은 16세기에 살았던 묵재默齋 이문건李文楗(1494~1567)의 부인 안동 김씨가 사신 행차를 구경하러 갔다가 비 때문에 행차가 늦춰져 다음날 돌아오겠다는 전갈을 보냈는데 묵재가 이를 허락한 예 등을 보면 이 시기 행차 구경을 나가는 것이 그다지 드문 일은 아니었던 것 같다. 송덕봉은 중국 사신이 왔을 때는 궁궐 앞에서 행해지는 의례를 구경하기 위해 궁궐 주변의 정자로 나가기도 했다.

이처럼 송덕봉은 적극적으로 바깥세상을 구경하기 위해 나섰다. 규방 안의 여성으로서는 참여할 수 없는 공적인 영역에 대한 관심의 표출이라 할 수 있다. 그러나 송덕봉은 꿈속에서나 임금을 뵙고 먼발치에서 행차를 구경할 수밖에 없었다. 그렇지 않으면 취한 눈으로나 규방의 한계를 넘을 수 있었다. 어느 날 술에 취해 읊은 시는 송덕봉이 규방 안에서 느꼈을 답답함을 표현하고 있다.

천지가 비록 넓다고 하나   天地雖云廣

깊은 규방에선 그 참모습 보지 못하네   幽閨未見眞

오늘 아침 반쯤 취하고 보니   今朝因半醉

사해는 넓어 가이 없도다   四海闊無津

—「취하여 읊다」醉裏吟

사위의 도리를 다하시오

가끔 시간 여유가 나면 장기를 두기도 했던 이들 부부의 생활은 우리가 조선 시대를 이야기할 때 보통 떠올리게 되는 여성의 생활이나 엄격히 내외하는 경직된 양반가 부부의 모습과는 다르다. 남편과 함께 장기를 두고 시를 화답하며 궁중에서 하사한 술을 나눠 마시는 부부. 송덕봉의 생활은 매우 만족스럽고 조화롭게 느껴진다. 규방 세계와 바깥 세계가 엄격하게 단절되어 있지도 않고, 남편과 아내의 위계가 철저하지도 않다. 남편은 늘 아내의 충고에 귀를 기울이며 실질적인 집안의 대소사를 의논한다. 미암의 부부 관계를 보면 아내는 '안'에만 국한된 존재가 아니라 남편과 대등한 삶의 '동반자'로 보인다.

시적 재능을 공적으로 인정받을 수 없었기에 꿈을 통해 욕망을 드러내고 있기는 하지만, 송덕봉에게서 억압의 흔적을 찾아보기는 어렵다. 남편과의 관계도 오히려 그녀 자신이 주도하고 있는 것처럼 보일 정도이다. 그럼에도 친정아버지의 비석 세우는 문제와 여색 문제에서는 이 부부도 묘한 갈등 양상을 보인다. 그것은 겉으로는 대등해 보이지만 실제로는 대등하다고 할 수 없는 부부 관계 때문에 빚어진 것이었다. 송덕봉이 미암에게 보낸 두 통의 편지를 통해 그 전모를 살펴보자.

조선 시대에는 사대부로 관직에 나아가 품계가 오르게 되면 부인의 관작이 올라가는 것은 물론 부모 및 조상의 관직도 올라갔다. 미암이 이품의 관직에 오르자 삼대三代가 추증을 받게 되었고, 송덕봉도 정부인이 되었다. 그러나 부인의 친정 부모는 해당 사항이 없었다. 이 무렵 송덕봉은 친정아버지 송준의 비석 세우는 일에 골몰하고 있었다. 일단 좋은 돌을 구해서 해남의 바닷가까지 옮기고 미암이 성묘를 왔을 때 담양까지 옮겨다 놓기는 했는데, 돌을 깎아서 세우지를 못했던 것이다. 그런 중에 미암이 그곳의 감사가 되어 부임하였고, 송덕봉은 혹시 숙원을 이룰 수 있을까 하여 비석 세우는 일을 부탁했다. 그러나 미암은 감사는 폐단을 없애는 데 주력해야 하므로 개인적인 일을 돌봐줄 수 없으니 형제들끼리 비용을 마련하라며 거절했다. 이 편지를 받은 송덕봉은 분한 마음을 이길 수가 없었다. 그래서 미암에게 글을 보내 그의 무심한 태도에 대해 조목조목 따졌다. 이 편지가 그 유명한 「착석문」斷石文이다.

천지 만물 중에 사람이 가장 귀한 것은 성현을 세워 교화를 밝히고 삼강오륜의 도를 행하기 때문입니다. 그러나 예로부터 이를 용감히 행하는 자는 적었습니다. 이 때문에 진실로 뒤늦게라도 부모에게 효도하고 싶은 지극한 마음은 있으나 힘이 부족해서 소원을 이루지 못하는 사람이 있으면 어진 군자가 불쌍히 여기고 유념하여 도와주고자 하는 것입니다. 제가 비록 명민하지는 못하나 어찌 강령을 모르겠습니까? 그래서 어버이께 효도하고픈 마음에 옛사람을 따르고 싶은 것입니다.

당신은 이제 이품의 관직에 올라 삼대의 관직이 올라갔고 나도 고례古禮에 따라 정부인이 되어 조상 신령과 온 친족이 다 기쁨을 얻었으니, 이는 반드시 선대에 덕을 쌓은 음덕의 보답입니다. 그러나 내가 홀로 생각하며 잠 못 이루고 가슴을 치며 상심하는 것은 옛날 우리 아버지께서 항상 자식들에게 말씀하시기를, "내가 죽은 뒤에 반드시 정성을 다해서 내 묘 곁에 비석을 세우도록 하라"고 하셨는데 그 말씀이 아직도 쟁쟁하게 귀에 남아 있기 때문입니다. 그런데도 지금까지 우리 어버이의 소원을 이루어드리지 못하였으니 이 일을 생각할 때마다 눈물이 쏟아집니다. 이는 어진 군자의 마음을 움직이기에 충분한 일입니다.

그런데 당신은 어진 군자의 마음을 가지고 있고 어렵고 곤궁한 사람을 구해줄 수 있는 힘을 지니고 있으면서도 나에게 편지하기를 "형제끼리 개인적으로 마

임금 앞에 서고 싶었던 규방의 부인, 송덕봉

련하면 그 밖의 일은 내가 도와주겠다"라고 하니, 이는 도대체 무슨 마음입니까? 맑은 덕에 누가 될까 봐 그런 것입니까? 처의 부모라고 차별을 두어서 그런 것입니까? 아니면 우연히 살피지 못해서 그런 것입니까? 또 아버지께서 당신이 장가오던 날 '금슬백년'琴瑟百年이란 구절을 보고 훌륭한 사위를 얻었다며 너무나 좋아하셨던 것을 당신도 반드시 기억하고 있을 것입니다. 더구나 그대는 나의 지기知己로서 원앙처럼 함께 늙어가는 마당에 불과 네다섯 섬의 쌀이면 공사를 끝내게 될 것인데 이렇게까지 귀찮아하니, 너무도 분해서 죽고만 싶습니다.

경서에 이르기를 "허물을 보면 그 어짊을 알 수 있다"라고 하였으니, 남들은 반드시 이 정도를 가지고 허물로 여기지는 않을 것입니다. 그대는 옛 선비들의 밝은 가르침을 따라 비록 아주 작은 일일지라도 완벽하게 중도中道에 맞게 하려고 하면서 지금은 어찌 꽉 막히고 통하지 아니하기를 오릉중자於陵仲子(전국 시대 제나라의 청렴한 선비)처럼 하려고 하십니까? 옛날 범중엄范仲淹은 보리 실은 배를 부의로 주어 상을 당한 친구의 어려움을 구해주었으니 대인의 처사가 어떠하였습니까?

사실 지방관으로 나간 미암으로서는 입장이 난처한 일이었을지도 모른다. 그러나 송덕봉은 비용이 별로 들지도 않을 텐데 귀찮아하는 것이 몹시 분했던 모양이다. 왜냐하면 미암은 복직된 뒤 자기 부모의 묘를 다듬고 비석을 세우는 일에는 적극적이었기 때문이다. 그래서 송덕봉은 친정 형제끼리 비용을 마련해 비석을 세우라고 한 미암에게 처의 부모라 차등을 두느냐고 매섭게 따지며, 장가오던 날 친정아버지가 좋은 사위를 얻었다고 좋아했던 기억을 상기시키고 있다. 지기로서 함께 늙어가는 마당에 이렇게까지 귀찮아하다니 분해서 죽고 싶다고 분통을 터뜨리고 있다. 여기서 흥미로운 것은 송덕봉이 자신과 미암의 관계를 '지기'로 설정하고 있으며, '분해서 죽고 싶다'는 등의 격한 표현을 스스럼없이 쓰고 있다는 점이다. 송덕봉은 이어서 형제끼리 마련할 수 없는 이유를 말한 뒤에 미암이 장인이 죽은 뒤 3년 동안 한 번도 제사를 올린 적이 없음을 이렇게 지적하고 있다.

형제끼리 마련하라고 하시나 도저히 그렇게 할 수는 없습니다. 저희 형제는 과부로 겨우 지내는 자도 있으며, 곤궁해서 끼니를 해결하지 못하는 자도 있으니 비용을 거둘 수 없을 뿐 아니라 반드시 원한만 사게 될 것입니다. 예禮에 말하기를 "집안의 있고 없는 형편에 맞추어 하라"라고 하였으니 어떻게 그들을 나무랄 수 있겠습니까? 만약 친정에서 마련할 힘이 있다면 나의 성심으로 진작에 했지 어찌 꼭 당신에게 구차하게 청하겠습니까? 또 당신은 종산 만리 밖에 있을 때에 우리 아버지께서 돌아가셨다는 말을 듣고 오직 소식素食을 했을 뿐이요 삼 년 동안 제사 한 번 올리지 않았으니, 전날 그토록 간곡하게 사위를 대접해주던 뜻에 보답했다고 할 수 있습니까? 이제 만약 귀찮아하는 마음 없이 비석 세우는 일을 억지로라도 도와준다면 구천에서도 아버지께서 감격하여 결초보은하려 할 것입니다.

마지막으로 송덕봉은 자신이 미암에게 이것을 요구할 수 있는 권리가 있음을 이렇게 덧붙이면서 편지를 끝맺고 있다.

나는 박하게 베풀면서 당신에게만 후한 것을 바라는 것이 아닙니다. 시어머님
께서 돌아가셨을 때 모든 정성과 있는 힘을 다해 장례를 예법대로 하고 제사도
예법대로 지냈으니 나는 남의 며느리로서 도리에 부끄러운 것이 없습니다. 당
신은 이런 뜻을 생각지 않으십니까? 당신이 만약 내 평생의 소원을 이루지 못
하게 한다면 나는 죽어서도 지하에서 눈을 감을 수 없을 것입니다. 이 모두가
지극한 정성에서 느끼어 나온 말이니 한 자 한 자 자세히 살피시기 바랍니다.

송덕봉은 '나는 며느리로서 할 만큼 했으니 그대도 사위로서 도리에
부끄러운 점이 없게 하라' 고 너무도 당당하게 요구하고 있다. 이 편지에서
가부장의 권위에 주눅 들어 있는 모습을 찾기란 어렵다. 미암은 결국 돈과
사람을 보내 비석 깎는 일을 시작하도록 했고, 한 달여 만에 송준의 비석
은 완성되었다. 송준의 비석 뒤에는 둘째사위 유희춘이 표석 등의 물건을
세우고 공의 행적을 기록했다고 새겨져 있다.

조금 다르지만 이런 예가 또 있다. 17세기 사대부가의 여성이었던, 송
규렴宋奎濂(1630~1709)의 어머니 순흥 안씨는 여든세 살까지 살았는데, 친정
에 아들이 없어 서자를 들여 제사를 주관하게 하였다. 친정아버지의 묘에
비석과 묘지명이 없는 것을 애통하게 여겨 평소 자식들에게 이 일을 부탁
했으나 자식들이 이 일을 완수하지 못했다. 순흥 안씨는 여든이 되어 병이
위중해지자 자식들에게 아버지의 언행을 불러주어 기록하게 하고, 유명한

문인을 찾아가 묘지명을 써달라고 부탁하게 했다. 문장이 완성되었으나 비석을 세울 돈이 없자 직접 베를 짜며 며느리와 종들에게도 함께 일을 하게 했으나 결국 완성하지 못하고 죽었다. 순흥 안씨는 자식들에게 비석을 새겨 무덤에 세운 뒤에 자신의 장례를 치르라며 친정아버지 묘에 비석 세우는 일을 완성해줄 것을 신신당부하고 죽었다. 이를 보면 조선 전기에는 여성들이 시집을 간 뒤에도 친정에 살았던 예가 많았거니와 친정의 일을 하는 데도 적극적이고 당당했던 것을 알 수 있다. 흔히 말하는 '출가외인'과는 거리가 멀었다.

송덕봉의 이렇듯 당당한 일면을 잘 보여주는 편지가 또 하나 있다. 미암이 관직 때문에 서울에 혼자 있게 되었을 때, 넉 달간 여색을 가까이하지 않은 적이 있었다. 미암은 부인에게 편지를 써 홀로 있는 괴로움을 전하고, 자신이 여자를 가까이하지 않고 지낸 일을 은근히 자랑했다. 담양의 본가에 있던 송덕봉은 곧 답장을 보냈다.

삼가 편지를 보니 갚기 어려운 은혜라고 스스로 자랑하셨는데 고맙기 짝이 없습니다. 다만 들건대 군자가 행실을 닦고 마음을 다스리는 것은 본래 성현의 가르침이지 어찌 아녀자를 위해 힘쓰는 것이겠습니까? 마음이 이미 정해져 물욕에 가리워지지 않으면 자연 잡념이 없는 것이니 어찌 규중 아녀자의 보은을 바라겠습니까? 서너 달 홀로 지낸 것 가지고 고결하다고 하며 덕을 베푼 생색을 낸다면 그대도 분명 담담하게 무심한 사람은 아닐 것입니다. 마음이 편안하고 깨끗해서 밖으로 화려한 유혹을 끊어버리고 안으로 사념이 없다면 어찌 꼭 편지를 보내 공을 자랑한 뒤에야 남들이 알아주겠습니까? 곁에 나를 알아주는 벗이 있고 아래로는 권속 노비들이 지켜보고 있으니 공론이 저절로 퍼질 것이요 굳이 애써서 편지를 보낼 것도 없겠지요. 이런 것을 보면 그대는 아마도 겉으로 인의를 베풀고는 얼른 남들이 알아주기를 바라는 병폐가 있는 듯합니다. 제가 가만히 살펴봄에 의심스러움이 한량이 없습니다.

저도 당신에게 잊을 수 없는 공이 있으니 소홀히 여기지 마십시오. 당신은 몇 달 동안 혼자 지내고 매양 편지마다 구구절절 공을 자랑했지만 예순이 가까운 몸으로 그렇게 홀로 지내는 것이 당신의 건강을 유지하는 데 크게 유리한 것이지 저에게 갚기 어려운 은혜를 베푼 것은 아닙니다. 허나 당신이 높은 관직에 있어 도성 사람들이 모두 우러러보는 처지에 몇 달이라도 혼자 지내는 것은 또한 보통 사람들이 어렵게 여기는 일이기는 합니다. 저는 옛날 어머님 상을 당했을 때 사방에 돌봐주는 사람 하나 없고 당신은 만리 밖에 귀양 가 있어 그저 하늘을 울부짖으며 통곡만 할 뿐이었습니다. 그러나 지극 정성으로 장례를 치렀으니 남들에게 부끄러울 것이 없습니다. 곁에 있던 사람들도 혹 봉분이나 제례가 비록 친자식이라도 이보다 더할 수는 없다고 하였습니다. 삼년상을 마치고 또 만리 길을 나서 온갖 어려움을 무릅쓰고 찾아간 일을 누가 모르겠습니까? 내가 당신에게 이렇게 지성을 바쳤으니 이것이야말로 잊기 어려운 일이라고 할 수 있는 것입니다. 공이 몇 달 홀로 지낸 일과 나의 몇 가지 일을 비교한다면 그 경중이 어떻습니까? 바라건대 당신은 영원히 잡념을 끊고 건강을 보전하여 수명을 늘리도록 하십시오. 이것이 내가 밤낮으로 크게 바라는 바입니다. 나의 뜻을 이해하고 살펴주시기를 바랍니다.

아마도 미암은 자기가 4개월이나 여자를 가까이하지 않은 일을 아내에게 자랑하느라 '내가 당신에게 갚기 어려운 은혜를 베푼 것을 아시오?' 운운하며 능청을 떨었던 것 같다. 그러자 송덕봉은 당장에 '당신은 내게 갚기 어려운 은혜를 베풀었다고 여기는 것 같은데 천만의 말씀이오'라고 답했다. '서너 달 홀로 지낸 것을 가지고 자랑하다니 그대도 별 수 없군요' 하고 일침을 놓은 그녀는 이어서 남편이 무안할 정도로 조목조목 이유를 들어가며 그런 일을 자랑하는 것이 얼마나 창피스러운 일인지를 말하고 있다.

첫째, 군자가 여자를 가까이 않고 수양을 하는 것은 당연한 것이지 아내에게 자랑할 일이 아니며, 둘째, 예순이 다 된 나이에 여자를 가까이하지 않는 것은 건강에 좋은 일이니 자랑할 일이 아니며, 셋째, 그런 일을 자랑하는 것은 자기가 착한 일을 하고 남이 어서 알아주기를 바라기 때문이라는 것이다. 그러면서 그는 남편에게 높은 지위에 있으니 고결한 행실을 하면 주변 벗들과 하인들이 그 모습을 보고 자연히 칭송할 텐데, 공연히 자기 입으로 자랑을 해서 스스로 체모를 구겨버렸다고 남편을 나무란다. 그리고는 마지막으로 남편에게 '이런 일을 보니 당신은 겉으로 인의를 베풀고는 얼른 남들이 알아 칭송해주기를 바라는 단점이 있다'고 꼬집기까지 하였다. 첩을 얻어 서녀를 넷이나 두었고, 한때 기녀 옥경아에게 마음을 둔 적도 있었던 미암에게 송덕봉이 평소 하고 싶었던 이야기가 때를 만나 터져 나온 것이었다.

여기까지 쓰던 송덕봉의 머릿속에 젊은 시절의 고생이 떠올랐다. 남편이 유배 가서 집안이 파탄지경에 놓였을 때 집안을 지키기 위해 얼마나 고

군분투했으며, 죄인의 가문이라 아무도 도와주지 않고 문상조차 오지 않는 때에 시어머니의 장례를 얼마나 어렵게 치러야 했던가? 그녀는 마음속 깊숙이 묻어두었던 옛일을 꺼내 이야기하면서 이것이야말로 남편이 자기에게 지고 있는 '갚기 어려운 은혜'가 아니겠느냐고 반문했다.

남편인 미암은 섣불리 말 한마디 잘못 꺼냈다가 본전도 못 찾은 셈이었다. 그런데 재미있는 것은 송덕봉의 답장을 받은 미암의 반응이다. 요즘이라도 이렇게 조목조목 자기 말에 딴죽을 거는 편지를 받았으면 발끈할 남편들이 많을 텐데, 이렇게 '깨는 당당함'을 가진 부인을 사뭇 사랑하고 존중했던 점잖은 유학자 미암은 이 편지를 보란 듯이 자기 문집에 싣고, 뒤에 "부인의 말씀이 구구절절 옳도다"라고까지 하였던 것이다.

조선이라는 완고한 봉건 가부장제 사회 속에서 도대체 송덕봉의 이러한 당당한 태도와 조화로운 부부의 삶은 어떻게 가능했던 것일까? 그것은 송덕봉이라는 개인의 특출한 개성에서 비롯된 것일까? 아니면 송덕봉이 살았던 16세기, 그러니까 조선 전기까지만 해도 시대적 규범 자체가 이렇게 활달한 기상을 가진 여성에 대해 허용적이고 자유로웠던 것일까?

되살려야 할 여성의 역사

송덕봉이 살았던 시대는 조선 전기 문화의 절정기라 불리던 선조조의 목릉성세. 이 시기는 정치적 모순이 표면화되면서 당쟁이 심화되는 시기이기도 했지만, 문화는 절정을 구가하고 있었다. 이때는 아직 임진왜란과 병자호란으로 인해 조선 전기 사회가 통째로 깨어지고 그에 따라 유교 이념을 재정립하면서 가부장제를 공고히 해 나가기 이전으로, 여성에 대한 태도도 그다지 억압적이지만은 않았다. 상속이나 혼인 제도 등에서 여성에 대한 차별이 본격화되기 전이었다. 물론 16세기라고 해서 차별이 없었던 것은 아니다. 미암과 송덕봉의 관계에서도 차별의 양상은 분명 드러나 있다. 다만 송덕봉은 이러한 차별을 그냥 보아 넘기지 않았다는 점이 다르다. 이후 17세기는 여성의 삶이 구체적으로 달라지는 분기점으로 알려져 있다. 17세기에 들어 가부장제가 강화되면서 장자 위주의 상속으로 상속 제도가 바뀌고 딸의 지위가 아들에 비해 상대적으로 약화되며, 열녀 이데올로기가 강화되면서 여성은 더욱 규방 깊숙이 들어가게 되고 바깥 세계와의 단절이 보다 엄격해지기 시작했기 때문이다. 송덕봉이 보여준 모습도 어쩌면 16세기 사회였기 때문에 가능했던 것인지 모른다.

그렇다면 송덕봉의 이 같은 당당하고 조화로운 삶의 모습은 16세기 사회에서 그다지 예외적인 것만은 아니었을 것이다. 그러나 우리는 막상 송덕봉과 같은 예를 만나기가 쉽지 않다. 그래서인지 그 시대에는 예외적이지 않았을지도 모르는 이 여성의 삶이 오늘날에는 왠지 낯설게 여겨진다. 이 낯선 느낌은 말할 것도 없이 공적인 기록이나 역사에서 여성은 제외되어 왔거나, 기록되었더라도 기록하는 자들이 보고 싶은 것만 기록해온 데서 비롯되는 것이리라. 송덕봉은 이토록 당당하게 살았던 여성이었고, 자신의 생각과 정서를 시문으로 표현해냈으며 자신의 문재를 인정받고 싶어했던 작가였음에도 불구하고, 미암의 생애를 기록한 시장諡狀에 단 몇 줄로 전해질 따름이다.

공의 아내는 송씨로 홍주의 유명한 성씨이다. 사헌부 감찰 송준의 따님으로 정
경부인에 봉해졌다. 타고난 성품이 명민하였고 서사書史를 두루 섭렵하여 여사
의 풍모가 있었다. 공이 죽은 뒤 직접 상을 치렀는데 예도를 지나칠 정도로 슬
퍼하였다. 그 다음 해 정월, 이 때문에 죽어 공의 묘 왼쪽에 합장하였다. 1남 1
녀를 낳았다.
—『미암집』 권20

물론 남편의 기록에 첨부된 것이므로 간략할 수밖에 없지만, 책을 많
이 읽은 것을 굳이 밝힌 것 외에는 조선 시대의 여느 양반 부인과 크게 다
를 바가 없다. 송덕봉이라는 여성이나 그녀의 시에 대한 후대의 평가도 모
두 여기서 벗어나지 않는다. 앞서 마천령에서 지은 시는 '성정의 바름'을
얻었으며, "현숙하고도 뛰어난 문장을 썼으니 난설헌이나 옥봉이 재주가
부덕婦德보다 승했던 것과는 다르다"고 평가되었다. 가부장의 부당한 대우
에 항의할 줄 알았던 송덕봉의 당당함이나 가부장제의 권위에 억눌리지 않
은 기상은 사라져버리고 삼종지의를 따랐던 부분만 부각되어 전하게 된 것
이다. 이른바 가부장제의 '기획'이었다고 할까. 오늘날 우리에게 전하는 전
통적인 여성상이 매우 단조로운 것도 이처럼 일면만이 강조되어 전하는 것
과 무관하지 않다. 송덕봉은 또 다른 조선 여성의 삶을 보여준다는 점에서
우리가 적극적으로 되살려야 할 인물이다.

■

허난설헌을 만나는 기본 자료는 『조선조여류시문전집』(허미자 편, 태학사 영인)에 수집되어 있는 각종
의 난설헌 시집들이다. 여기에 『열조시집』을 비롯한 중국의 시선집들, 『대동시선』·『해동시선』등의 조
선의 시선집들, 허균의 『성소부부고』· 신흠의 『상촌집』· 이덕무의 『청장관전서』를 비롯한 조선 시대 문
인들의 문집들, 『시화총림』을 비롯한 『한국시화총편』(조종업 편, 태학사 영인)에 수록된 각종 시화집들
이 있다.

■■

허난설헌에 대한 연구는 이루 다 거론할 수 없을 정도이다. 이 글이 시를 다루는 논문은 아니므로 특별
히 어느 연구에 의지하지는 않았다. 다만 허난설헌과 소설헌의 관계를 다룬 김명희의 『소설헌 허경란의
시와 문학』(국학자료원, 2000)과 난설헌 유선시의 도가적 배경을 구체적으로 다룬 김경남의 『허난설헌
시 연구』(소명, 2002)가 각각의 부분에 대한 필자의 이해에 일종의 영감을 주었으므로, 거론해놓는다.
그러나 이 연구들이 구체적인 부분에서는 필자와 의견 차이가 있다는 것도 밝혀야겠다. 즉 연구자로서
의 필자는 이 논저들의 구체적인 부분들에 다 동의하는 것은 아니다. 난설헌집의 표절 문제를 다룬 박
현규의 『허난설헌 시작품의 표절 실체』(『한국한시연구』 8집, 한국한시학회, 2000)도 거론해둔다. 물론
사실에 대한 해석에서 필자의 생각과는 전혀 다르지만, 난설헌집의 표절 문제를 가장 정면으로 다룬 문
제적 논문이다.

■■■

허난설헌은 일찍부터 대중적으로 홍보된 여성 인물이기도 하다. 따라서 소설을 비롯하여 난설헌의 삶을
다룬 평론이나 잡기류의 글들이 많다. 이 글들은 필자가 난설헌을 이해하는 데 영감을 주기도 했다. 그
러나 동시에 이중 어떤 글들이 무책임하게 부각시키는 난설헌의 모습에 대한 반감이 이 글의 집필 동기
이기도 하다. 따라서 가능한 한 실제 자료를 제출할 수 있는 정도에서 난설헌을 해석하려 노력했다.

서리 맞은 푸른 연꽃

허난설헌(1563~1589)

마녀재판과 「가위」 시

한시에는 영물시詠物詩라는 것이 있다. 새나 꽃, 돌 등 온갖 사물을 소재로 해서 그 속성을 묘사하거나, 그것에 서정을 얹어두는 방식으로 짓는 시이다. 다음의 시는 가위를 묘사하고 있지만, 가위의 형상보다 먼저 들어오는 것은 남녀의 성교 장면이다.

뜻이 맞아 두 허리를 합하고	有意雙腰合
다정스레 두 다리를 쳐들었소	多情兩脚擧
흔드는 것은 내가 할 테니	動搖於我在
깊고 얕은 건 당신 맘대로	深淺任君裁

옷감을 마름질하는 가위의 모습과 노골적인 성교의 세부 장면을 겹쳐 놓았다. 교묘하게도 말을 놓았다 싶어 피식 웃음이 나온다. 시화 편찬자의 말처럼, 사물을 읊은 것이 공교하기는 하지만, 『금병매』金甁梅의 한 부분을 읽는 것 같다.

이 시는 누가 지었을까? 문득 무료해진 어느 사대부 남성이, 심심파적으로 성적 농담을 기록해두듯이 그렇게 언젠가 들었던 것을 기억해 지었을까? 아니면 질펀하게 음담패설이 오고 가는 술자리에서 장난으로 지었을까? 그도 아니면, 지루한 바느질을 하던 어느 여성이 자신의 손에서 움직이고 있는 가위를 보면서 문득 빠져든 성적 몽상이었을까? 알 수 없는 일이다. 시화집詩話集에는, 세상에서는 허난설헌許蘭雪軒의 「가위」剪刀詩라는 작품이라고 전한다 하였다.

이 「가위」 시와 나란히 「자물쇠」金鎖라는 중국의 시도 전한다. 변방에 출정 나가 있는 남편에게 아내가 도포를 지어 보내면서, 도포 자락에 자물쇠와 함께 꿰매어 보낸 시란다. 여기선 "정을 잠궈 천리에 부쳐 보내니, 잠겨진 마음 끝내 열지 않겠소"鎖情寄千里, 鎖心終不開라고 자물쇠를 빙자해 정을 읊었다. 조선 시대 사대부인 시화 작가는 중국의 「자물쇠」 시를 "정을 보여주면서도 노골적이지 않다"라고 평한다. 그러면서 '너무나 외설스러운' 「가위」 시와는 비교도 되지 않는다고 하였다. 글쎄, 자물쇠의 성적 은유도 포함해서 하는 이야기일까? 자물쇠의 성적 은유에도 불구하고 은유로 숨겨놓았다는 점이 '노골적이지 않다'는 좋은 점수를 얻은 것일까? 아니면 몸을 이야기하지 않고 마음을 이야기했다는 점이 좋은 점수를 얻은 것일까? 온갖 장난에 음담패설까지 한시로 못하는 짓이 없었던, 그러면서도 외설과 너무 노골적이지 않은 품격을 구분했던 조선 시대 사대부의 문화를 보는 듯하다.

그런데 이 「가위」 시가 허난설헌의 시라고? 무슨 소리일까? 시화의 편찬자는, 세상에서는 이 시가 허난설헌의 작품이라고 하지만 자신은 과연 이렇게 외설스러운 시를 사대부의 부인이 지을 수 있을지 의심이 든다고 했다. 그러나 그가 동의를 하든 안 하든, 난설헌이 이 시의 진짜 작가든 아니든, 한 가지 분명한 것은 '세상은 이 시를 난설헌의 작품이라고 한다' 는 것이고, 또 이 설이 광범위하게 유포되어 있었다는 사실이다. 세상은 왜 이 시를 난설헌과 연결시켰을까? 우선 생각할 수 있는 것은 조선 시대 남성 문학 비평가들이 허난설헌에 대해 가졌던 뿌리 깊은 반감이다. 당대의 남성 비평가들은 비교적 그렇지 않은 데 비해 후대의 사대부 비평가들은 그녀에 대해 매우 심한 반감을 드러낸다. 그 반감이 난설헌의 작품 중에서 장난에 가까운 이런 시를 굳이 찾아내 부각시키거나 혹은 그녀와 상관없는 시를 슬그머니 그녀의 작품으로 끼워넣도록 했을 수 있다. 그러나 어느 경우라도 난설헌 자신이 그럴 수 있는 빌미를 조금이라도 주어야 가능한 일이었을 것이다.

난설헌의 작품에는 관능적인 분위기가 살풋 배어나는 작품이 여러 편 있다. 그녀의 대표작으로 인용되는 「연밥 따는 노래」採蓮曲만 해도 그렇다.

맑고 넓은 가을 호수 벽옥 같은 물　　　　　　秋淨長湖碧玉流
연꽃 깊은 곳에 목란 배 매어놓고　　　　　　荷花深處繫蘭舟

임 만나자 물 건너 연밥 던지다   逢郎隔水投蓮子

멀리 남에게 들켜 반나절 부끄러웠네   遙被人知半日羞

「연밥 따는 노래」는 연밥을 따면서 부르는 처녀·총각의 사랑 노래에서 모티프를 취해서, 시인마다 제가끔 다시 지어 부르는 노래이다. 그러니 원래 처녀·총각 정분난 노래이게 마련이지만, 난설헌의 「연밥 따는 노래」는 좀 더 관능적인 분위기가 강하다. 게다가 일반적으론 '연밥 따는 저 처자야, 연밥 줄밥 내 따줄게 우리 부모 섬겨다오' 하는 식으로 총각이 처녀를 향해 구애하는 노래인데, 난설헌은 제가 유혹해놓고 빨개져버린 어린 처녀를 그리고 있다. 그러니 조선 시대 남성 비평가들로부터 거의 음탕하다고 할 수 있다는 평을 받았던 것이다. 그러나 조선 시대 사대부 비평가들이야 어떻다고 했든, 우리가 이 시에서 보게 되는 것은 건강하고 사랑스런 에로티시즘이다. 혹은 그걸 포착해낸 난설헌의 정신세계다.

「그네 노래」鞦韆詞에선 살내가 더 짙어진다.

그네뛰기 마치곤 수놓은 신 고쳐 신었죠   蹴罷鞦韆整繡鞋

내려와선 말도 못하고 층계에 서 있었어요   下來無語立瑤階

매미 날개 같은 적삼 땀이 촉촉이 배어   蟬衫細濕輕輕汗

떨어진 비녀 주워달라 말하는 것도 잊었죠   忘却敎人拾墮釵

한바탕 그네뛰기를 마치고 막 내려서서 가쁜 숨을 몰아쉬는, 빨갛게 상기된 뺨과 더운 살내, 비녀가 빠져버려 흘러내린 머리카락에 땀이 밴 매미 날개처럼 얇은 적삼. 이 사랑스럽고 건강한, 그 관능적인 살내와 숨소리를 난설헌은 묘사하고 있다. 이 「그네 노래」는 그녀 자신을 읊은 것일까? 아님, 그녀의 시들이 대부분 그렇듯이 기존의 시적 모티프를 재창조한 의작擬作일까? 그녀 자신을 노래한 것이라면 관능적인 나르시시즘이, 의작이라면 관능적인 탐미의 시선이 내장되어 있는 것이다. 어느 쪽일까?

열 손가락에 봉선화 물을 들였다는 시(染指鳳仙花歌)에선 화자의 시선이 봉선화 물이 든, 길고 가는 자신의 손끝을 나르시스적인 만족감을 갖고 좇아다니고 있다. 새벽에 일어나 발을 걷다가 보면 붉은 별이 거울에 비치는 듯하고 풀밭에선 붉은 나비가 날아온 듯하고, 가야금을 탈 때는 가야금 줄 위에 복사꽃잎이 떨어진 듯, 분 바르고 머리 매만질 땐 소상강 대나무의 피눈물 자국인 듯, 붓을 들어 눈썹을 그리다 보면 붉은 꽃비가 봄 산(눈썹)을 지나가는 듯하다고 했다. 나른한 고양이처럼 만족스러운, 관능적인 냄새가 풍기는 자기애다.

「가위」 시로 돌아가보자. 이 시가 난설헌의 시이든 아니든, 조선 시대 남성 비평가들이 이 시를 특필한 것은 악의였을 것이다. 남성 비평가들은 "삼종의 의리가 중하니 내 한 몸이야 가볍다"三從義重一身輕라고 읊은 송덕봉의 시를 대서특필하면서, 난설헌이 재주만 승한 것과는 격이 다르다고 논평한다. 그녀의 천재적 재능과 중국에까지 알려진 시명에 대한 질투와 무엇보다 '삼종' 운운하지 않는, 길들여지지 않는 그녀의 기질에 대한 참을 수 없는 불쾌감이 반감을 낳았을 것이다. 사대부 비평가들에 의해 그녀는 사이비 표절 작가로 평가절하되거나 '음탕한 계집'으로 단죄되었다. 「가위」시는 그녀에게 '음탕한 계집'의 이름을 덧씌워 단죄하려는 마녀재판의 문학적 형식이었는지 모른다.

그러나 그렇더라도 무엇이 그들에게 난설헌을 성적으로 단죄하도록 하는 빌미였던 것일까? 그것은 아마도 「연밥 따는 노래」나 강가의 별장에 나가 독서하는 남편에게 '싱숭생숭한 봄 뜻春意'을 적어 보낸 시, 「그네 노래」 등에서 보이는, 여성의 자발적이고 주도적인 욕망 표현, 여성적인 관능을 건강하고 아름다운 것으로 거리낌 없이 묘사해내는 태도나 관능적 나르시시즘 같은 것이었을 게다. 여성의 성을 철저히 남성 종속적인 것으로만 한정하려 했던 것이 유교 문화였다. 그런 문화 속의 사대부 비평가들에게 이건 결코 용납하기 힘든 외설이었을 것이다.

하지만 난설헌 시에 드러나는 에로티시즘은 결코 외설적이지 않다. 건강하고 사랑스런 향기가 난다. 여성이 자신의 몸과 욕망을 사랑하는 것이다. 그녀가 스물세 살 되던 1585년 어느 봄날, 그녀는 꿈에 신선의 나라인 광상산廣桑山에 불려가 시를 지었다고 했다. 곧 신선이 되어 날아갈 선연仙緣이 있는 사람, 선녀들도 감탄하는 시적 재능을 지닌 시인으로서의 초연한 자부심은 그러나 결코 창백하지 않다. 그녀의 정신 속 신선 세계가 온갖 보석들로 장식된 화려하고 즐거운 곳인 것처럼, 그녀는 피와 살을 가진 자신의 몸의 감각을 즐기고 있다.

아니, 이렇게 분명한 것은 아니었을지 모른다. 그저 그런 낌새뿐이었을지도. 그러나 난설헌의 정신세계나 시 세계에는 분명히 그런 요소가 있고, 조선 시대 사대부 비평가들의 예민한 안테나에 걸려든 것이다. '유탕'流蕩이라는 이름으로.

누이야, 두보가 되렴

1582년 어느 가을날, 난설헌은 친정에서 보내온 꾸러미를 받아들었다. 풀어보니 좋은 붓이 한 자루, 항간에선 쉽게 구하기 어려운 명품이었다. 같이 따라온 편지는 낯익은 오라비의 글씨로 적힌 시 한 수였다.

신선 나라에서 예전에 하사받은 문방사우	仙曹舊賜文房友
경치를 즐기는 가을 규방에 보낸다	奉寄秋閨玩景餘
오동나무를 바라보며 달빛도 그리고	應向梧桐描月色
등불 켜놓고 벌레나 물고기도 그리겠지	肯隨燈火注蟲魚

친정 둘째오라비 허봉許篈(1551~1588)의 시였다. 핑글 눈물이 돌았을까? 열두 살 차이 나는 아버지 같은 오라비였지만, 다정하고 너그러웠으며 시를 가르쳐주던 오라비였다. 오라비의 친구 이달李達(1539~1612), 당대 최고의 시인이었던 그를 아우 허균許筠(1569~1618)의 시 선생으로 모셔왔을 때 그녀가 함께 배우도록 해주었던 오라비였다. 그녀의 재능을 누구보다 사랑해주었고 기대해주었던 오라비였다. 이해의 봄에도 오라비는 이렇게 사람을 시켜 두보杜甫의 시집을 보내왔다. 그때도 시집 뒤에 오라비의 글씨가 있었다.

중국에 사신으로 갔던 길에 얻어서 책 상자에 보물처럼 간직했던 시집이란 사연과 함께, "이제 네게 주니, 두보의 소리가 내 누이의 손에서 다시 나오길 바란다"라고 썼었다. 내 누이가 두보 못지않은 시인이 되리라고 한껏 격려해주었다.

올해에 벌써 두번째, 언제나 다정한 분이시긴 하지만 올해엔 유난히 내게 마음을 쓰신다. 두보를 읽어 두보 같은 시인이 되고 이 붓으로 좋은 그림을 그리라 하시지만, 오라비는 내 고독한 처지가 안쓰러우신가.

오라비의 격려 밑에 깔린 말하지 않는 연민이 느껴져 가슴이 아리다. 너그러운 오라비와 누이의 재능을 경탄의 눈으로 바라보는 똑똑한 아우 사이에서 아무 거리낌도 없던 시절이 있었다. 열아홉 살, 시집온 지 몇 해. 남편 김성립金誠立과의 사이도, 시어머니와의 사이도 순조롭지 않았다. 오라비도 아우도 찬탄하고 격려했던 그녀의 재능은 결혼 생활에는 쓸모가 없었다. 시집에서 섬처럼 고독한 그녀에게 허봉은 짐짓 모른 척 두보가 되라고 하고 있는 것이다.

누이의 재능을 감당하기엔 매부의 그릇이 너무 작음을 그도 그때쯤은 알았을 것이다. 대사헌을 지낸 아버지 허엽許曄과 이조판서를 지낸 맏오라비 허성許筬, 당대의 촉망받는 재사로서 출세 가도를 달리던 자신과 막내 허균. 문학적 명성이 세상에 뜨르르하던 허씨 집 삼남매, 문벌로나 문학적 명성으로나 당대 최고 집안이었다. 그런 집안의 사랑받는 외동딸답게 한껏 골라서 보낸 시집이었다. 안동 김씨네 명문이었다. 그러나 누이는 행복하지 않았다. 자부심 강한 시인으로 키운 것이 잘못이었는지 모른다. 재능을 누르고 자부심을 꺾어서 유순하고 순종적인 여성으로 키웠어야 했는지 모른다. '조선에 여자로 태어나 김성립의 아내로 살아야 하는 것이 세 가지 한恨'이라는 누이의 말대로, 16세기 조선의 여자로 태어나 평범한 남자의 아내가 되어 살기에는 그 편이 나았을지도 모른다.

누이의 재능은 눈부신 것이었다. 허균의 증언에 의하면, 언젠가 누이가 "사詞를 지으면 그대로 음률에 잘 맞아"라고 말한 적이 있었다고 한다. 사라는 것이 글자마다 소리를 가려서 짓는 것이기에 한자의 음을 외워서 시를 지은 조선 사람들은 하기 어려운 것이었다. 그러기에 허균도 누이의 말을 믿지 않았다고 했다. 그런데 뒤에 사의 악보에 해당하는 「시여도보詩餘圖譜」를 보고 누이가 지은 사를 한 글자씩 대조해보니 별로 크게 틀린 곳이 없었다고 하며, 그제야 그도 새삼 누이가 얼마나 천재적인 시인인지 알게 되었다고 하였다. 특히 유선사遊仙詞에서 보이는 그녀의 재능은 오라비인 허봉이나 시 선생이었던 이달을 능가하는 것이었다. 허봉 자신도 기꺼이 동의했다. 그가 보기에 그녀의 재능은 타고난 천재이지 배워서 흉내 낼 수 있는 수준이 아니었다. 그러니 어쩌랴, 누이야. 행복한 아내는 못 될망정 두보가 되어라. 그런 말이었을지 모르겠다.

누이에게 두보가 되라고 격려했던 허봉의 태도는 조금, 아니 적잖이 의외로 보일는지 모르겠다. 여성이 시를 짓는 것은 창기나 하는 짓이라고 교육되던 시절인 것이다. 그러나 이렇게 표방되는 규범 뒤에는 좀 의외의 모습이 숨어 있다. 물론 그들이 살았던 16세기도 여성에게 공평한 시대는 아니었다. 그러나 17세기 이후 조선 후기 사회에서의 여성들의 삶과는 조금 다르다. 여성의 공식적인 사회 활동은 언감생심이었지만, 적어도 가정 내에서의 위치는 달랐다. 재산이나 제사의 상속이 딸 아들을 가리지 않고 균등하게 이루어지고 시집살이보다 처가살이가 일반적이던 시절이었다.

평생 부부가 시를 주고받았으며 서로 비평을 하기도 하며 살았던 송덕봉과 그녀의 남편인 유희춘은 허봉의 스승이고 사모님이었다. 처가의 일이라고 당신 집 일과 차별을 두는 거냐고 남편을 향해 목소리를 높였던 그 송덕봉이 허봉의 사모님인 것이다. 다방면에 걸친 뛰어난 재능을 지녔던 여성, 남편에게 자신이 죽은 후라도 재취하지 말라고 조목조목 논쟁하여 남편의 약속을 받아내었던 신사임당이 동시대의 사람이었다. 이옥봉은 시 비평집마다 난설헌과 나란히 이야기되는 동시대의 여성 시인이다. 그녀는 서녀로 태어나 소실로 살아야 했지만 남편을 스스로 선택했던 여자다. 그녀의 아버지는 책을 구해주며 그녀의 시적 재능을 격려했고, 딸이 원하는 남자에게 시집갈 수 있도록 사위가 될 남자와 그의 장인을 찾아다녔다. 아우 허균의 주변엔 「규원가」閨怨歌의 작가로 알려진 소실 무옥巫玉이 있었고, 기녀인 이매창李梅窓과 평생을 시 벗으로 지내기도 했다.

서자인 이달이 난설헌 남매의 시 스승이 되고 허균이 기녀인 매창과 시 벗으로 지낸 것은 이 집안이 갖는 개방성과 문학에의 경도 때문이겠지만, 이 시대 자체도 규범과 달리 현실에서는 여성의 문학 활동에 그렇게 폐쇄적인 시대만은 아니었던 것이다. 난설헌에 대한 허봉의 태도는 시대를 초월하는 파격이라기보다는 그 시대가 아직 지니고 있었던 태도를 높은 밀도로 드러내는 것이라고 파악해야 옳을 것이다.

누이에게 두보의 시집과 붓을 보내주었던 다음해, 1583년 여름에 허봉은 정치적인 사건으로 갑산으로 유배된다. 정신적 지지자였던 둘째오라비의 부재는 난설헌에겐 견디기 힘든 일이었을 것이다. 그녀는 유배지의 오라비에게 "멀리서 계신 곳을 그리고 있자니, 빈 산엔 담쟁이덩굴 사이로 달빛만 휩니다"遙想青蓮宮, 山空蘿月白라고 시를 적어 보냈다. 흰 달빛만 쏟아지는 텅 빈 산은 지주를 잃어버린 그녀의 내면 풍경이었을 것이다. 귀양에서 돌아온 허봉은 정치적 포부를 접고 방랑을 거듭하다, 삼 년 뒤인 1588년 9월 17일에 객사하고 만다. 그리고 다음해엔 난설헌도 생을 접는다. 1563년, 강릉의 외가에서 태어나 겨우 27년을 살았다.

두목을 사모한 여자?

16세기의 대문장가인 신흠申欽(1566~1628)은 젊은 시절 김성립과 한방에서 같이 과거 공부를 한 동접의 동무였다. 하루는 그들 중 누군가가 김성립이 지금 기생방에서 놀고 있다고 거짓말을 했다. 난설헌의 몸종이 있는 자리에서였다. 신혼의 젊은 부부를 곁에 둔 친구들이 흔히 하는 짓궂은 장난이었다. 그들이 의도한대로 계집종은 뽀르르 달려가 난설헌에게 전했다. 그런데 돌아온 반응은 뜻밖이었다. 난설헌은 한 아름의 안주와 함께 커다란 술병을 보내왔다. 병에는 시 한 구가 적혀 있었다.

| 낭군께선 본래부터 무심하신 분 | 郎君自是無心者 |
| 동접들은 어떤 분들이기에 이간질이신가? | 同接何人縱反間 |

　뒤통수를 치는 재치 있고 발랄한 응대였다. 거침없고 오연한 대답으로 짓궂은 입들을 막아버리는 것이기도 했다. 신흠은 "그래서 허씨의 호방한 기상을 모두 알게 되었다"라고 했다.

　신흠의 추억에는 비난의 색채가 없다. 진심으로 그녀의 당당하고 발랄한 태도를 호방하다고 생각한 것 같다. 그는 인구에 회자되던 난설헌의 「사시사」四時詞에 화답하는 시를 지어 남기기도 했다. 이 시대가 여성의 문학 활동이나 처신에 대해 후대처럼 그렇게 경직된 태도를 지닌 시대가 아니기 때문에 가능한 일일 것이다. 그러나 모두 그런 것은 아니었던 모양이다. 박지원의 기록에 따르면, 김성립의 친지들은 그녀가 번천樊川 두목杜牧을 사모한다는 말로 김성립을 놀려대었다고 한다.

　허균은, 난설헌이란 호는 그녀가 스스로 붙인 것이라고 밝혀놓았다. 그러나 이름은 초희楚姬고 자는 경번景樊이라 분명히 밝히지만, 누가 지은 것인지는 굳이 밝히지 않았다. 허봉도 그녀를 '경번'이라고 자로 호칭하는 걸 보면, 그녀의 이름과 자는 상식대로 아버지가 지어준 것일 것이다. 초희는 초나라 장왕莊王의 어질고 현명한 아내 번희樊姬를 가리키는 말이다. 번희는 "초 장왕이 패주가 될 수 있었던 것은 바로 초희의 공로다"라고 역사책에 기록될 만큼 유명한 여성이다. 그녀처럼 훌륭한 여성이 되라고 붙여준 이름일 것이다. 그리고 '번희를 사모한다'는 뜻의 경번景樊이라는 자를 붙여주었을 것이다. 경景은 사모한다는 뜻이다.

　자字란 원래 이름자의 뜻을 풀어서 짓는 것이니, '번희를 사모한다'는 뜻의 경번임을 김성립의 친구들이 몰랐을 리 없다. 그런데도 그들은 당나라의 유명한 풍류 시인 두목의 호가 번천이라는 사실을 끌어다 '번천을 사모한다'고 놀린 것이다. 여성의 뛰어난 재능과 당당한 태도에 대한 선망과 질시가 그 남편에 대한 놀림으로 돌아오는 것이야 흔히 벌어지는 일이다. 허균은 "나의 자형 김성립은 경전과 역사를 읽을 때 제대로 읽지 못한다. 그러나 과거 문장은 요점을 맞추어서 논論과 책策이 여러 번 등수에 들었다"라고 했다. 아무래도 기우는 짝이었던 모양이다. 이런 판에 이런 놀림에까지 오르게 되니, 시집 식구들이 좋아할 리 없었고 남편과도 사이가 좋을 리 없었다. 점차 집안에서 고립되어갔다. 쓸쓸한 가을 들판의 연못에서 연꽃이 저 혼자 이울듯이.

달빛 비친 누각, 가을이 가도록 빈 옥 병풍	月樓秋盡玉屛空
서리 내린 갈대밭에 내려앉는 저녁 기러기	霜打蘆洲下暮鴻
거문고 한 곡조 타보아도 사람은 뵈지 않고	瑤瑟一彈人不見
연꽃만 이울어간다, 들판의 연못에	藕花零落野塘中

　허균은 누이를 두고 "살아서는 부부 사이가 좋지 않더니, 죽어서도 후사가 끊김을 면치 못했다"라고 애통해 한다. 또 "어질고 문장이 높았으나, 시어머니에게 사랑받지 못했다"라고도 하였다. 난설헌이 결혼한 해는 정확

히 밝혀져 있지 않다. 그러나 열일곱 되던 해인 1580년에 아버지 허엽의 상을 당하였고 탈상을 하던 1582년엔 시집에서 오라비의 편지를 받는 것으로 보아, 1580년 이전에 이미 결혼한 것으로 보인다. 난설헌은 "어찌하여 오동 가지에 도리어 올빼미와 솔개만 깃들이는지"奈何梧桐枝, 反棲鴟與鳶라고 자신의 결혼을 한탄한다. 그러면서도 애지중지하던 반달 노리개를 길 떠나는 임에게 정표로 주는 젊은 여성을 그려낸다. 그리곤 시 속 여성의 입을 통하여 "길에 버려도 아깝지 않지만, 새사람 허리에 매어주진 마세요"不惜棄道上, 莫結新人帶라고 쓰라리게 내뱉는다. 불행한 결혼 생활이 그녀에게 입혔을 상처와 그래도 죽지 않는 올올한 자존심이 동시에 느껴진다.

친구들의 장난을 받을 무렵 그녀는 몇 살이었을까? 아마도 십대 후반이었거나 이십 대 초반쯤이었을 것이다. 김성립의 친구들이 벌인 장난도, 그녀의 당당하고 발랄한 응대도, 번천을 사모한다는 놀림도, 어찌 보면 이십 대 전후 그 나이 때다운 치기로도 느껴진다. 그러나 이런 식의 놀림은 몇 백 년을 두고 이어지며 점차 악의에 찬 것으로 변질된다.

난공 : 귀국의 경번당은 허봉의 누이인데 시를 잘 지어 아주 유명하여 그 이름이 중국의 시집에 실렸으니 어찌 영광스러운 일이 아니겠습니까?
홍대용 : 그 부인은 시는 훌륭하지만 그 덕행은 시에 미치지 못합니다. 그의 남편 김성립은 재능과 생김새가 뛰어나지 못했는데 그래서 부인이 이런 시를 지었다고 합니다. "인간 세상의 김성립과 이별하고, 지하에서 오래도록 두목을 따르리."人間願別金誠立, 地下長從杜牧之 이를 보면 그 부인이 어떤 사람인가를 알

수 있습니다.

난공 : 아름다운 부인이 못난 남편과 부부가 되었으니 어떻게 한이 없었겠습니까?

두목이 등장하는 이유가 그녀의 자 때문이었으니, 난설헌이 지었다고 홍대용이 인용하는 이 시구도 그런 놀림의 문맥에서 가져다 붙여진 것일 가능성이 많다. 중국에까지 명성을 떨친 여성의 재능과, '덕행'이란 이름으로 길들여지지 않는 여성에 대한 감당할 수 없는 불쾌감을 읽게 된다. 후대에 점점 더 여성에 대한 태도가 경직되면서 이제는 치기 대신 악의가 느껴지는 것이다.

경번이란 자에 대한 오해는 다른 식으로도 벌어진다. 김만중金萬重은 경번을 경번당景樊堂이라는 당호堂號로 오해하고 있다. 이런 오해 위에 그는 이것은 여자 신선인 번부인樊夫人이 부부가 모두 신선이었던 점을 사모하여 붙인 것이라고 해석하였다. 난설헌의 유선시遊仙詩와 그녀의 불행한 결혼 생활에 대한 전설을 합해서 보면 후대엔 있을 법한 상상이다. 이런 식의 오해는 중국에까지 전해져서, 중국의 시선집들에는 대부분 경번을 이름이나 호로 오해하고 있고, 번부인을 사모해서 경번이라 했다고 알려져 있다.

해방의 공간, 광상산

시집에서 소외된 난설헌은 별당에서 화관을 쓰고 시를 지으면서 살았다고 아우 허균은 기록해놓았다. 별당이라는 그녀만의 공간에서 여도사로 살았던 것이다. 그러나 그녀가 꾸민 그녀만의 별세계는 시집 후원의 별당만이 아니었다.

을유년 봄 나는 상을 당해 외삼촌 댁에 머물고 있었다. 어느 날 밤 꿈에 바다 위의 산에 올라갔는데, 산은 온통 구슬과 옥으로 이루어져 있었다. 여러 봉우리들은 모두 흰 구슬로 쌓아올려져 있었는데 푸르고 밝게 빛나서 눈이 부셔 쳐다볼 수가 없었다. 무지개구름이 그 위에 어리자 오색이 찬란해졌다. 구슬 같은 샘물 몇 줄기가 벼랑의 바위틈으로 쏟아지며 부딪쳐 옥 굴리는 소리를 냈다.

어떤 여자 둘이 나이는 스무 살쯤 되었겠는데, 기막히게 아름다웠다. 하나는 붉은 노을 옷을 다른 하나는 푸른 무지개 옷을 입고, 손에는 모두 금색 조롱 박을 들고 있었다. 사뿐사뿐 걸어오더니 나에게 인사를 했다. 계곡을 따라 올라갔다. 이름을 알 수 없는 기이한 꽃들과 풀이 비단처럼 나 있었다. 난새와 학과 공작, 비취새들이 좌우에서 춤추고 숲에선 온갖 향기가 피어났다. 드디어 정상에 오르니 동남쪽으로 큰 바다가 하늘에 맞닿아 온통 푸르렀다. 붉은 해가 솟아오르니 파도로 말쑥하게 목욕시켜놓은 듯했다. 정상에는 맑고 깊은 연못이 있었다. 잎이 커다란 푸른 연꽃이 있었는데, 서리 맞아 반쯤 시들어 있었다.

어느 날 밤 꿈에 그녀는 광상산에 놀러 갔다. 꿈속의 두 선녀는 그녀에

서 리 맞 은 푸 른 연 꽃 , 허 난 설 헌

게 "당신께는 신선이 될 인연이 있으세요. 그러니 여기까지 오시게 된 것이랍니다"라고 하며, 시를 지어 이 경험을 기록하라고 권한다. 그리고 그녀가 시를 짓자, "성성한 신선의 말씀이군요" 하며 박수를 치며 감탄한다. 온갖 화려한 이미지로 눈부시게 치장된 이 꿈속 신선 세계의 주인은 그녀였던 것이다. 1585년 봄이라고 했으니 유일한 정신적 지지자였던 허봉은 아직 유배지에 있던 때였다. 섬처럼 고독했던 시집의 별당에서 난설헌의 혼은 수직으로 날아오르고 있었다. 꿈속의 광상산은 그녀가 마음속에 차린 또하나의 별세계였던 것이다. 그녀는 시인으로 이 신선 세계의 주인이 되었다. 비록 그 정상에 핀 신비한 푸른 연꽃은 서리 맞아 반쯤 시들어 있어서, 그녀의 상처받은 영혼을 보여주고 있었지만.

광상산 꼭대기, 바다 위로 떠오르는 태양을 마주 보며 피어 있는 신비한 푸른 연꽃, 장엄하고 신비로운 이 이미지가 난설헌이 자신에게 씌운 심상이었다. "어찌하여 오동 가지에 도리어 올빼미와 솔개만 깃들이는지"라고 한탄했지만, 자신이 봉황을 기다리는 오동임을 놓치지 않기 위해 차린 자신만의 별세계가 광상산인 것이다. 그녀의 유선시는 이 자신만의 공간에서 마음껏 노닌 기록이다.

유선시는 난설헌의 시 세계를 대표한다. 가장 찬탄의 대상이 된 동시에 후대 남성 비평가들의 표절 시비에 집중적으로 휘말렸던 작품들이기도 하다. 난설헌 시대의 조선 시단에서는 중국 시의 모티프를 가져다 재창조하는 의고시擬古詩가 유행했다. 비슷한 맥락에서 유선시가 유난히 유행하던 시기이기도 하다. 중국의 민요풍 악부시나 화려한 유선시를 흉내 내어 짓는 유행은 한편으론 화려한 낭만적 기풍의 유행이기도 했다. 한편 난설헌의 친정은 도교적 색채가 강한 집안이었다. 아우 허균은 도교 신선들의 전기를 짓기도 했다. 난설헌의 유선시도 이런 당대 시단의 분위기나 친정의 분위기 등과 관련되어 있을 것이다. 한편 유선시는 여성 시인들이 즐겨 선택하는 장르이기도 하다. 유선시가 누구나 짓는 일반적 장르가 아님에도 불구하고, 작품을 남긴 몇몇 여성 작가들이 대부분 한두 수씩은 유선시를 남기고 있다. 이런 사실은 이 장르가 여성적 경험의 어떤 부분과 맞닿아 선택되는 장르일지도 모른다는 짐작을 하게 만든다.

난설헌은 유선시 속에 그녀만의 꿈의 공간을 차렸다. 그 공간에서는 무슨 일이 일어났던가? 비록 유선시의 일반적 관습이기는 하지만, 더할 나위 없이 화려하게 치장된 공간에서는 흥겨운 잔치가 벌어지고 투호 놀이, 내기 바둑 등 온갖 즐거운 놀이가 펼쳐진다. 여신과 남신이 서로 방문하고 어울리며 자유롭게 사랑을 나눈다. '열 폭의 꽃 편지지에 푸른 구름을 물들여서'(十幅花箋染碧雲) 연애편지를 쓰고, 밀회를 한다. 여기에선 과부로 천 년을 산 청동이 천수의 선랑 조욱과 인연을 맺고(靑童孀宿一千年, 天水仙郞結好緣), 달의 선녀 항아는 개구쟁이 같은 사랑의 여신이 되어 이들의 인연을 축하해 주러 방문한다. 여신도 자신의 욕망을 적극적으로 따라다닌다. 인간 남자를 사랑하여 세 번씩이나 구애하는 상원부인의 모습은 당당하고 자연스럽다. 끝끝내 거절당하고는 푸른 옷소매를 눈물로 적시며 돌아서는 상원부인의 모습은 한없는 연민의 대상이다. 그 대신 성현의 말씀을 내세우며 여신의 구애를 끝내 거절하였던 인간 남자는 성인군자가 아니라 '너무도 무정한 사람'으로 비난받는다.

성애性愛의 향기가 피어오르기도 한다.

안개가 하늘을 닿아 학도 돌아오지 않고	烟鎖瑤空鶴未歸
계수나무 꽃그늘엔 구슬 사립 잠겄네	桂花陰裏閉珠扉
시냇가엔 종일 신령스런 비가 내리고	溪頭盡日神靈雨
땅에 가득 향기로운 구름 젖어 날지 않는다	滿地香雲濕不飛

안개는 하늘을 잠그고, 계수나무 꽃그늘엔 사립문을 닫았다. 이 꽁꽁 닫힌 공간에서 무슨 일이 일어났는가? 하루 내내 신령스런 비와 향기로운 구름이 얽히고설킨다. 하늘도 닫고 사립도 닫고 종일토록 나누는 농밀한 운우지정雲雨之情이다. 우주적 차원에서 벌어지는 성애의 모습이다. 여기에선 유교적 예교禮敎가 인간의 즐거운 욕망을 가로막지 않는다. '남녀의 정욕은 하늘이 낸 것이고 윤리의 분별은 성인의 가르침'이라고, 성인이 가르친 윤리보다 하늘이 준 정욕이 먼저라는 대담한 주장을 했던 허균의 누이다운 상상력이다.

이 공간에선 조선에 태어난 것도, 여성인 것도, 김성립의 아내인 것도 다 상관없다. 화려하고 행복한 해방의 공간이며, 즐거운 놀이의 공간이다. 시를 잘하는 재능이 질시의 대상이나 놀림감이 되지도 않았고, 임에게 정표를 내밀며 '길에 버릴 망정 새 여자 허리에 매어주진 말라'고 말해야 하는 쓰라림도 없다. 이 상상의 공간에도 버림받는 쓰라림이 그림자를 드리우지만, 그래도 이 유선의 공간에 등장하는 여신들은 대부분 당당하고 행복하다. 욕망에 충실하고 주도적이다. 쓸쓸할 망정 이 세계에선 그녀의 영혼을 제한하는 것이 없다. 혹은 그녀의 정신세계는 그처럼 발랄하고 자유로웠다.

차가운 서리 달빛 속 뚝뚝 떨어져내리는 스물일곱 송이의 붉은 연꽃芙蓉三九朶. 紅墮月霜寒, 그것이 그녀가 지녔던 자신의 죽음에 대한 심상이었다. 비상하는 오만한 그녀의 영혼은 지상에의 착륙을 거부하는 듯이 보인다. 화려한 유선시의 세계에서 노닐다가 착륙하는 대신 추락해버린 것이다. 그녀의 시엔 현실의 냄새가 없다. 자존심을 잃지 않으려 안간힘을 쓰며 삶의 무게를 견디어갔던 여성들에 비하면, 그녀의 삶은 죽음조차도 너무 화려하다. 그러나 그녀는 겨우 스물일곱에 죽었다. 이십 대란 원래 그런 나이다. 오만한 영혼이 아직 타협하는 지혜를 배우지 못한 나이인 것이다. 생활의 때가 묻어 지혜로워지는 나이가 아니다. 그녀로선 너무 높이 올라간 것일 수도 있으리라.

도무지 '화식하는 인간이 도달할 수 있을 것 같지 않은' 시 세계에서 유일하게 인간 아낙의 절절한 목소리가 터져 나오는 것은 「아이들을 곡함」哭子이라는 시에서이다.

작년엔 사랑하는 딸을 잃고 　　　　　　　　去年喪愛女
올해 사랑하는 아들을 잃었구나 　　　　　　今年喪愛子

슬프고 슬픈 광릉 땅	哀哀光陵土
한 쌍 무덤이 마주 보며 솟았다	雙墳相對起
쉭쉭 바람은 백양나무에 불고	蕭蕭白楊風
도깨비불은 숲 속에서 번쩍인다	鬼火明松楸
지전을 살라 너희 혼을 부르고	紙錢招汝魂
술을 따라 너희 무덤에 붓는다	玄酒奠汝丘
너희 형제의 혼은	應知弟兄魂
밤마다 서로 만나 놀고 있겠지	夜夜相追遊
뱃속에 아이가 있다만	縱有腹中孩
어찌 자라길 바라겠니	安可冀成長
하염없이 슬픈 노래 부르며	浪吟黃臺詞
슬픈 피눈물 속으로 삼킨단다	血泣悲吞聲

그녀를 지상에 붙들어매었던 단 하나의 끈은 모성이었던 듯하다. 이 끈이 끊어지자 그녀도 세상을 버리고 날아갔다. 그녀의 정신적 비상의 흔적이었던 시 원고는 다비茶毘를 해달라는 유언을 남기고.

자유롭고 방탕한 영혼

행복하지 않았던 결혼 생활을 제외한다면, 사실 작가로서의 난설헌은 당대는 물론 현대의 여성도 누리기 힘든 혜택을 고루 누린 사람이었다. 천재적인 시적 재능을 지니고 당대 최고의 문벌 집안에 태어났으며, 가족들의 전폭적인 지지와 지원을 받았다. 최고의 문학 교육을 받았고, 당대 최고의 문인들을 형제로 가졌다. 사상적으로 특별히 개방적이었던 집안 분위기는 그녀의 상상력을 무제한의 것으로 만들었다. 결혼 생활은 불행했지만 문학 활동에는 제약이 없었다. 어쩌면 불행했던 결혼 생활은 그녀의 천재성을 더욱 예리하게 갈아 만드는 요소가 되었을지도 모른다. 그녀가 요절한다음에는 친아우의 손에 의해 유고 시집이 꾸려졌으며, 중국에까지 전파되어 중세 동양 문화의 중심지에서 극찬을 받았다. 심지어 명나라에서 조선으로 사신을 오는 사람들은 '난설헌의 시집을 구해달라' 는 부탁을 받을 정도였다. 그녀의 문학뿐만 아니라 죽음까지 흉내 내고 싶어한 소설헌小雪軒이라는 아류 작가가 나타나기에 이른다. 작가로서 무엇을 더 바라랴. 조선에 여자로 태어나 김성립의 아내가 된 것을 세 가지 한이라고 했다지만, 조선의 여자로 그녀만큼 자유로웠던 여자도 드물다. 또 그녀만큼 조선과 여자의 울타리를 벗어났던 인물도 드물다.

그만큼 그녀에겐 악담도 따라다녔다. 악담은 후대로 갈수록 악랄해졌다. 음탕하다는 비난과 표절 시비였다. 음탕하다는 비난이야 하는 측에선 마녀재판이었을 것이다. 그러나 이 음탕하다는 비난의 실제 내용이 여성이 자신의 욕망의 주체가 되고 자신의 욕망을 사랑하는 것이었다면 그것은 훈장이다. 그것은 현대를 사는 여성에게도 쉽지 않은 것이다. 표절 시비도 그렇다. 조선에서도 중국에서도 끊임없이 표절 시비가 이어졌지만, 아직도 여전히 결판은 나질 않는다. 그리고 여전히 사람들은 그녀의 시를 사랑했고 사랑한다. 아무리 무시하려 해도 무시할 수 없는 대상이 그녀요 그녀의 시다. 누가 이겼는가?

정말 난설헌의 시는 그녀가 지은 것일까? 이렇게 자유롭고 방탕한 영혼이 정말 16세기의 조선 여성에게 가능했을까? 허균의 위작이라는 설이 그럴듯해진다. 그러나 난설헌의 시에는 '여성'의 관점이 숨어 있다. 여성의 욕망, 여성의 성, 여성의 꿈……

기초 자료로 『옥봉집』玉峰集이 있다. 역시 『조선조여류시문전집』에 수집되어 있는 것들을 이용하였다. 그 밖에 조원 집안의 3대 문집인 『가림세고』嘉林世稿, 조성기의 『졸수재집』拙修齋集 등의 문집류, 윤국형의 『문소만록』聞韶漫錄 등 패관서와 『한국시화총편』에 수록된 시화집들, 『삼척읍지』三陟邑誌 등의 읍지류와 서울시의 인터넷 자료, 『열조시집』을 비롯한 중국 시선집들, 『대동시선』·『해동시선』 등의 조선시대 시선집들, 그리고 『조선왕조실록』 등을 자료로 하였다.

연구 논문으로는 임기연의 「이옥봉 연구」(성균관대학교, 1992)와 태선경의 「이옥봉 한시 연구」(연세대학교, 2000), 두 편의 석사 논문이 있다. 그 밖에 몇 편의 소논문이 있어 이옥봉의 시가 현대의 독자에게 어떻게 읽히는지를 볼 수 있게 한다.

이옥봉 역시 대중적으로 홍보된 인물이다. 주로 신문 기사나 특집으로 다루어졌는데, 소설적 윤색이 심하다. 특히 옥봉이 조원과 재혼하였다거나 뚝섬 근처에서의 비참한 죽음과 그녀의 시신이 자신의 시 원고로 싸여 중국에 전해졌다는 일화 같은 것들은 매우 흥미롭지만, 사실을 확인할 수 있는 근거는 없다고 판단하였다.

여성적 필화 사건의 주인공

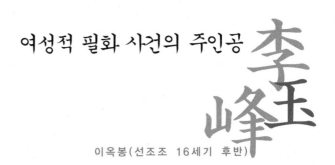

李玉峰

이옥봉(선조조 16세기 후반)

천고의 절창

강은 갈매기 꿈을 품어 넓고   江涵鷗夢闊
하늘은 기러기 슬픔에 들어와 멀다   天入雁愁長

　　번역하기 어려운 시란 이런 시일 것이다. 어려운 글자도 없건만, 번역
을 해놓으면 무슨 소린지 알 수 없는 비문이거나 반쪽이 된다. 워낙 교묘
하게 말을 놓았다. 강이 갈매기의 꿈을 적시고 하늘이 기러기의 슬픔 속으
로 들어가는 것일 수도 있고, 거꾸로 갈매기의 꿈과 기러기의 슬픔이 강과
하늘에 들어와 담기는 것일 수도 있는 문법구조이다. 그래서 넓고 먼 것이
갈매기의 꿈과 기러기의 슬픔일 수도 있지만, 동시에 강과 하늘일 수도 있

게 만들어놓았다. 넓고 먼 강과 하늘은 철새인 갈매기나 기러기와 사슴처럼 얽히며 더욱더 넓고 멀어진다. 동시에 물에 젖은 꿈도, 하늘에 번진 슬픔도 아득히 넓고 멀어진다. 가을 하늘에 깔리는 깃털 구름처럼 여러 겹의 정서적 결이 서로 약간씩 어긋나며 잔잔히 이어지도록, 여러 가지 해석이 가능한 문법구조 속에 짜 넣었다. 표의문자인 한자의 특징을 시적인 애매성으로 기막히게 살려낸 경우이다. 가를 모를 쓸쓸함과 맑고 유장한 호흡이 이런 의도적 모호성과 다의성 속에 녹아 있다. 이런 시를 두고, 읽으면 읽을수록 말 밖에 무한한 정취가 있다고 하는 것일 터이다.

　　조선 시대의 시 비평가들은 이 한 구절을 두고 두말 없이 '천고의 절창'이라 평했다. 신흠申欽(1566~1628)은 고금의 시인 중 누구도 이에 비견될 시구를 지은 적이 없다고 하였다. 더할 나위 없는 극찬인 셈이다. 16세기의 대문장가인 신흠에게서 이런 극찬을 받은 시구의 주인은 이옥봉李玉峰이다. 그는 허난설헌과 나란히 일컬어지는 16세기의 시인이다. 동시대인이었던 신흠이 극찬하였을 뿐 아니라, 누이의 숭배자였던 허균許筠(1569~1618)도 자신의 누이와 옥봉을 나란히 일컫는 데 주저하지 않았다. 중국과 조선에서 간행된 각종 시선집에는 난설헌과 함께 그녀의 시가 실려 있다.

　　그러나 전설처럼 화려한 그녀의 시명에도 불구하고 그녀는 생몰 연대조차 알려져 있지 않다. 여성이었고 게다가 소실이었던 그녀에 대한 기록은 그저 몇 개의 에피소드와 30수 남짓한 시에 불과하다. 그나마 그녀를 버렸던 남편 쪽의 후손이 자신들의 입장에서 기록해놓은 혐의가 짙은 기록들이다. 서녀로 태어나 첩으로 살아야 했고 전쟁 통에 비명에 죽었으며, 시 원고가 수습될 기회조차 없었던 이 여성 시인을 찾아가는 여행은 그래서 그저 더듬거리는 눈먼 여행이다.

아름다운 새가 가지를 고르는 뜻은

서울시 청운동 29번지 1호, 경복고등학교 자리에는 운강대雲江臺라는 글씨가 새겨진 나지막한 바윗돌이 있고, 그 옆에는 효자동의 유래를 새겨 세운 오석비烏石碑가 있다. 선조 때 승지 벼슬을 지낸 조원趙瑗(1544~1595)이 살던 집터이다. '운강'은 그의 호이다. 16세기 후반의 어느 날쯤, 훗날의 옥천군수 이봉李逢은 아마 그곳, 조원의 집 앞에서 잠시 망설였을 것이다. 그는 딸아이의 혼담 때문에 조원을 찾아온 길이었다. 적처 소생의 딸이라면 정식으로 중매를 보냈을 것이다. 그러나 이 딸은 서녀다. 그는 조원에게 딸을 소실로 주기 위해 직접 찾아온 길이었다.

이봉은 제법 문학적 명성이 있는 사람이었다. 애당초 벼슬에는 별 뜻이 없었다. 오히려 산천을 유람하며 정철鄭澈(1536~1593)·이항복李恒福(1556~1618)·유성룡柳成龍(1542~1607) 등 당대의 명사들과 시문을 수창酬唱하기를 즐겼고, 그 박식함과 문학적 재주로 명사 행세를 하는 처지였다. 그런 그에게 사는 재미였던 딸이었다. 서녀였지만 어려서부터 몹시 총명했다. 재미 삼아 살금살금 문자를 가르쳤더니, 주면 주는 대로 냉큼냉큼 받아먹었다. 그렇게 시작된 부녀간의 놀이가 시를 주고받는 데까지 이어졌다. 딸아이는 시에 몹시 열중했고 자신이 가진 천재를 드러냈다. 제법 염과 운을 맞추어 시를 짓더니, 가끔 자신이 감탄할 만큼 청아한 시구를 읊어내기도 했다. 손안의 구슬이라더니, 아무리 서녀기로 사랑스럽지 않을 리 없었다.

재미가 난 그는 해마다 딸의 시 공부를 위한 책들을 사들였다. 돈을 아끼지 않고 서적을 구해주었다. 딸은 그 서책들을 해면이 물을 빨아들이듯 받아들였다. 아이가 소녀가 되고 처녀가 되어가면서 그녀는 자신의 시 세계를 갖추어갔다. 그녀의 시는 청아하고 씩씩했다. 교양 있는 부인들이 유가적 교양 내에서 그저 얌전히 짓는 '화장품 냄새'가 풍기는 시들이 아니었다. 옛 시인들의 시를 적당히 흉내 내는 버릇도 없었다. 어느새 아비의 시를 훌쩍 넘어서는 딸아이가 그는 흡족했다.

'어설픈 짓이었을까.' 막상 시집보낼 나이가 되었을 때, 이봉도 그런 생각이 들었을까? 적당히 비슷한 처지의 서자에게 짝 지어주면 여자로서 무난할 것이다. 어차피 집집마다 서자가 있고 지체에 따라 사는 세상, 그러려니 하고 저희들끼리야 큰 설움 모르고 살 것이다. 허나 시가 사람이라면, 그녀의 시는 맑고 씩씩한 기상이 있었다. 저 맑고 씩씩한 기질이, 시인으로 자란 도도한 자부심이 그저 밥 짓고 길쌈하며 숨죽이고 살아갈 수 있을까. 그렇게 기르지도 않았고, 그렇게 썩히기엔 재능이 아깝기도 했다. 어찌해야 하나.

결정은 딸아이가 했다. "차라리 소실로 가겠어요. 제가 진심으로 존경할 수 있는 사람, 무엇보다 제 시를 알아줄 사람에게 가겠어요." 딸아이는 단호했다. 그 편이 나을지 몰랐다. 평범한 아낙의 삶을 견디기엔 이미 너무

여성적 필화 사건의 주인공, 이옥봉

특별했다. 소실살이의 설움을 견디는 것이 나을지도 모를 일이었다.

딸이 원한 사람이 조원이었다. 어려서부터 신동으로, 효자로 이름이 났던 사람이다. 조식曹植(1501~1572)은 자신의 문하에 들어온 그를 보고는 '아름다운 선비'라고 감탄하였다고 한다. 장원급제에, 시로는 당대 최고인 최경창崔慶昌(1539~1583)·백광훈白光勳(1537~1582)과 비등하다는 평가를 받는 사람이었다. 게다가 자신이 교유하는 정철·유성룡 등이 칭찬해 마지않으며 비호하는 사람이기도 했다. 인품으로나 재주로나 어느 모로나 딸의 성에 찰 만한 사람이었다. 자신도 그만하면 아까울 것이 없다고 생각했다. 그래서 결심하고 찾아왔던 것인데, 조원은 일언지하에 거절하고 말았다. "소실을 둘 생각이 없습니다." 듣던 대로 단정한 성품이었다. 이제 어쩐다?

며칠 뒤 조원은 장인인 이준민李俊民(1524~1590) 앞에 불려가 앉아 있었다.

"이봉이라는 이가 내게 왔었네. 그의 딸이 자네에게 소실로 오길 소원한다지. 어째서 그의 청을 거절했는가?"

"연소한 관원이 어찌 번거롭게 첩을 거느리겠습니까?"

"허허, 사람. 장부답지 않은 처살세."

사위가 처가살이하는 풍습이 아직 남아 있었고, 처가에 살지 않더라도 처가와의 관계가 밀접하던 시절이었다. 어려서 아버지를 잃은 조원이니, 그에게는 아버지 같은 장인이었을 것이다. 게다가 권세 뜨르르한 판서 대감이시고 그 따님의 성미도 '엄격했다'고 하니, 그 사위가 소실 보는 일에 눈치가 전혀 안 보일 리도 없을 터였다.

조원으로선 정말로 '번거로운' 것이 싫었을 수도 있다. 그는 요절한 숙부의 뒤를 잇는 양자였다. 그런데 양자로 가자 곧이어 생부마저 돌아가는 바람에 어려서부터 생모와 양모를 함께 모셔야 하는 처지였다. 조원의 증손자인 조성기趙聖期(1638~1689)의 기록에 따르면, 조원은 그를 두고 벌어지는 두 어머니 사이의 알력 때문에 고생을 한 것 같다. 결국 그의 지극한 효성이 두 어머니를 모두 만족시켰고 그래서 두 어머니도 나중엔 사이가 좋아졌다고는 하지만, 그 과정에서 그가 겪었을 정신적 피로는 짐작할 수 있을 듯하다. 조원의 아내인 전의 이씨에 대해서는 여러 기록들에 간단히 '법도가 엄했다'고 한다. 구체적으론 알 수 없지만 어쨌든 녹록한 성품은 아니었을 터이다. 조원으로선 이런저런 가족 관계의 번거로움에 소실이라는 혹을 다시 붙이고 싶지 않았을지 모른다.

어쨌든 이봉은 이런저런 계산 끝에 조원의 장인인 이준민을 찾아와 담판을 했던 것이다. 그리고 결국 장인이 택일하여 사위의 소실을 데려왔다. 모습도 재주만큼이나 아름다운 여성이어서 이준민도 사위의 소실을 기특하게 생각했다고 한다. 실소가 나오기는 하지만, 절묘한 담판이었다. 누구도 드러내놓고 불평할 수 없도록 만든 것이다.

이봉의 딸 옥봉玉峰이 스스로 남편을 선택하고 결혼을 성사시킨 일을 두고 조원의 후손은 '좋은 새가 깃들일 가지를 고르는 뜻'이라고 했다. 옥봉은 후에 중국에까지 시명이 알려진 시인이었다. 그런 국제적 시인이 자신의 선조를 선택해 굳이 소실을 자청했으니 가문의 장식으로야 탈 될 것이 없었다. 정실이 아니고 소실이니 어차피 부덕을 문제 삼을 계제도 아닌 것이다. 게다가 자신의 선조께서는 단정한 성품답게 처음부터 거절했으며, 끝내 부덕에 어긋나는 행실을 문제 삼아 소박을 놓고 다시는 만나지 않았다. 첩실에 빠졌다는 비난을 받을 여지도 없었다. '좋은 새가 깃들일 가지를 고르는 뜻'이었다고 마음 편하게 평가할 수 있었을 것이다.

허나, 남편을 골라 소실이 되기를 자청한 이 여성 시인의 마음은 어떤 것이었을까?

옥봉이 작은 연못에 잠기고	玉峰涵小池
수면엔 곱디고운 달	池面月涓涓
원앙새 한 쌍	鴛鴦一雙鳥
거울 속 하늘로 날아내린다	飛下鏡中天

'옥봉'은 그녀가 스스로 붙여 사용한 호이다. 어느 곳인가의 지명이겠지만, 한편으로 그녀 자신의 심상이기도 할 것이다. 옥으로 깎은 듯, 끼끗한 산 봉우리, 그 봉우리가 내려와 잠기고 달이 뜬 연못, 거울처럼 고요하고 티끌 하나 없이 맑은 수면에 비친 밤하늘, 명상적 깊이를 지닌 청정무구의 세계이다. 그런데 이 세계에 엉뚱하게도 고고한 학이 아니라 원앙이 한 쌍 내려앉는다. 이 맑은 내면의 세계를 나눌 누군가를 찾고 있었을까?

예술가와 소실살이

옥봉의 선택은 예술가로 살기로 결정한 서녀 출신 여성이 할 수 있었던 유일한 선택이었을 것이다. 옥봉은 예술가적 기질을 지녔을 뿐 아니라 전문적인 시인으로 훈련된 사람이었다. 정철의 소실이었던 유씨도 마찬가지 경우다. 판서 유진동柳辰소의 서매庶妹였던 유씨는 시와 글씨, 그림을 다 잘하였는데 특히 큰 글자를 잘 썼다고 한다. 어려서 큰 글자를 익힐 때, 큰 판자 위에 천을 걸어놓고 마르기를 기다렸다 조금이라도 마르면 즉시 다시 글자 연습을 하곤 했는데, 몸이 마를 날이 없어 습진을 달고 살았다고 한다. 전문적인 도야를 거치는 서예가의 모습이다. 옥봉이나 유씨 모두 예술가로서의 재능을 지닌 여성들이었을 뿐 아니라 전문적인 예술가로서의 수련기를 거치는 것이다.

결혼 후에도, 정실 부인들과 달리 그녀들은 자신의 재능을 중심으로 살았다. 30수 남짓 남은 옥봉의 시 중에는 계엽桂葉이라는 기녀에게 준 시가 있는가 하면, 목사 서익徐益(1542~1587)의 소실이 큰 글자로 쓴 붓글씨를 보내온 데 대한 답례로 지어 보냈다는 시도 있다. '만리 밖의 정신적 사귐이 서예와 문학으로 서로 통하였다'고 했다. 옥봉과 유씨는 동시대인이었고, 친정과 부가夫家 양쪽으로 밀접한 교류 관계를 유지하고 있었다. 그러니 옥봉과 서익의 소실 사이에 있었던 예술적 교류와 같은 교류가 있었을 것이라 추측해도 크게 틀리지 않을 것이다. 소실들 사이의 이런 교류는 주로 남편과의 관계를 중심으로 이루어졌다. 문화계의 중심인물인 남편을 패트론으로 삼아 여성 예술가들 사이의 교류가 이루어지고 있는 것이다. 물론 정실

마님들도 문예활동을 전혀 안 하는 것은 아닌 시대였다. 신사임당이나 허난설헌, 송덕봉의 시대인 것이다. 그러나 소실인 그녀는 정실 마님보다 훨씬 넓은 범위의 사람들과 문학적 교류를 하고 있다. 그녀가 소실이기를 선택했기 때문에 가능한 일이었다.

16세기는 한국 한문학사에서 '목릉성세'穆陵盛世(선조년간의 문화적 성황을 일컫는 말)로 일컬어지는 난만한 문화적 전성기였다. 이처럼 문화적인 분위기가 극에 달하였던 시절, 서녀 출신 여성들이 문화계에서 활약하던 '조선적인' 양상이라고나 할까.

그러나 그녀를 둘러싼 상황은 그렇게 간단하지만은 않다. 소실로서 옥봉은, 괴산·삼척·성주 등지의 외직과 내직을 번갈아 드나들며 벼슬살이를 하는 남편을 따라다녔다. 『삼척읍지』三陟邑誌에서는 그녀를 '부기'府妓라고 부른다. 삼척부 소속의 기녀라는 표현이다. 그녀의 삶이 일반인들에게는 기녀의 삶과 큰 차이 없이 느껴졌다는 뜻일 것이다. 조원의 고손자인 조정만趙正萬(1656~1739) 은 「이옥봉행적」李玉峰行蹟을 남겨놓았는데, 옥봉에 대한 기록 중 비교적 객관적으로 믿을 만한 기록이다. 그런데 이 기록은 그녀를 아주 가볍게 만들어놓는다.

조원이 관직을 그만두고 한거하던 어느 날이었다. 봉서를 뜯어 읽던 조원은 문득 혀를 찼다. 의아하게 바라보는 옥봉에게 그는 말을 던졌다. "책력을 달라는군. 없는 걸 어이 주나? 자네가 답장을 쓰게." 그녀는 빙그레 웃더니, 곁에 놓인 붓을 들어 몇 자 적었다. "어찌 남산의 중에게 빗을 빌려달라곤 안 하시오?"何不借梳于南山之僧耶 ─ 없는 걸 어이 드릴까, 재치 있는 말장난이었다.

「이옥봉행적」에 기록된 이 일화는 충분히 있을 수 있는 일이다. 그러나 '시인'으로 옥봉을 회상하는 다른 기록 없이 이 일화만 단독으로 제시될 때, 이 일화는 옥봉을 '귀여운 재녀才女'로만 부각시킨다. 삼척의 사람들이 그녀를 부기로 인식한 것과 크게 다르지 않은 시선이다.

옥봉의 자의식에는 기녀 출신의 소실들과는 확연히 다른 종류의 그늘이 있다. 그녀의 자의식에는 시인이라는 자부심과 서녀일망정 지체 있는 가문의 자식이라는 자부심이 짝을 이루어 똬리를 틀고 있다.

절묘하다는 명예, 모두 어린 사람이니	妙譽皆童稚
동방에 모자의 이름이 떨치오	東方母子名
그대의 붓이 떨어지면 바람도 놀래고	驚風君筆落
내 시가 이루어지면 귀신을 울리오	泣鬼我詩成

'적자에게 준다'贈嫡子고 했다. 적자란 아마 조원의 둘째아들 조희철趙希哲이었을 것이다. 그는 초서와 예서를 잘 썼다고 한다. 그의 글씨가 얼마나 유명했는지, 어느 대군의 집에서 겨우 열 살 남짓한 그에게 명정을 써달라고 부탁할 정도였단다. 옥봉은 그를 향해, 그대의 글씨는 바람도 놀래키고, 내 시는 귀신도 울린다고, 그와 자신의 예술적 재능을 나란히 부각시킨다. '귀신도 울린다'는 것이 애당초 이태백의 시를 지칭하는 말이니, 그녀 자신, 이태백에 필적하는 시인이라는 도도한 자부심의 표현이다. 그런가 하

면, 비록 소실이지만 예술적 재능으로 집안의 명성을 드높인다는 자부심이기도 하다.

그러나 한편, 이 도도한 선언에서는 역설적으로 옥봉의 신분적 콤플렉스가 느껴지기도 한다. 옥봉의 아버지 이봉이 교유한 인물들과 조원의 나이 차이가 그다지 나지 않는 것으로 미루어보면, 아마도 옥봉은 조원과 나이 차가 많았을 것이다. 오히려 세대로는 조희철의 세대가 아니었을까? 그러니 '더할 나위 없는 명예가 모두 어린 사람들에게 주어졌다'고 할 수 있는 것일 것이다. 그 적자를 향해 '모자'라고 내세우는 그녀의 힘겨운 자존심이 안타깝다. 소실을 자처해 예술가로서의 삶을 선택했던 그녀의 자의식에 놓인 분열이 드러나는 지점이다.

옥봉의 모계에 대해서는 짐작할 만한 단서가 없다. 옥봉이 서녀라고 했으니 그 어머니가 첩이었겠지만, 첩도 양인이나 서녀 출신으로 정식으로 혼례를 치르고 데려오는 양첩이 있고 기녀나 계집종 출신의 천첩이 있다. 첩자녀를 일반적으로는 묶어서 '서얼'庶孽이라 하지만, 엄격히 말하면 '서자'庶子와 '얼자'孽子는 다르다. 양첩 소생이 서자녀고 천첩 소생이 얼자녀이다. 물론 집안에서의 대접도 다르다. 양첩은 천첩과 달리 '서모'庶母로 대접을 받았다. 양첩을 들이는 경우는 여러 가지가 있지만, 정식으로 재취할 사정이 못 되거나 그럴 마음이 없을 때, 집안의 살림을 맡기기 위해 들이는 경우도 많았다. 이런 여성들은 선산의 발치에 묻히기도 하고 남편 사후에 적자들의 보살핌을 받았다. 적자들로부터 제사를 받기도 했다. 그들이 쓴 묘지명이나 제문이 남아 있는 경우도 있다. 그렇지 않더라도 친정의 위세가 있는 소실들은 서녀 출신이라도 비교적 정중한 대접을 받았다. 정철의 소실인 유씨가 그런 대표적인 경우다. 그는 판서의 누이로 적자들에게 서모로 대접받았다.

옥봉의 어머니에 대해서는 전혀 짐작할 길이 없다. 그러나 택일을 하여 옥봉을 조원의 첩으로 맞아들였다는 기록이나, 적자를 향해 '모자' 운운하는 모습에서 아마도 천첩의 소생은 아니지 않았을까 하는 추측을 하게 된다. 천첩 소생인 '얼녀'라면, 홍길동이 피맺히게 부르짖었듯이 '아비를 아비라 부르지 못하고 형을 형이라 부르지 못하는 처지'이다. 감히 적자를 향해 '모자' 운운하기는 힘들었을 것이다. 조원의 후손들이 옥봉을 대접하는 태도는 그다지 정중한 것 같지 않지만, 그것은 그녀가 조원으로부터 내쳐졌고 자녀가 없었기 때문일 것이다.

어쨌든 그래도 첩은 첩이다. '귀신도 울리는 시적 재능'이 뛰어날수록, 친정의 지체가 높을수록 신분적인 열등감 역시 그만큼 이가 시린 것이 아니었을까? 왜 그렇지 않을까. 옥봉의 시로 가장 널리 알려진 작품은 「영월 가는 길」寧越道中이다. 처량하고 강개한 내용이 충신·열사의 노래라는 찬사를 받았고, 오늘날까지도 그녀의 시로는 첫머리에 인용되는 시다. 그러나 이 시를 읽으면 또 다른 의미에서 처량하고 감개해진다. 그녀는 영월 땅 단종 능을 지나는 심정을 "첩의 몸도 왕손의 딸, 이 땅의 두견새 소리 차마 못 듣겠소"妾身亦是王孫女, 此地鵑聲不忍聞라고 노래한다. '나도 왕손의 딸'이라니…… 이씨의 성을 지녔을 뿐, 종실의 먼 끄트머리에 불과했다. 더구나 서녀였던 그녀의 처지를 생각하면 자신이 왕손임을 애써 강조하는 발상은 어

색하거나 외려 구슬프다. 이 시가 보여주는 신분적 자부심은 사실상 열등
감의 다른 얼굴이다. 소실이 되기를 선택했지만, 자부심 강한 이 여성 작가
가 평생 지고 살았을 멍에이다.

화장품 냄새를 단번에 씻었다

1589년 상주尙州 객사, 윤국형尹國馨은 오랜 벗인 조원과 술상을 받고 있
었다. 성주목사星州牧使에서 체직되어 서울로 돌아가는 조원의 일행이 그가
다스리는 상주 고을의 객사에 머물렀던 것이다. 조원은 내실 행차로 소실
을 대동하고 있었다. 주객의 술자리가 무르익자 자연스레 시를 지어 주고
받게 되었다. 얼마쯤 지나자 조원은 옆에 앉은 소실을 돌아보며, "자네도
답례하는 시를 한 수 지어올리는 것이 어떻겠나?" 하고 웃었다. 윤국형은
의아한 눈길로 조원의 소실을 바라보았다. 그러나 호를 옥봉이라 한다는 그
녀는 별 어려운 기색도 없이 "제가 부를 터이니 영감께서 쓰시겠습니까?"
하고 응했다. 그러더니 흰 부채를 만지작거리며 시상을 다듬기 시작했다.
이내 서늘한 목소리로 시를 읊었다.

낙양의 재자를 어찌 진작 부르질 않아	洛陽才子何遲召
상담부를 지어 굴원을 조상케 하나	作賦湘潭弔屈原
손으로 역린을 잡은 위태로운 이 길	手扮逆鱗危此道
회양에 편히 누운 것도 임금의 은혜	淮陽高臥亦君恩

고을살이, 명목으로야 노모의 봉양 때문이라고 하지만, 이런저런 정치적 풍파에 윤국형도 조원도 중앙 정계에서 밀려나 지방관으로 나온 길이었다. 옥봉이 부른 노래는 두 사람 모두의 불평한 심정을 헤아리고, 이렇게 외직에 있어 화를 피할 수 있는 것도 임금의 은혜라고 어루만지는 노래였다. 그렇다곤 해도 비분강개하는 지사志士의 슬픔이 느껴지는 서늘한 노래였다.

　　윤국형은 깜짝 놀랐다. 그녀가 시를 짓는다는 것도 의외였지만, 기껏해야 술자리의 흥을 도울 재치 있는 시나 지으려니 했다. 그런데 이런 지사의 노래라니……. 그는 훗날 이날의 술자리를 회상하면서, 그녀가 "시상을 다듬고 읊는 동안 손으로 백첩선을 만지작거리면서 때로 입술을 가리기도 했는데, 그 소리가 맑고 아름답고 처절하여 이 세상 사람 같지 않았다"라고 하였다.

　　일종의 시 비평서인 시화집들은 한결같이 그녀를 '시인'으로 다룬다. 시화집의 기록들은 그녀의 시가 '화장품 냄새'나 풍기는 부인의 시를 초월한 것이라고 이야기한다. '여성'이기 때문이 아니라 '시인'이기 때문에 언급하고 있다는 것이다. 그리고 여성의 시에 대한 평어로는 드물게 '맑고'淸 '씩씩하다'健는 표현을 사용한다. '맑음'은 한시 비평에서는 최고의 시적 경지에 해당하는 평어이다. 또한 그들은 '만당의 시풍'晚唐風이라는 전문적인 평어로 이 시인의 작품을 평가한다. '여류'가 아닌 '시인'으로 그녀를 대접하고 있는 것이다.

구름 흩어진 가장자리, 햇빛이 새나오고　　　　　　雲葉散邊殘照漏

여 성 적 필 화 사 건 의 주 인 공 , 이 옥 봉

하늘 가득 은빛 댓가지, 강을 가로지르다 　　　　　　　　漫天銀竹過江橫

먹장구름이 갈라지면서 햇살이 환하게 새어 나오고, 강에 가득히 내려 꽂히면서 가로질러 가는 여우비를 묘사하고 있다. '은빛 대나무' 라니, 기가 막힌 언어 감각이다. 허균은 이 시구가 "기발하고 고운 것이 화장품 냄새를 단번에 씻었다"라고 했다.

　더욱 재미있는 것은 여성의 시에 대해서는 거의 사용된 적이 없는 '굳세다' 壯 혹은 '씩씩하다' 는 표현이 사용된다는 점이다. 조정만은 그녀를 '재주 있는 귀여운 여인' 으로 그려놓았지만, 그녀의 무게는 결코 그렇게 가볍지 않다.

전쟁이 비록 서생의 일과는 다르나 　　　　　　　干戈縱異書生事
나라 근심에 머리와 수염만 세네 　　　　　　　憂國唯應鬂髮蒼
적을 제압할 이때 곽거병을 생각하고 　　　　　　制敵此時思去病
운수를 점쳐보는 오늘 장량이 그립다 　　　　　　運籌今日憶長良
경원성의 흐르는 피 산하가 붉고 　　　　　　　源城流血山河赤
아산보 어지러운 기운 일월이 누렇다 　　　　　　阿堡迷氛日月黃
서울 소식은 항시 오지 않으니 　　　　　　　　京洛音徽常不逮
창호의 봄빛도 처량하도다 　　　　　　　　　　滄湖春色亦凄凉

그녀가 살았던 '목릉성세' 란 수상한 물건이다. 조선을 전후로 갈라놓는 임진왜란과 병자호란이 발발하기 직전, 문예가 난만히 꽃피는 시절인 것이다. 16세기 말, 동서의 파당이 이미 진행되고 있었고 남쪽과 북쪽의 변방에서 심심찮게 국지전이 벌어지고 있었다. 1583년 1월, 함경도 경원에 살던 오랑캐들이 반란을 일으켜 성을 함락시켰다. 이렇게 시작된 국지전이 7월에 가서야 겨우 진압되었다. 이 무렵 조원은 마침 삼척의 부사로 임명을 받아 서울에 들르고 있었다. 북쪽에서 일어난 변란을 근심하며 지은 이 시는 심상치 않은 시국과 전란을 근심하는 목소리가 침울하면서도 웅장한 깊이와 울림을 지닌다. 도무지 화장품 냄새 풍기는 부인의 손에서 나온 것 같지 않다는 묘한 칭찬을 들먹이지 않더라도, 전인적인 깊이와 지성이 느껴지는 시이다. 문단의 재원으로서, 꽃으로서, 소실 출신 여성 시인에게 기대되는 수준은 이미 아니다.

조원이 삼척부사로 내쳐졌을 때, 따라갔던 그녀가 지은 다음 시구는 아슬아슬하기까지 하다.

시절을 상심하는 눈물 참을 길 없으니	不制傷時淚
나라를 떠난 슬픔 감당할 길 없어라	難堪去國愁

이런 비분강개가 그녀의 독자적인 정치적 판단이었는지 조원의 영향이었는지는 모르지만, 시정을 비판하는 정치적인 목소리가 일개 소실에게서 나오고 있는 것이다. 윤국형에게 지어주었던 시와 같이 강개한 지사의 목소리이다. 그래서 그녀의 삶은 아슬아슬하다. 그녀의 지성이 그녀에게 허락

된 것을 초월하기 때문이다. 그리고 이런 아슬아슬함이 결국 그녀의 삶을 파멸로 이끄는 것 아닌가 싶은 생각이 든다.

여성적 필화 사건

손님을 배웅하고 돌아서는 조원의 얼굴은 불쾌함으로 가득했다. 그가 관에서 물러나 한거하고 있을 때라고 했다. 삼척부사에서 체직된 것이 1586년 2월, 성주부사에서 체직된 것이 1589년이었으니 아마 그 이후였을 것이다. 느닷없이 방문한 손님들은 옥사를 처결하는 부서의 낯익은 관리들이었다. 다소 들뜬 기색이었다. 방에 앉자마자 그들은 소매 속에서 소장 하나를 꺼냈다. 평범한 소장이었는데 말미에는 시 한 수가 딸려 있었다.

세수할 땐 물동이가 거울이고요	洗面盆爲鏡
머리 빗을 땐 물이 기름이지요	梳頭水作油
첩의 몸이 직녀가 아닐진대	妾身非織女
낭군이 어찌 견우일까요	郎豈是牽牛

이백의 전설을 교묘히 변형시킨 시였다. 이백이 한미하게 지내던 어느 날, 소를 타고 현령의 방 앞을 지나가고 있었단다. 마침 방 안에 있던 현령의 부인이 무례하다고 꾸짖자 "만약 직녀가 아니시라면 어찌 견우와 이야기하시겠소"若非是織女, 何得問牽牛라고 즉석에서 시를 읊어 사죄하였다는 이야기가

전한다. 그 고사를 뒤집어 이용하고 있었다. 난 거울도 머릿기름도 없는 촌부, 그러니 내 남편이 견우일 리 없다고. 재치 있는 솜씨다. 그러나 그래서? 의아하게 쳐다보는 그를 향해 관리들은 농담을 했다.

"아니, 이렇게 기막힌 재주를 지닌 사람을 숨겨두고 저희들에게는 아직 소개도 하지 않으셨습니까?"

더욱 의아해지는 그를 향해 그들은 설명했다.

"소를 훔친 죄로 구속된 사내가 하나 있었습니다. 그 아내가 오늘 원정原情하는 소장을 가지고 왔지요. 그런데 소장 끝에 이런 시가 적혀 있질 않습니까. 시를 읽고는 저희 모두 깜짝 놀랐지요. 그래서 캐물었더니, 공의 소실이 적어주었답니다. 공께선 이런 사람을 저희에겐 소개도 않고 숨겨만 두실 작정이십니까?"

소를 훔친 죄로 구속된 자는 옆집에 사는 백성이었다. 그 아내가 평소 옥봉과 가까이 지냈는데, 남편이 구속되자 조원에게 관아에 부치는 편지를 얻어서 자기 남편을 구할 수 있게 해달라고 졸랐던 모양이다. 그의 성품을 아는 옥봉은 감히 자신에게 이야기를 하지는 못하였을 터이고, 그래도 몹시 불쌍하기는 해서 대신 이 시를 적어주었던 모양이다. "그래서 판결은 어찌되었습니까?"라고 묻자, 억울한 죄를 썼구나 싶어서 풀어주었다는 대답이었다.

불쾌감을 지그시 누르며 손님을 배웅한 조원은 곧장 옥봉을 불러들였다. 엄격하고 단정한 가풍을 무엇보다 소중하게 여겨온 그였다. 그런데 자신의 허락도 없이 함부로 시를 내돌려 이런 희롱감이 되다니. 불쾌하기도

여 성 적 필 화 사 건 의 주 인 공 , 이 옥 봉

했지만 위험한 일이기도 했다. 임진왜란 발발 직전, 이미 내외적으로 모두 심상치 않은 정국이었다. 그런데 이 첩은 지나치게 똑똑했다. 소실이긴 했지만 여자의 시가 여러 사람의 손과 입에 회자되는 것도 마땅치 않은 터에, 이제 시로 관가의 사법적 판결에조차 영향을 미칠 정도라면 나중에 어떤 빌미가 될지 알 수 없는 일이었다. 이쯤에서 단호하게 처리하는 것이 뒤탈이 없으리라. 불려 들어온 옥봉을 향해 조원은 단호하게 말했다.

"함부로 시를 써주어, 나라의 옥사를 풀어주고 다른 사람들의 이목을 번거롭게 하는 데까지 이르다니 절대 용납할 수 없는 일이다. 즉시 네 집으로 돌아가거라."

옥봉은 울며 사죄했지만, 조원은 끝내 그녀를 다시 보지 않았다고 한다.

옥봉이 소박맞은 이야기는 조선 시대 사대부들의 눈에도 독특했던 모양이다. 「이옥봉행적」을 쓴 조정만은 세상 사람들은 옥봉을 용서하고 받아들이는 것이 군자다운 포용력이었을 것이라고들 한다며, 그러나 아마 조원은 그의 재주가 덕보다 승한 것을 미워했을 것이라고 변명처럼 덧붙여놓았다. 실록에 남아 있는 기록들은 조원을 둘러싼 여러 당파 간의 알력을 보여주고 있는데, 조원의 후손들은 이야기하지 않는 조원에 대한 당대의 평가도 보여준다. 그의 후손들은 조원이 율곡 이이와 같은 해에 진사와 생원 시험에서 나란히 장원급제 했던 사실을 자랑스럽게 대서특필했다. 그러나 실록에는 조원을 이조전랑에 재임시키려는 시도를 이이가 극구 반대했다는 기록도 있다. 이유는 그가 '문학적 명성은 있지만, 국량과 식견은 부족'하다는 것이었다. 조원에 대한 당대의 평가를 엿볼 수 있는 기록이다. 아마

대단히 단정한 대신 포용력은 없는 성격이었을까? 어쨌든 조정만은 책력을 빌려달라는 소청에 대해 재기 넘치는 답장을 지었던 일화와 소박맞은 이야기를 나란히 놓았다. 그녀의 삶에서 선택된 두 개의 일화는 모두 재치 있는 말장난을 포함하고 있다. 결국 재주만 뛰어난 가벼운 여인이었기에 단정하고 엄격한 선비였던 자신의 선조가 내쳤던 것이지, 결코 자신의 선조가 포용력이 없어서가 아니라는 주장이다.

글쎄, 조선 시대 사대부의 시각으로야 재주가 뛰어난 여인의 사나운 팔자라고 할 것이다. 조선 시대 여성들의 묘지명이나 행장에는 할머니가 몹시 사랑하신 나머지 팔자가 사나워질까 봐 글자를 가르치지 못하게 하였다는 기록이 심심찮게 등장한다. '똑똑한 여자 드센 팔자'는 현대에도 여전히 위력을 발휘하는 주술이다. 그러나 조정만의 시각을 한 겹 벗겨내고 본다면, 이 사건의 본질은 '여성적 필화筆禍 사건'이지 않을까? 여자의 목소리가 담을 넘어서는 안 되고, 사회적인 일에 관심을 갖거나 관여해서는 안 된다는 것이 내외법의 규범이었다. 여성이 남성의 처분에 의지하지 않는 독자적인 판단을 해서는 안 되며, 여성에게는 자기 결정권이 없다는 것이 삼종의 규범三從之道이었다. 그러려면 특별히 '잘못하는 것도 없어야 하지만 잘하는 것도 없어야 한다' 無非無儀는 것이 여성의 행동 지침이었다. 16세기가 조선 후기보다는 그래도 여성에게 여유가 있었던 시기라지만, 유가의 기본적 여성 규범은 크게 다르지 않았다. 그런데 그녀는 뛰어난 재능을 자신의 판단에 따라 사회적 도구로 사용한 것이다. 옥봉이 맞은 소박은, 유가적 규범을 넘어선 여성에 대해 그녀의 '하늘' 所天(남편을 가리키는 말)이 내린 처벌

여성적 필화 사건의 주인공, 이옥봉

이었다. 주어진 분수를 넘는 여성의 재능에 대해 가부장에 의해서 가부장제 밖으로 내쳐지는, 가장 가부장적 정죄였던 것이다. 그녀는 서녀로 태어난 소실이었지만 이러한 규범으로부터도 결코 자유로울 수 없었던 것이다. 어쩌면 17세기 이후 경직되어가는 성리학적 삶의 질서가 조원이라는 교조적 실천자를 만나 앞질러 실천되었던 것은 아니었을까? 혹은 다른 정치적 이유가 있었을 수도 있다. 그러나 기록은 우리에게 더 이상의 접근을 허용하지 않는다.

조원이 좀 더 너그러운 사람이었으면 어땠을까? 그러나 옥봉의 '왕손의 딸'이라는 자부심은 어쩐지 조원의 태도와 비슷한 것 같기도 하다. 그녀가 자신도 사대부가의 여성이라는 자의식에 매달리는 한, 유가적 여성 규범으로부터 결코 스스로 자유롭지 못할 테니까. 그렇다면 그녀는 결국 경솔하게 처신했던 걸까? 그러나 그녀로선 자신을 지탱하는 다른 말을 배우지 못하였던 것은 아닐까? 양쪽으로 분열하며 찢기는 것이 그녀의 팔자였을까?

친정으로 쫓겨간 몇 년 뒤, 옥봉은 "꿈에 다니는 길도 자취가 난다면 문 앞의 바위길은 벌써 모래가 되었을 겁니다"若使夢魂行有跡, 門前石徑已成沙라고 간절히 호소하는 시를 보냈지만 조원은 돌아보지 않았다고 한다. 현재 전하는 옥봉의 시들 중에는 남편에 대한 간절한 그리움을 토로하는 시들이 여러 편이다. 거울같이 맑은 내면세계에 내려앉는 한 쌍의 원앙을 꿈꾸었던 옥봉의 꿈은 바위길이 모래로 다 변해도 이루어지지 않았다.

그 삶은 불행했으나 그 죽음은 불후하였다?

옥봉이 친정으로 쫓겨가고 몇 년 뒤 조선은 전란에 휩싸인다. 동아시아의 판도를 바꿔놓은 이 전쟁은 조원의 집안에도 지워지지 않는 상처를 남겼다. 서울시 종로구 효자동의 동네 이름은 조원의 두 아들로부터 유래한다. 임진왜란이 발발하여 한양이 유린되고 임금이 몽진하자 조원은 행재소로 향한다. 가장이 떠나버리고 남은 가족들은 철원으로 피난을 갔는데, 피난지에서 왜적에게 쫓겨 잡힐 위기에 처하게 되었다. 그때 둘째아들 희철이 나섰다. "제가 나가서 막아볼 테니 그 틈에 형님은 어머님을 모시고 여기를 벗어나십시오." 그리고는 적 앞으로 나아가 싸우다 칼을 맞고 죽었다. 시를 잘 지었고 초서와 예서로 유명해서 옥봉이 '우리 모자'라고 했던 그 사람이었다. 다음엔 큰아들 희정希正이 다시 맨몸으로 막아서서 싸우다 전사했다. 이 틈에 셋째와 넷째아들이 어머니를 업고서 샛길로 달아나 겨우 벗어났다고 한다. 전쟁이 지나고 한양이 회복되자 선조는 쌍홍문의 정려를 이들 형제가 살던 동네에 세웠다. 지금은 청운동이지만, 그래서 효자동이라고 한다.

어머니 전의 이씨의 도망 길을 터주기 위해 순절한 아들들은 둘 다 아직 서른 전의 청년이었다. 나라에선 정려를 내리고 삼강행실에 편입하고 떠들썩하게 이들 형제의 죽음을 찬양하였다. 조선을 유지하던 가부장적 질서를 재확립하기 위해선 이들 형제의 효행이 더없이 좋은 소재였겠지만, 자식도 없이 청상과부 둘만 남긴 아들 형제의 효도가 전의 이씨에게는 어떤 것이었을까? 어쨌든 너나없이 비참한 전쟁 통, 적실이든 소실이든 여성에겐 더 가혹한 전쟁 통이었지만 그나마 전의 이씨는 아들 형제의 등에 업혀 살아났다. 차라리 자신의 목숨과 바꾸고 싶었을지도 모르지만, 그녀는 '아들들의 등'에 업힐 수 있었다. 남편에게 버림받고 업힐 아들도 없었던 옥봉은 어떻게 되었을까?

관원이었던 조원은 한양이 유린되자 가족을 돌볼 틈도 없이 행재소로 향했고, 별다른 관직에 있지 않았던 것으로 보이는 옥봉의 친정 아버지 이봉은 의병을 규합하여 의병장으로 나섰다. 조헌, 정경세 등과 의병을 규합해서 험준한 요지에 진을 치고 적군의 후방을 교란하여 물리쳤다고 한다. 가장이 의병장으로 나선 마당이었다. 이봉의 가족들은 어떻게 되었을까? 친정에 쫓겨와 있던 옥봉은? 조원의 가족들이 옥봉을 돌보았을 것 같지는 않다. 그녀는 친정 식구들과 피난을 떠났을까? 역시 시를 뛰어나게 잘했다는 순남舜南이란 동생을 따라서? 아니면 서울에 고스란히 앉아서 왜적을 맞았을까? 동생 순남은 의병장으로 나선 아버지를 따라가지 않았을까? 그러면 나머지 식구들은 어떻게 되었을까 더더욱 궁금해지지만 더 이상 알 수가 없다.

「이옥봉행적」에는 옥봉의 마지막에 대해 "뒤에 임진왜란을 만나 이씨가 마침내 절의에 죽었다"라고 하고 뒤에 다시 "어지러운 전쟁 통에 정절을 보존했다"라고 간단히 기록하였다. 더 이상 자세한 설명이 없다. 무슨 말일까? 그녀는 어떻게 죽었을까? 조원은 전란 이후까지 살아남았으니 남편을 따라 순절한 것은 아닐 것이다. 그렇다면 임란 중에 발생한 숱한 열녀들처럼, 왜군에 의해 자행된 성적인 위협 앞에서 자결했을까? 온갖 상상을 하게 된다. 아비규환의 전쟁 통, 침략군의 성적 만행, 여성들을 옭아매었던 정절이라는 이데올로기, 돌보아주는 남편이나 아들의 '등'도 하나 없는 상황, 속수무책으로 자살로 내몰려야 했던 그 여자들 속에 옥봉이 있었을까?

「이옥봉행적」이나 조원의 행장 등은 그녀가 '절의에 죽었다'는 둥 '정절을 보전했다'라는 둥의 말로 그걸 암시하고 있다. 그러나 그것은 그녀의 깨끗한 죽음으로 안심했을 조원 측 후손의 기록일 뿐, 구체적인 증거는 찾을 수 없다.

장지연의 『일사유사』逸士遺事에서는 "임진왜란을 만나 어디서 죽었는지 알 수 없다"라고 했고, 『열조시집』列朝詩集에서는 "임진란을 만나 죽었다"라고만 했다. 그러니 옥봉이 정말 순절하였는지는 확신할 수 없다. 다만 그녀의 죽음이 정상적이지 않은 비참한 것이었음은 분명해 보인다.

조정만은 선조들의 문집인 『가림세고』嘉林世稿를 엮으면서 옥봉의 시들을 부록으로 첨부했다. 그리고 이것이 그의 부친의 뜻이었다고 기록했다. 이것은 무슨 의미일까? 선대가 의절한 소실을 사대나 내려가서 새삼스럽게 가문에 재편입시키는 것이 부친의 뜻이었다니?

조정만은 「이옥봉행적」에서 그녀가 비록 쫓겨났어도 남편을 원망하지 않고 자신을 단속해서 전란으로 미친 시절에 정절을 보존하였다고 찬양하였다. 그리하여 이름이 동토에 퍼졌을 뿐 아니라 마침내는 천하 사람이 아름답게 여기게 되었다고 하였다. 그리고는 결론짓는다. "그 삶은 불행했으나 그 죽음은 불후하였다"라고. 이것이 그들이 옥봉을 복권시키는 이유 아니었을까? 옥봉의 죽음에 대한 조정만의 이러한 해석은 조원의 행장을 기록하는 과정에서 그 의도가 보다 분명해진다.

부군께서 …… 평소에 가르치신 바가 모두 뜻을 세우는 데 힘쓰고 의리를 수립하는 방법에 대한 것이었다. 그러므로 외적의 난리를 만나 첫째, 둘째아들이 자신의 몸으로 어버이를 보호하다가 칼날 아래 경쟁하듯 죽어서 동시에 정려가 세워졌으며, 소실인 옥봉 이씨 역시 몸을 던져 순절하여서 중국 사람들이 흠모하고 감탄하여 『열조시집』에 편입하기에까지 이르렀다. 여기에서 부군께서 의리로써 양육하시는 두터움을 볼 수 있으니, 여러 사람들이 마침내 성취한 바가 저렇게 우뚝할 수 있었던 것이다.

아마도 옥봉은 그 시적 명성과 함께 비참한 죽음으로써 겨우 이 집안에서 복권되었던 것이리라. 가혹하게 말한다면, 전란으로 이 집안이 얻었던 쌍홍문의 효자와 짝을 맞추는 열녀로서 복권되었던 것이다. 가부장제에 의해 단죄되었던 그녀가 가부장제에 봉사하는 모습으로 복권된 것이다. 그리고 그것은 그들과 그녀를 그렇게 훈도한 가부장 조원의 공로로 귀결된다. 그녀의 죄명이었던 '재승' 才勝은 그녀가 누린 국제적 시명으로 해서 이번엔 복권에 유리하게 작용했으리라. 자신도 왕손의 딸이라고, 적자를 향해 '우리 모자' 라고 안타까운 비명을 질렀던 그녀는 그래서 드디어 만족하고 눈을 감았을까?

자신이 지닌 재능으로 단죄되었고 비참한 죽음으로써 겨우 복권되었

던 옥봉의 얼굴이, 남편과 이혼하고 거리를 떠돌다 결국 어디쯤에서 행려
병자로 죽었을지 모를 나혜석羅蕙錫(1896~1948)의 얼굴과 겹친다. 이들은 얼
마만큼 다르고 또 얼마만큼 같은가?

삶도 죽음도 불행했으나, 그 시는 불후하였다

옥봉의 시는 수습되지 못했다. 전쟁 통이었으니 번듯한 사대부 문인들
의 문집도 전화에 소실되는 형편이었다. 난설헌과 같은 행운도 없었다. 그
녀의 시가 한자리에 제일 많이 모인 것도 그나마 명나라에서였다. 『열조시
집』에 열한 수가 실려 있는 것이 제일 많이 모아진 것이었다. 기타 명나라
에서 출간된 시집들 여기저기에 그녀의 시는 허난설헌의 시와 나란히 실려
전한다. 이 시들 중에 그녀의 시가 아닌 것이 몇 수 섞여 있어 편찬 경위가
의심스럽기는 하지만, 적어도 그녀가 누렸던 시적 명성을 다시 한 번 증언
해주고 있다.

그녀는 누구였는가? 재승한 귀여운 여인? 소실? 열녀?—그녀는 '시
인'이었다. 조정만은 "그 삶은 불행하였으나 그 죽음은 불후하였다"고 했
으나, 아니다. 그녀의 '삶도 죽음도 불행했으나, 그 시는 불후하였다.'

반평생 시로 궁한 팔자	半世人窮詩句裏
새소리 속에 한 해 봄날은 간다	一年春盡鳥聲中
미쳐 구르는 버들솜 봄눈인양 나부끼고	顚狂柳絮飄春雪

가벼운 복사꽃 어지런 바람에 쫓긴다　　　　　　輕薄桃花逐亂風

어디선가 그녀의 나직한 한숨소리가 들려오는 듯하다.

■
안동 장씨에 대한 기본 자료로는 『조선조여류시문전집 2』(허미자 편, 태학사 영인)에 수록되어 있는 「정부인안동장씨 실기」가 있는데, 안동 장씨의 작품으로는 한시 일곱 수와 편지 한 통, 그리고 글씨가 들어 있으며, 나머지는 그 아들 및 후손들이 그녀를 기리는 글들로 이루어져 있다. 안동 장씨의 생애는 아들인 이현일의 『갈암집』에 실려 있는 「선비증정부인장씨 행실기」를 통해 알 수 있다. 이현일의 이 행장은 그 내용이 매우 자세하다. 그런데 안동 장씨가 오늘날 세인의 집중적인 관심을 받게 된 이유는 이문열의 소설 『선택』 때문일 것이다. 이 소설은 이현일이 쓴 행장을 그대로 따라가며 이야기를 구성하고 있는데, 그러나 저자의 가부장적 시선으로 인해 안동 장씨의 인간적인 면모가 오히려 왜곡된 측면이 있다. 안동 장씨의 며느리인 무안 박씨에 대한 기록은 밀암 이재가 쓴 「선비증정부인박씨 가전」에 실려 있다. 무안 박씨는 이현일의 부인이자 이재의 어머니이다. 그리고 이현일과 이재가 자신의 어머니에 대해 쓴 이 글들은 박석무가 엮은 『나의 어머니, 조선의 어머니』(현대실학사, 1998)에 번역되어 있다. 또 안동 장씨의 문집은 이혜순, 정하영이 공역한 『한국고전여성문학의 세계: 산문편』(이화여대 출판부, 2003)에 번역되어 있기도 하다.

■■
안동 장씨에 대한 연구는 찾아보기 어렵다. 안동 장씨에 대한 집중적인 보고서로는 1999년 궁중음식연구원에서 펴낸 『음식디미방』을 들 수 있겠다. 이 책은 안동 장씨가 쓴 동명의 요리책에 적혀 있는 대로 그 요리들을 재현해낸 책이다. 음식을 만드는 과정을 원문에 충실하게 서술하고 있으며, 재현한 요리들이 선명한 사진으로 제시되어 있다. 뿐만 아니라 안동 장씨의 시, 수예, 글씨 등도 함께 수록하고 있으며 재령 이씨 집안의 불천위제사에 대해서도 다루고 있다.

일상의 삶을 역사로 만든 여인 安東張氏

安東
張氏

안동 장씨(1598~1680)

죽은 자로 하여금 말하게 하라

죽은 자는 말이 없다. 죽은 자가 침묵한다는 사실은 그를 사랑했던 사람들에게는 견디기 어려운 상실감을 안겨준다. 그러나 죽어 침묵해도 편안한 귀신이라면 그 사람은 아마 살아생전 가슴에 맺힌 게 없이 자연스레 자신의 죽음을 받아들일 수 있었던 경우가 아닐까 싶다. 살아남은 자들에게 굳이 뭔가 전하고 싶어 애쓰는 혼이 있다면, 그건 아마도 구천을 떠도는 귀신일 게다. 그러므로 원한이 쌓인 채 흩어지지 못하는 귀신의 억울함을 풀어주고 위로할 양이 아니라면, 산 자들은 죽은 자들의 목소리를 불러내지 말 일이다. 혹여 죽은 자가 말이 없다고 하여 죽은 자의 목소리를 임의대로 빌려오고 싶어졌다면 더욱 조심할 일이다. 죽어 말 못하는 존재를 빌려 누군가 자신이 하고 싶었던 말을 하게 한다면 이는 죽은 자를 다시 죽이는 일이 될 수도 있으니까.

정부인貞夫人 안동 장씨의 삶에 대해 쓰려고 마음먹으면서 가장 마음에 걸렸던 것은 바로 이 부분이다. 현재 남아 있는 기록을 충실하게 반영해서 죽은 자로 하여금 말하게 하고, 17세기라는 구체적 정황 속에서 살았던 한 여성으로서 안동 장씨가 밟았을 삶의 궤적을 따라가고 싶다. 안동 장씨 부인은 일반인들에게도 그리 낯설지만은 않은 이름이다. 어느 유명한 소설가가 그녀의 목소리를 빌려 작가 자신이 하고 싶었던 말을—거의 폭력적으로 느껴질 정도로—쏟아내면서 그녀의 이름은 인구에 회자되었다. 또 1999년 문화관광부가 선정한 '11월의 문화 인물'로 정해지면서, KBS 〈역사 스페셜〉에서 그녀가 남긴 요리책을 집중 조명하면서 안동 장씨는 우리가 잘 아는 몇 안 되는 조선 시대 여성 목록에 들어가게 되었다. 과연 안동 장씨는 어떤 여성이었을까?

자애로운 성품, 조용한 카리스마

오늘날 안동 장씨 부인의 삶을 재구성해볼 수 있는 가장 좋은 자료는 이현일李玄逸(1627~1704)이 남긴 「선비증정부인장씨 행실기」先妣贈貞夫人張氏行實記이다. 이현일은 그녀의 둘째아들로(전부인 김씨 소생까지 합한다면 셋째아들), 이 기록은 아들이 어머니의 삶을 기리기 위해 썼다는 사실을 유념하고 읽어야 한다. 그러나 그런 점에 유의하면서 읽어도 이 기록에서 눈에 띄는 것은 장씨 부인의 성품이다.

안동 장씨의 젊은 시절 일화라고 한다. 어느 날 안동 장씨가 베를 짜고 있는데, 어린 계집종의 실수로 짜고 있던 천에 불이 붙었다. "앗! 마님! 불이 붙었어요." 그 계집종은 놀라고 당황해서 어찌할 바를 몰랐다. 그 사이 불은 더 번져 짜던 천의 반 이상이 타들어갔다. 상황은 이미 엎질러진 물. 베 짜는 일의 중요함과 그 수고로움을 너무나도 잘 알고 있었기에 계집종은 불호령이 떨어질 것이라 생각했다. 그런데 각오했던 야단이나 성난 목소리가 들리지 않았다. 그제야 정신을 차리고 보니 마님은 평상시 낯빛 그대로 짜다 만 베에 번지고 있는 불을 끄더니 조용히 뒷정리를 하시는 것이 아닌가. 황공하기 그지없었다. 저도 옆에서 거드는 시늉을 하면서, 베틀에서 타다 만 베를 내리고 타버린 부분을 갈무리하는 일을 도우며 주인마님의 눈치를 봤다. 주인마님은 여전히 언제 무슨 일이 있었냐는 듯 끝내 조금도 꾸짖거나 화내는 기색이 없이 그저 "괜찮다"라고만 하셨다. 계집종은 한마디도 못한 채 그저 황공할 뿐이었고, 이 이야기를 전해 들은 다른 사람들은 모두 장씨 부인의 아량에 감복했다고 한다.

이현일은 어머니의 성품이 관대하고 너그러워서 아무리 급한 일을 당해도 말이 빨라지거나 얼굴을 붉히는 적이 없었다고 전한다. 길쌈은 조선시대 여성의 일과 중 중요한 것이었다. 평민들은 베를 짜서 세금으로 냈고, 양반의 경우에는 베를 팔아 살림에도 보태 쓰고 자식들 교육이나 과거 노자를 준비하는 데 썼다. 당시 여성들에게 있어 베 짜기는 참으로 지루하고도 힘든 일이었지만 감당해야만 하는 일이기도 했다. 이 베 짜기에 얽힌 일화는 장씨 부인이 자애로운 성품의 소유자라고 말하고 있다.

안동 장씨의 성품을 알게 해주는 또 하나의 일화가 있다. 그녀는 어린 여종들을 자기 딸처럼 여기고 병이 나면 반드시 음식을 만들어주고 보살폈다. 그리고 "어디가 아프냐? 불편한 것은 없느냐?"라고 하면서 편안한 마음으로 지낼 수 있도록 해주었다. 종들을 가르칠 때도 절대로 언성을 높이는 일이 없었다. 허물이 있거나 잘못을 저질렀을 때도 그냥 조용조용히 타이를 뿐이었다. 그래도 종들이 그녀의 가르침을 잘 따랐다고 한다. 신분제 사회에서 종이란 인격으로 대우받지 못하던 존재였다. 그런 종들이 잘못했을 때에도 조용히 타일러 가르치는 안동 장씨를 보고, 주변 다른 집의 종들이 "장씨 마님 밑에서 종살이하고 싶다"라고 하며 부러워했을 것은 어쩌면 당연한 일이다. 안동 장씨는 온유한 가운데 조용한 카리스마를 지니고 있던 여성이었을 것으로 보인다.

물론 종은 조선 시대 양반들에게 재산 가치가 있었다. 그러므로 자기가 데리고 있던 종들이 병들거나 죽으면 재산상의 손실을 가져오게 된다. 안동 장씨가 어린 여종의 병을 돌본 것은 어쩌면 재산 관리 차원도 포함되어 있었을 것이다. 그렇지만 종들이 실수를 하거나 잘못하여 손해를 초래했을 때에도 화내지 않고 타일러 가르치거나 아니면 조용히 자신이 수습하는 태도는 재산 관리 차원과 별 상관이 없다. 이는 안동 장씨가 지닌 고유한 성품에서 비롯한 행동이었을 것이다. 이현일의 「행실기」(「선비증정부인장씨 행실기」. 이하 「행실기」)는 아들이 돌아가신 어머니의 삶을 기리는 글이니 미화되었을 가능성도 있다. 그러나 같은 글에서 아버지에 대해 서술할 때 아버지는 성품이 엄격하여 화를 내기도 했다고 기록하면서, 그럴 때 안동 장씨가 사태가 과격해지는 것을 막기 위해 부드럽게 완충하는 역할을 했다고 한 것을 보면, 안동 장씨의 이 같은 성품이 단지 미화하는 차원에서 꾸며진 것이 아님을 알 수 있다. 계속 꾸짖기만 하는 억양으로 구성된 소설을 읽어서인지 안동 장씨 하면 괜히 준절하게 꾸짖고 다시는 그러지 않겠노라는 상대방의 다짐과 반성을 톡톡히 받아낼 것만 같았는데, 실상을 보니 그녀는 조용하면서도 온유하게 일을 처리하는 부드러운 여성이었다.

아버지와의 어린 시절

그녀의 이 같은 성품은 어디에서 비롯한 것일까? 물론 타고난 것도 있겠지만, 어린 시절 아버지와의 관계에서 형성된 안정된 기질도 안동 장씨의 온유함을 구성하는 데 중요한 몫을 했을 것으로 보인다. 그녀의 아버지는 장흥효張興孝(1564~1633)로 벼슬에 나가지 않고 많은 제자들을 배출한 학자였다. 세상에서는 그를 경당선생敬堂先生이라 불렀다. 1598년 11월 안동의 금계리에서 경당선생과 안동 권씨 사이에 딸이 태어난다. 이 딸이 안동 장씨인데, 그녀는 시집갈 때까지 무남독녀 외딸로 자랐다.

"애야, 아까 내가 수업을 하다가 보니, 너도 저만치서 원회운세元會運世에 대한 설명에 귀를 기울이는 것 같더구나. 그래, 우주의 1년인 대주기가 몇 년인 줄 알겠느냐? 그리고 1회는 또 몇 년이고? 소개벽은 언제 일어난다고 하더냐?"

어린 장씨는 잠시 눈을 감더니 무엇인가를 열심히 생각해내었다.

"우연히 듣다 보니 재미있어서 몸을 숨기고 계속 들었어요. 우주의 1년은 12만 9,600년이라고 하시면서 그게 원元이고, 원을 12로 나눈 것이 회會라고 하셨으니까 음, 1회는 1만 800년이지요. 그리고 바로 1회마다 소개벽이 일어나는 것이고요."

"아, 제법 잘 이해하고 있구나. 마저 더 설명할 수 있겠느냐?"

"네. 1회를 다시 30운運으로 나누면 1운은 360년이 되고, 이를 다시 12로 나누면 1세世가 되는데 그렇게 되면 1세는 30년인 셈이고요, 이는 우주로 치면 한 시간에 해당하는 것이지요. 그러니까 인간의 한 세대인 30년은 우주의 입장에서 보자면 한 시간에 해당하는 것입니다."

딸의 대답을 들은 경당선생은 약간 놀랍기도 하면서 매우 흐뭇하였다. 왜냐하면 아까 제자들에게 원회운세에 대해 설명하고 질문을 했을 때 이같이 잘 이해하면서 숫자까지 정확하게 대답한 사람이 없었기 때문이다. 그런데 열 살 정도밖에 안 된 자기 딸이 저만치서 열심히 듣고 있는 모습이 보였다. 그 모습이 생각나서 물어본 것인데, 딸아이는 잠깐 동안 눈을 감고 뭔가를 계산하는 눈치더니 일일이 숫자를 대면서 대답하는 게 아닌가. 기특하고 사랑스러웠다. 경당선생은 그날부터 아침저녁 틈만 나면 딸아이와 마주 앉아 『소학』이며 『십구사략』 등을 직접 가르쳤다. 가르쳐준 내용을 묻고 딸아이의 답을 듣는 것이 아주 재미가 났다.

어린 안동 장씨는 시를 짓기도 하고 또 직접 글씨를 쓰기도 했는데, 특히 서예의 경우는 특별히 가르치지 않았는데도 유연한 붓놀림이 보이는 듯했다. 어느 날은 청풍자淸風子 정윤목鄭允穆(1571~1629)이 장흥효를 찾아온 적이 있었다. 그는 우연히 그녀가 써놓은 「적벽부」 글씨를 보더니 깜짝 놀라며 "이게 누구의 서체인지요? 글씨의 형세가 호탕하고 굳센 것이 조선 사람의 서법은 아닌 듯합니다. 혹 중국 사람의 필적입니까?"라고 물었다. 정윤목은 장흥효와 같이 유성룡柳成龍(1542~1607)의 학통을 이어가는 사이였는데, 특히 서예의 필법으로 이름이 있었다. 그런 사람도 관심을 갖는 것을 보면 안동 장씨의 서예 수준을 가늠할 만하다. 정윤목이 안동 장씨의 필체를 보고 관심을 보였다는 기록은 『근역서화징』槿域書畵徵에서도 확인된다.

안동 장씨는 어렸을 때 아버지의 사랑과 인정을 충분히 받으며 자랐던 것으로 보인다. 장흥효는 그때까지 자식이라고는 오직 그 딸 하나였는데, 총명한 딸아이를 가르치는 재미에 틈틈이 함께 시간을 보냈던 것이다. 안동 장씨의 아버지는 딸이라고 해서 특별히 가사 노동에 국한해서 교육시키지 않았다. 자연스럽게 자신의 지식을 전수하면서 자분자분 가르쳐주는 아버지의 모습이 그려진다. 자신이 사랑받고 있다고 느끼는 아이들은 자신감이 있다. 더구나 자신이 중요하다고 여기는 존재의 인정은 든든한 심리적 지지대가 되기에 충분할 것이다. 안동 장씨의 여유 있는 품성은 아마도 이런 어린 시절과 관련 있을 것이다. 즐겁고 온화했던 유년의 추억들.

그런데 조선 시대의 행장 기록을 보면, 이렇게 재능 있는 딸을 둔 아버지들은 그 자식이 아들이 아니고 딸인 것을 안타까워하는 대목들이 나오곤 한다. '네가 아들이었다면 얼마나 좋을까, 네가 아들이 아닌 것은 하늘이 복을 주시지 않음이신가, 네가 아들이었다면 우리 가문이 번창할 수 있을 터인데'와 같은 언급들이 대부분이다. 그런데 「행실기」에 의하면, 안동 장씨의 아버지는 그런 안타까움을 표현하지 않았다. '현실이 허락하는 범위 안에서' 그저 자연스럽게 아버지와 딸이 서로 가르치고 묻고 배우고 하는 그 장면들은 마치 신선의 시간에 속한 것처럼 느껴진다. 이건 안동 장씨의 경우도 마찬가지이다. 그렇게 재능이 있었지만 시집갈 나이로 간주되는 열 댓 무렵부터는 자연스레 시문과 화필에서 손을 놓는다. 경전에 더 몰두하고 싶다든지 아니면 시집가서 여성의 규범 안에서 살 것을 생각하며 답답해 하는 심정 등은 엿볼 수가 없다. 물론 그런 기록들을 남기지 않은 것일 수도 있지만, 임윤지당이나 강정일당은 죽을 때까지 경전 탐구를 게을리 하지 않았으며, 다른 여성 문인들은 끊임없이 한시를 창작하였고 작품 사이사이 지식인 여성들의 자의식이 움직이는 지점들을 포착할 수도 있다. 그런데 안동 장씨는 시집갈 나이가 되자 스스로 이런 것들을 접고 있다. 그리고 이에 대해 별다른 마음의 표정이 읽히지 않는다.

친정 일도 살뜰하게 보살피고

안동 장씨는 열아홉 살 되던 해에 이시명李時明(1590~1674)의 재취로 혼인한다. 전실 김씨 부인이 낳은 아들 하나 딸 하나가 있는 상태였다. 그러나 재취여도 정식으로 혼인한 부인이기 때문에 양반 여성의 신분에 문제가 생기는 것은 아니었다. 이시명은 오랫동안 장흥효의 문하에서 수학하던 선비였다. 스승이 장인이 된 셈이다. 이시명의 본가는 영해에 있었다. 안동 장씨는 친정에서 200여 리 떨어진 시댁으로 삶의 공간을 옮긴다. 무남독녀 외딸로 지내다가 친정에 늙으신 부모만을 남기고 오려니 그녀의 발걸음도 편안치만은 않았을 것 같다. 그래서인지 그녀는 일 년에 한 번씩은 반드시 친정 나들이를 했다고 한다. 그런데 시집간 딸의 친정 나들이는 장씨만의 특수한 사정은 아니었다. 이재李栽가 자기 어머니에 대한 기록을 남겼는데, 이재의 어머니인 무안 박씨(1625~1672)는 안동 장씨의 셋째아들인 이현일의 부인이다. 무안 박씨의 친정 역시 영해에 있었다. 그래서인지 그녀는 계절마다 친정 나들이를 했다.

안동 장씨는 다른 사람들에게 엄격하게 대하면서 자신의 주장을 강하게 내세우는 성품은 아니었던 것으로 보인다. 그런데 안동 장씨가 자신의 견해를 주장하고 특별히 청을 하면서까지 이루어내는 사건이 있었다. 안동 장씨의 삶을 볼 때, 이 일련의 경우들처럼 자기 주장과 행사가 분명해 보이는 사건은 드물다. 안동 장씨는 시집온 지 2년 만인 1619년에 아들 휘일을 낳고 시댁에서의 생활에 적응하며 자리를 잡아가고 있었다. 그런데 시집온 후 몇 해 지나서 친정어머니의 상을 당하게 된다. 이때부터 그녀의 고민이 시작되었다. 친정에 혼자 남아 계실 예순의 아버지 생각에, 그리고 뒤를 이을 후사가 없다는 생각에 마음이 편치 않았다. 그렇게 고민하던 어느 날 안동 장씨가 남편에게 말을 꺼냈다. "어머님도 돌아가시고 친정에는 아버님 한 분만 계십니다. 적적하시겠지요. 무엇보다도 후사가 끊어질 게 걱정이기도 합니다. 부탁이 있는데 들어주시겠는지요? 지금 어머니의 상중인데 친정에 가서 아버님께서 속현續絃하실 때까지 머물러 있다가 오고 싶습니다." 안동 장씨는 이렇게 남편에게 부탁을 했고, 이시명은 언제가 될지도 확실치 않은 부인의 청을 들어준다. 그 후 안동 장씨는 아버지를 보살펴드리면서 재혼을 주선하고 자리가 잡히는 것을 보고서야 다시 시댁으로 돌아왔다. 경당선생은 자기 옆에 와서 지내는 시집간 딸의 보살핌 가운데 1625년 재취를 얻게 된 것이다. 그리고 환갑도 넘긴 나이에 둘째부인에게서 아들 셋과 딸 하나를 더 두었다.

또 하나의 경우 역시 친정과 관련된 일이다. 다시 시댁으로 돌아온 지 4년 만에 아들 현일을 낳고 4년이 더 지나 숭일을 낳았을 즈음이었다. 장씨 부인이 서른다섯 살 되던 해, 그녀는 친정아버지가 돌아가셨다는 비보를 접하게 된다. 그 한 해 전만 해도 친정아버지에게 아들 휘일을 보내 『맹자』와 『주역』을 배우게 했는데, 돌아가시다니……. 더욱 가슴 아픈 것은 아버지가 돌아가신 직후 창릉참봉으로 제수한다는 교지가 도착한 것이다. 평생을 선비로 산 아버지의 말년에 얻음직한 명예였는데 막상 당신은 알지도 못한 채 돌아가셨다. 하지만 아버지가 돌아가셨다는 슬픔도 잠시, 장씨 부인은 친정에 남은 자기보다 열 살이나 어린 새어머니와 이제 갓 여덟 살이 된 큰동생, 그 밑으로 올망졸망한 어린 동생들이 눈에 밟혔다. 장씨 부인은 다시 한 번 결심을 해야 했다. 그리고 남편에게 의논을 했다.

"당신께 부탁이 있습니다. 우리 사정도 넉넉지는 않지만 아무래도 친정을 모른 척할 수가 없군요. 친정 동생들을 이 집에서 거두어주세요. 그 아이들도 함께 기르면서 가르치고 싶습니다."

안동 장씨는 이렇게 친정 식구들을 데려다 집을 지어주고 살 도리를 마련해주었으며, 친정 조상들의 신주도 옮겨 모셔다가 봄가을로 정성스레 제사를 올렸다. 그뿐만 아니라 시집 장가 보내는 일도 때를 놓치지 않고 모두 챙겨주었다.

여성의 지위가 향상됐다는 요즘에도 시집간 여성이 친정 새어머니와 더불어 동생 넷을 데려다가 함께 길러주고 가르치고 시집 장가 다 보내고 하는 일에 남편이나 시댁의 동의를 얻기란 만만치 않은 일이다. 그런데 장씨 부인은 이 일을 해냈다. 한두 해에 끝날 일들이 아니었으니, 분명한 의지와 주장이 없었다면 불가능했을 것이다. 물론 17세기는 조선 후기와 사정이 많이 달라서 시집간 여성과 친정의 소통이 돈독하였다. 친정과 화장실은 멀수록 좋다는 말은 그보다 훨씬 후대에 생겼을 법한 속담이다. 17세기의 이런 상황들은 그 당시 여성들의 행장에 잘 나타나 있다. 안동 장씨가 1년에 한 번씩은 친정 왕래를 하고 그 며느리 역시 철마다 친정 나들이를 한 것은 그런 연유에서이다. 하지만 17세기 개인 문집에 있는 여성 관련 자료를 다 살펴봐도 안동 장씨처럼 자신의 친정을 보살피는 일에 적극적으로 나섰던 여성은 아직 보지 못했다. 물론 친정아버지가 남편의 스승이었기에 동의를 얻기가 좀 수월했을 수는 있으나, 그 당시에도 이런 일이 쉬웠던 것은 아니었다. "사람들이 모두 아버지의 의로움과 어머니의 효성에 대해 감탄했다"면서 '아버지의 의'를 언급하는 이현일의 평은 당시의 그런 사정을 반영하는 것으로 보인다.

조선 시대의 여성 행장이나 규훈서들을 보면 여자가 시집가면 친정 부모를 섬겼던 효를 '옮겨' 시부모를 섬겼다는 표현들이 있으며, 이는 곧 부덕婦德에 대한 칭찬으로 쓰였다. 이휘일, 이현일 등 영남학파의 우뚝한 인물을 낳은 안동 장씨는 재령 이씨 집안으로 시집가서 그 집안을 부흥시킨 여성임에 분명하다. 그러나 시댁만 부흥시킨 것이 아니라 친정 부모에게도 여전히 효도를 했고 돌아가신 후에는 자신의 친정인 안동 장씨 집안 역시 부흥시켰다. 결코 그 효성을 '옮겨'온 것이 아니라 나란히 병행시켜 유지한 여성이었던 것이다. 그리고 바로 이 부분에서 안동 장씨의 힘이 느껴진다.

실천을 강조하는 교육

안동 장씨가 임신을 했을 때였다. 마침 수를 누린 어른의 잔치가 있어 온 동네 사람들이 모두 모여 흥겨운 한때를 보내고 있었다. 기생들도 불러 한바탕 노래 마당이 벌어지고 처용 탈을 쓴 무리들은 연희를 펼치고 바야흐로 여흥이 무르익고 있었다. 다들 구경하느라 모여드는데 오히려 안동 장씨는 고개를 숙인 채 종일토록 눈길을 주지 않았다. 『열녀전』에서 읽었던 내용을 기억하며 과일이나 채소도 모두 반듯하게 생긴 것만을 먹는 안동 장씨였다. 그러니 질탕하게 노는 데 같이 즐거워할 수 없었던 것이다. 나중에 이 소식을 전해 들은 경당선생은 "배운 바를 저버리지 않았구나"라고 감탄했다고 한다.

이 일화에서도 알 수 있듯 장씨 부인은 배우면 배운 그대로 실천하려고 노력했던 사람이었다. 그녀는 평소 "책은 책대로 있고, 사람은 사람대로구나"라고 하면서 앎과 삶이 따로 노는 세태를 탄식했다. 그녀가 중요하게 여겼던 것은 많이 아는 것이 아니었다. 평소 그녀는 아들들에게 "너희

들이 글재주가 있다는 명성을 듣지만 나는 그게 귀하다고 여기지는 않는단다. 다만 한 가지라도 착한 일을 했다는 말을 듣게 된다면 나는 기뻐서 잊지 못할 게다"라고 가르쳤다. 그녀의 교육에서 강조되었던 내용은 선하게 사는 것이었다. 그녀는 늘 아들들에게 이렇게 가르쳤다고 한다.

"착한 일은 사람들이 바라는 거란다. 저 어린아이들조차 자기네들을 가리키며 착하다고 하면 기뻐하고 착하지 않다고 하면 성을 내지. 왜냐하면 선이란 사람의 마음에 합하는 것이기 때문이야. 내가 성현의 말씀을 가르치지 않느냐? 그런데 만약 성인이 보통 사람이 아니어서 평범한 삶을 넘어서는 뛰어난 일을 한다면 그건 따라 할 수 없을 게다. 하지만 성인은 생김새나 말씀이 평범한 사람과 같고 또 그분들이 하시는 일이 모두 우리들이 날마다 해야 마땅한 일이라고 한다면 우리가 걱정할 건 그분들을 따르지 못하는 거지. 배우자고 마음먹는다면 무슨 어려움이 있겠느냐?"

과거 준비를 위한 경전 공부는 그녀의 교육적 관심사와 거리가 멀었다. 그녀는 유교적 가르침의 본질을 찾아 실천하려는 태도를 지녔으며, 이러한 태도는 훗날 그녀의 자손들이 영남학파를 대표하는 산림처사로 성장하는 밑거름이 되었을 것으로 보인다.

고지식할 정도로 배운 것을 실천하고 성인의 가르침 그대로 좇기를 원했던 그녀는 남편에게도 충고를 아끼지 않았다. 남편은 병자호란 후 세상을 피해 은둔을 택했다. 그렇게 시간이 흐르니 장씨 부인은 "당신은 이미 세상에서 숨어 생활하시니 아들 손자들에게 시와 예를 가르치셔야 마땅하지 않은가요? 왜 세월을 그냥 보내시나요?"라고 충고하였다. 부인의 이런 충고는 남편 이시명이 후학들을 기르게 되는 결정적인 계기로 작용하였다. 은둔한 남편의 삶의 물꼬를 바로잡아준 셈이다. 병자호란은 남편만이 아니라 그녀에게도 치욕으로 깊이 각인되었던 것 같다. 안동 장씨가 비록 자신이 시집오기 전에 지녔던 지적인 능력을 깊이 감추고 지냈으나, 그녀의 모든 관심사가 가정 안으로만 향했던 것은 아니다. 이현일은 그녀의 이런 성향을 놓고 "어머니는 호방하고 맑은 기운을 기르셨고 사심 없는 지식과 멀리 내다보는 도량을 가지셨다"라고 기술하고 있다. 이처럼 그녀의 관심사는 집안일에만 국한되지 않았다. 일찍이 『십구사략』을 읽어 고금의 변천사를 잘 이해하고 있었던 그녀는 역사에 대한 인식이 있었다. 조선이 청나라와의 전쟁에서 패배해 당하는 수모와 고통에 생각이 미치면 언제나 분개하였고 의병을 일으켜야 한다고 생각했다. 자식 교육이나 의병 문제에 대한 일화를 보면, 학문과 관련된 그녀의 태도는 이웃과 국가의 어려움에 함께 동참하는 자세를 지향하고 있었음을 알 수 있다. 의병에 대한 그녀의 바람은 실현되지 않았지만, 그녀가 남자였다면 평소 배움을 실천하는 선비로서 의병대의 선봉장이 되었을 것만 같다.

그녀가 공들여 남긴 것들

그녀가 세상에 남긴 것은 몇 편의 시와 약간의 글씨, 그리고 며느리와 함께 놓았다는 수예 작품들이다. 장씨 부인 스스로 자신의 문재를 드러낼 만한 것들을 다 없애버렸고 시집간 후에는 전혀 드러내지 않아 남은 것이

별로 없다. 조선 시대의 다른 여성 지식인들 가운데는 겉으로는 드러내지 않았으나 그래도 물밑으로는 계속 창작을 하여 작품을 썼고, 나중에 후손들이 그것을 모아 문집을 낸 경우들이 있다. 홍석주洪奭周의 어머니인 서영수합徐令壽閤이 그 대표적인 경우이다. 서영수합 역시 시집온 후에는 전혀 티를 내지 않아 그녀가 중년의 나이에 이르도록 자식들이 어머니의 문학적인 능력, 지적인 능력을 눈치 채지 못했다고 한다. 그런데 결국 그녀의 문학적인 재주를 알게 되고 그녀 역시 남모르게 남긴 작품이 많아 서영수합의 한시 작품들은 나중에 문집으로 간행되었다. 이런 예와 비교해본다면 안동 장씨는 결혼한 이후로는 한시나 서예, 그림 등은 멀리했던 것이 아닌가 싶다.

안동 장씨가 진정 중요하게 여겼던 것은 일상을 정연하게 챙기는 일과 관련된 것들이었다고 여겨진다. 그녀의 학문은 삶의 태도를 마련해주는 근간으로서 중요한 의미를 지니지만, 그녀가 공들여 남기고 싶어했던 것은 학문적인 견해나 아름다운 작품이 아니라 음식 하는 법을 정리한 책이었다. 『음식디미방』이라고도 하고 다른 이름으로는 『규곤시의방』閨壼是議方이라고도 불리는 요리책이야말로 일흔 무렵의 그녀가 애써 정리한 책이다. 장씨 부인은 다 쓰고 나서 책의 앞표지 안쪽에 자신의 당부를 일러두고 있다.

"이 책을 이리 눈이 어두운데 간신히 썼으니 이 뜻 잘 알아 이대로 시행하여라. 딸자식들은 이 책을 베껴가되 가져갈 생각을 말며, 부디 상치 말게 간수하여 쉬이 떨어버리지 마라."

남편 이시명은 1649년부터 영양의 석보에서 후진을 양성해오다가 1653년경에는 수비로 옮겼으며, 1672년에는 안동 도솔원에서 후학을 가르치는 데 전념했다. 이시명이 안동으로 옮기고자 할 때, 며느리 무안 박씨는 "따라가면 아마도 툭 트인 거리와 큰 도시의 번성한 분위기를 볼 수 있겠구나"라고 즐거워한 반면, 장씨 부인은 "나는 나이가 너무 많아 따라가지 못하겠다"라고 했다. 그렇다면 장씨 부인이 눈이 침침한 가운데 요리책을 저술하던 곳은 수비였을 가능성이 있다. 자신이 썼던 한시에 대해서는 드러내지 않고자 했던 장씨가 이 책에 대해서만은 '딸자식들은 베껴가되 가져갈 생각은 마라', '부디 상하지 않게 잘 간수해라' 등 거듭 당부하고 있다. 이 책만은 오래 보존하고 싶었던 것이다.

『음식디미방』은 여러 면에서 중요한 가치가 있다. 국어학자들은 이 책에 적힌 17세기 표기법에 관심을 보이고, 전통 요리를 하는 사람들은 17세기 조선의 한 양반가 음식을 재현할 수 있다는 점에 의미를 둔다. 이 자료는 또한 당시의 생활상을 알려주는 미시사 자료로도 손색이 없을 것이다. 그러나 이 자료가 가장 빛을 발하는 때는 음식에 관한 관심을 가지고 볼 때이다. 장씨 부인은 이 책에서 면병류·어육류·소과류·술/초류 등 네 가지의 분류 항목하에 146가지의 음식 만드는 방법에 대해 정리 서술하고 있다. 이 책의 놀라운 점은 책에 적혀 있는 대로 조리했을 때 300년도 훨씬 전의 조리법대로 만든 요리가 재현된다는 점이다. 물론 이 책에는 구체적인 양은 표시되어 있지 않다. 그러나 요리책이라는 개념조차 없었을 17세기에 이렇게 일목요연한 분류 체계로, 더군다나 오늘날에도 재현 가능한 서술을 할 수 있었다는 점에서 장씨 부인의 과학적인 기술 태도가 확인된다.

146개 항목 중 51항목은 다양한 술을 빚는 방법들이다. 제사 모시기와 손님 대접의 중요성이 일상 자료에서 확인되는 순간이다. 조선 시대 여성들에게 술 빚기는 중요한 업무 영역이었다. 조선 시대 여성 교육의 첫머리를 장식하는 '봉제사 접빈객'奉祭祀接賓客(제사 모시기와 손님 대접)에 있어 술은 반드시 갖추어야 할 것이었으며, 일상의 밥상 차리기에서도 요긴한 것이었다. 예를 들어, 강정일당은 간단한 점심을 차려내면서 남편 밥상에 따끈한 술 한 잔을 올리지 못해 미안한 마음을 편지로 전했다. 이렇듯 조선 시대 일상생활에서 술은 먹고 취하기 위해서가 아니라 예의를 갖추고 격식을 차린다는 의미에서 더 중요했던 먹을거리였다.

또 하나, 이 책에는 '맛질방문'이라는 표현이 있다. '맛질방문'이라 씌어 있는 항목은 모두 17가지 음식인데, '맛질방문'은 '맛질마을의 조리법'이라는 뜻이며, 이때의 '맛질마을'이란 다름 아닌 안동 장씨의 친정 마을을 가리킨다. 이 책을 통해 시댁의 음식만이 아니라 친정의 맛이 전수되고 결과적으로 문화가 전수되는 것이다. '맛질방문'에는 '질긴 고기 삶는 법', '인절미 맛있게 먹는 법' 등 요리를 하는 데 도움이 될 만한 생활 정보들이 담겨 있다.

그녀가 이 요리책을 저술했을 무렵인 1672년에 첫째아들 이휘일이 죽었다. 이 아들은 성품이 어질어 그녀가 특히 사랑했던 자식이라고 한다. 그해, 평소 그녀가 '빙옥의 지조가 있을 뿐만 아니라 총명함에 있어서도 다른 사람들보다 낫다'고 여겼던 둘째며느리 무안 박씨도 죽는다. 그리고 1674년에는 남편 이시명도 그녀보다 앞서 갔다. 그녀는 이보다 앞서 두 딸도, 막내아들 운일도 먼저 보내야 했다. 그러다가 1677년 이현일이 시종신

侍從臣을 제수받으면서 임금님의 하사품들이 내려진다. 영광이라고 여기면서도 그녀는 "네 아버지가 살아 있을 때 이런 일들을 보셨더라면……"이라는 말로 남편에 대한 안타까운 마음을 표현했다. 정부인 칭호를 받은 것은 그녀가 죽은 뒤의 일이다. 그녀는 1680년 석보에 있는 시골 농막에서 여든셋을 일기로 삶을 마감했다.

오늘날 조선 시대 여성을 되살릴 때 우리는 그녀들에게 붙여진 '여사' 女士(여자 가운데 선비)나 '여중군자' 女中君子(여자 가운데 군자)라는 칭호에 의미를 부여하는 경향이 있다. 이는 조선 시대가 여성들에게 고도의 지적인 능력을 필요로 하는 교육은 시키지 않으려 했으며 그 결과 지적인 능력을 보여주거나 자의식의 작동을 보여주는 여성 인물이 드물기 때문일 것이다. 그런 이유에서인지 안동 장씨의 경우에도 '여중군자' 였다는 사실이 강조되곤 한다. 물론 장씨 부인 역시 군자와 같은 삶을 지향했다. 또한 그녀는 자신이 배웠던 성현의 말씀들을 실천하는 삶을 살려고 노력했다. 따라서 장씨 부인 역시 '조선 시대의 여중군자' 로 불릴 만하다. 그러나 오늘날의 시각으로 봤을 때, 당대 여성 중 그녀가 상대적으로 빛나는 지점은 그녀의 도학자적 자질이나 가르침보다는, 참고할 만한 전거가 없는 가운데 이렇게 과학적이며 창의적인 요리책을 남겼다는 사실에 있을 것이다.

죽은 자는 말이 없다. 안동 장씨 역시 300년도 훨씬 전에 삶을 마감한 인물이다. 그런데 그녀는 어느 남성 작가의 가부장제 복화술에 의해 불려나온 뒤 아직도 그 어두운 이미지에서 자유롭지 못한 것처럼 보인다. 시집간 뒤에도 친정에서 자신이 필요하다고 여겨지면 적극적으로 노력하여 친정 식구들을 보살피고, 평소 자신이 배운 바를 실천하고자 노력했으며 자신의 삶의 영역에서 할 수 있는 최대치를 살아낸, 그리고 온유한 성품을 지닌 여성, 그런 여성이 안동 장씨이다.

■
한문본 『호연재유고』浩然齋遺稿와 한글본 『호연ㅈ시고』를 비롯한 시집들이 남아 있다. 『호연재유고』에 부록으로 실려 있는 『자경편』도 중요한 자료이다. 그 밖에 송씨 댁에서 발견된 『우진』芋珍, 『오두추도』繁頭追到, 『안동세고』安東世稿 등도 기본 자료에 속한다. 『우진』은 김성달과 호연재의 서모 울산 이씨, 그녀의 소생인 김성달 서녀의 시가 수록된 시집이다. 『오두추도』는 호연재의 시집으로, 친정 식구들의 시에 차운한 시들만의 모음이다. 『안동세고』에 실려 있는 『내가수증시』內家酬贈詩는 김성달과 호연재의 어머니 연안 이씨의 시집이다. 『안동세고』엔 『연주록』聯珠錄도 실려 있는데, 이것은 호연재 친정 형제들의 시를 모아 편찬한 시선집이다. 송씨 댁은 최상층 양반가로서 가문의 전적 보존이 매우 훌륭하다. 따라서 호연재의 문학에 대한 연구는 여성에 대한 연구로서는 매우 여건이 좋다. 호연재가 최상류층의 여성이었고 그 가문의 위세가 후대로도 이어졌던 출신 덕을 보는 셈이다.

기타의 자료로 이능화의 『조선여속고』朝鮮女俗考 및 『해어화사』解語花史가 사용되었고, 역시 김창협·김창흡·오도일의 문집을 비롯한 조선 시대의 문집들과 『윤지당고』允摯堂稿를 비롯한 여성의 시문집들이 방계 자료가 된다. 『한국시화총편』은 여기서도 아주 유효한 자료이다.

■■
호연재에 대한 연구는 최근에 집중되어 있다. 호연재를 발굴하여 학계에 소개한 대전 지역의 학자들과 지역 문화원의 수고가 있었다. 한글로 되어 있는 『호연ㅈ유고』를 한시로 역구성하는 수고를 한 민찬의 『호연재 김씨의 시와 삶』(대덕문화원, 2001)은 그러한 연구의 결실이다.´ 허경진이 지은 『사대부 소대헌·호연재 부부의 한평생』(푸른역사, 2003)은 송씨 댁에 전하는 유산을 수렴하여, 송요화와 호연재 부부의 생활 환경을 풍부한 사진 자료와 함께 재구성하고 있다. 이런 작업을 통하여 고인이 피와 살을 갖게 된다. 필자도 호연재에 관심을 가져 일련의 논문을 발표하고 있다.

생애는 석 자 칼, 마음은 내건 등불

金浩然齋

김호연재(1681~1722)

남녀가 어울린 한바탕 시회

이능화李能和(1869~1943)의 『조선여속고』朝鮮女俗考에는 농담 같은 이야기가
하나 있다.

유씨는 선조 때 죽창 이홍종의 아내로, 시를 잘하였고, 경서와 사서에 익숙하
며 해학을 좋아하였다. 아들 둘이 있었으니 식과 수요, 딸 둘이 있었으니 복천
고와 신루산이었다. 하루는 박안례가 생선을 가지고 이달, 최가운, 백광훈 등
과 함께 홍종의 집에 와 이르기를 "벗이 있어 멀리서 오니 또한 즐겁지 아니
한가" 하니, 죽창의 부인 유씨가 이르기를 "내게 맛난 술이 있으니, 아름다운
손과 즐기리라" 하였다. 식이 고기를 받아 씻으며 이르기를 "처음에 놓을 때에
는 어릿어릿하였는데 조금 뒤에는 제법 흥청대는구나" 하니, 신루산이 종 취

봉과 국란을 불러 "누가 고기를 요리하는가. 작은 가마솥과 큰 가마솥을 씻어 주리라" 했다. 복천고는 죽은 고기를 방 안에 가지고 들어가 "잉어가 죽었으니 숯불에 구워라" 하고 일렀다. 취봉이 고기를 끓이다가 솥 안을 들여다보며 이르기를 "전어와 상어가 펄펄 뛰누나" 하였다. 그리고 취봉이 막 그릇을 씻는데 개가 고깃국 냄새를 맡으므로 국란이 밖에서 들어오며 개를 꾸짖되 "사람이 먹는 음식을 먹어도 단속할 줄 모르도다" 하였다. 유씨가 고깃국을 여럿에게 나누는데, 작은아들 수가 왼손으로는 웅장을 가리키고 오른손으로는 물고기를 가리키며 말하기를 "물고기도 내가 먹고 싶은 바요, 웅장도 내가 먹고 싶은 바이로다" 하니 세상 사람들이 재동이라 일컬었다.

하루는 흥종이 비가 오는 것을 보고 글을 읊으니 한 가족이 다 화창和唱하였다. 그때 사람들이 '한 가족 여덟 시인' 一家八詩人이라고 일컬었다.

최경창(가운은 최경창의 자)과 이달, 백광훈이라니……. 16세기 후반의 어느 날, 이흥종의 집은 당대 최고의 시인들을 손님으로 맞았다. 훗날 '삼당시인' 三唐詩人으로 문학사에 등재되는, 선조 대 시단을 대표하는 시인들이 한꺼번에 찾아온 것이다. 이 당대의 시인들을 손님으로 맞은 이흥종 집에서는 한바탕 뮤지컬이 펼쳐진다.

시작은 손님으로 온 박안례의 장난으로부터였다. "벗이 있어 먼 곳으로부터 오니 또한 즐겁지 아니한가." 有朋自遠方來, 不亦樂乎 불쑥 찾아와, "저를 보니 반가우시지요?" 하고 능청을 떤 것이다. 『논어』의 첫머리를 낭랑한 가락을 붙여 읊음으로써. 이 애교스럽지만 그래도 아직은 점잖은 장난을 냉큼 안주인이 받았다. 경전을 인용하니, 『시경』詩經의 시를 인용해 화답한 것이다. 이렇게 시작된 장난은 꼬리에 꼬리를 물며 발랄해진다. 손님이 가져온 생선을 굽고 끓이는 냄새가 진동하는 가운데, 아들들과 딸들, 계집종들이 저마다 제가 마주치는 장면에서 『시경』이나 다른 경전 구절들을 인용하면서 장난을 이어간다. 손을 맞아 술잔치를 벌일 안주거리를 장만하면서, 벌써 한바탕 잔치가 벌어지고 있는 것이다. 이들의 인용이 가락이 붙어서 읊조려졌을 것을 염두에 둔다면, 이미 신나는 뮤지컬 같은 장면이 펼쳐지고 있는 것이다.

이날의 술자리가 어떻게 이어졌을까? 이 발랄한 부인과 자녀들, 그리고 계집종들이 당대의 시인들이 모여 벌였을 한바탕 시회詩會를 그저 시중만 들었을까? 당시 사람들이 이들을 '한 가족 여덟 시인'이라 일컬었다 하니, 이들 일가족이 서로 어울려 시를 짓고 노는 풍경은 이미 유명한 것이었을 터이다. 그렇다면 이 집을 방문했던 시인들은 바깥주인인 이흥종만을 방문한 것이었을까? 당초에 이미 이들 여덟 명 모두를 방문한 것 아니었을까? 이 당대의 시인들과 이들 일가족이 모두 어우러진, 남녀·상하·내외의 구분이 없는 질펀한 시회를 상상하기 어렵지 않다.

이 기록을 얼마만큼 신뢰할 수 있을지는 알 수 없다. 이능화의 인용 외에는 원문이 확인되지 않고, 원문이 확인되더라도 시화詩話의 성격상 문자 그대로 사실에 대한 기록이라 확신할 수도 없기 때문이다. 그러나 조선 시대 안방이나 여성에 관련된 기록들을 보면, 이런 풍경이 결코 불가능한 허구가 아님을 알게 된다. 크고 작은 규모의 가정 내 시회들은 20세기 초까지 지속적으로 확인된다. 부부가, 부모와 자녀들이, 가까운 일가친척들이 모여서 남녀가 섞인 시회를 열고 때로는 등수를 매겨서 시상도 하며, 출가한 여성이 고부간이나 시집 식구들과 함께 시를 지으면서 즐기는 모습들에 대한 기록도 있다. 노래하는 계집종歌婢이나 시 짓는 계집종詩婢들을 집안에서 육성하였던 기록도 있으며, 계집종 신분의 여성이 지었다는 한시가 남아 있기도 하다. 이런 기록들을 모두 조합하면 앞의 상황이 충분히 가능해지는 것이다. 조선 시대의 문화가 여성의 문화와 남성의 문화로 엄격히 구분되어 있는 듯하지만, 이면엔 엉뚱한 모습이 있을 수도 있다는 낌새를 보여주는 대목인 것이다. 더욱이 아직 후대에 비해 여성의 행동이 비교적 자유로웠던 것으로 짐작되는 16세기라면 이홍종 집안의 풍경은 충분히 가능한 것이다.

학문적 교양과 문학적 소양을 갖추었고, 유머 감각도 뛰어났다는 유씨 부인은 이렇게 당대 최고의 시인들과 지적 농담을 스스럼없이 주고받으며 살았다. "내게 맛난 술이 있으니, 아름다운 손과 즐기리라"며 남편의 손님들과 어울렸다. 우리가 선입관으로 가지고 있는 조신하고 순종적인 혹은 엄격한 '내당 마님'의 모습과는 아무래도 거리가 있다. 그렇다면 그녀의 딸들, 복천고와 신루산은 결혼해서 어떻게 살았을까? 그녀들도 그럴 수 있었을까? 또 그녀들의 딸들은?

바구니에 가득한 행복, 술렁이는 심연

유씨 부인으로부터 백 몇십 년 뒤, 17세기 말의 연안 이씨 부인도 가족들과 어울려 시를 짓는 삶을 살았다. 호연재浩然齋의 어머니인 연안 이씨는 유씨 부인하곤 느낌이 다르지만, 다복하고 재능 있는 사람이었다. 그녀는 이정구李廷龜(1564~1635)의 후손으로 태어나, 김상용金尚容(1561~1637)의 증손부가 되었다. 시집이 훗날 장김壯金(壯洞金氏)으로 불린 바로 그 집안이었고 남편은 당대의 문호인 김창협金昌協(1651~1708) 형제와 팔촌 간이었으니, 친정과 시집이 모두 당대 최고의 명문가였다. 당대 문화계의 중추 역할을 한 집안이었다.

명문가답게 당파를 둘러싼 이런저런 바람에야 어쩔 수 없이 휘둘렸다. 그러나 남편 김성달金盛達(1642~1696)은 워낙 벼슬과는 별 인연도 뜻도 없는 시인 기질의 사람이었다. 따라서 오십 년 남짓한 그녀의 생애에 큰 파란은 없었다. 아홉 남매를 낳아 길렀으나 요절한 자녀 하나 없었고, 남편은 다정다감하고 금슬도 좋았다. 결혼 생활 중반쯤에 네 아들과 세 딸을 데리고 서울 북촌에서 홍성의 갈뫼로 낙향해야 했던 일 정도가 가장 큰 사건이었다. 노론이 정치적으로 실권하게 된 정국 때문이었으나, 직접적인 화를 입은 것도 아니고 애당초 벼슬길에 큰 인연이 있는 처지도 아니었으니, 선대가 마련해놓은 향리로의 낙향도 반드시 나쁜 것은 아니었다.

번창한 집안의 일가들로 북적대던 서울 북촌 시절과는 달리, 갈뫼의 오두리로 낙향한 이후 김성달은 집에 있는 날이 많았다. 김성달은 아내와 시 짓는 것을 좋아해서, 안에 있을 때나 밖에 있을 때나 끊임없이 아내와 함께 시를 짓거나 시를 지어 보내거나 했다. 특히 집에 있을 때면 아내와 자녀들을 모두 이끌고 시를 짓는 것으로 소일하곤 했다.

산 아래 외딴 마을엔 흰 연기 오르고	山下孤村生白烟
발 중간에 드는 석양빛 벌써 저물어	半簾殘照已西天
한가한 봄날의 별원 바둑을 마치고	春開別院彈碁罷
문득 봄꽃이 사랑스러워 나무에 기댄다	却愛春花倚樹邊

어느 봄날 별원에서 부부가 바둑을 두었다. 문득 정신을 차려보니, 이미 해가 서녘으로 넘어가기 시작해 걸어둔 발엔 석양이 물들고 마을엔 저녁 짓는 연기가 오른다. 주위는 유난히 고요한데, 눈에 들어오는 봄꽃이 애처롭도록 사랑스럽다. '아내와 더불어 함께 읊었다'與內共吟고 했으니, 그때 떠오른 시상을 서로 고쳐가며 한 수의 시로 읊어냈다는 뜻일 게다. 이씨에겐 더할 나위 없는 결혼 생활이었을 것이다. 문학적 기풍이 강한 친정에서 생장해 시인에게 시집온 연안 이씨는 오두리에서 남편과 자녀들에게 둘러싸여 시인으로 살았던 것이다.

『안동세고』安東世稿에 실린 연안 이씨의 시들은 대부분 위의 시들처럼 잔잔하다. 생활 주변의 잔잔한 기쁨과 작은 그리움들을 나직하게 속삭인다.

한가한 등불 앞 웃음 섞인 이야기 소리	閒坐燈前笑語淸
더하여 들리는 아이들 글 읽는 소리	更聞兒子讀書聲

사립문에 개가 짖어 뜰에 나와 바라보니   柴門犬吠出庭望

서리 내린 듯 흰 달빛 밤 조수가 인다   白月如霜潮夜生

한밤중, 부부의 웃음기 섞인 이야기 소리와 아이들 글 읽는 소리가 도란도
란 섞여드는 평범하지만 따뜻한 풍경이다. 연안 이씨와 남편 김성달이 가
꾸었던 가정의 모습이다. 정국이 풀려 간간이 벼슬살이며 서울 출입으로
남편이 출타라도 하면 연안 이씨는 "홀로 앉아 침음하자니 수심이 끝도 없
어, 서쪽 하늘 눈 닿는 곳까지 바라보아도 당신은 보이지 않네요"沈吟獨坐愁
無限, 極目西天不見君라고 시를 적어 보냈다. 객로에 나선 남편을 걱정하는 것
이기도 하지만 남편에 대한 그리움을 하소연하는 것이기도 하다. 아내의
이런 하소연에 객지의 남편은 "짧은 촛불 희미한 그림자에 풋잠이 들었다
가, 꿈속의 얼굴 당신을 만나 기뻤소"殘燭影迷成小睡, 夢中顔色喜逢君라고 답시를
적어 보낸다. 시를 통한 애정 표현에 스스럼없는 모습이다. 취미를 공유하
고 애정을 나누는 부부의 행복한 결혼 생활이 고스란히 드러난다. 이들 부
부 밑에서 자녀들은 재능을 격려받으며 자랐을 것이다. 『안동세고』를 통해
그려지는 연안 이씨의 삶은 그야말로 '바구니에 가득한 행복'으로 채워져
있다.

　　그런데 한편 이 '바구니에 가득한 행복'은 어쩐지 좀 동화 같다. 산다
는 일이 어찌 이렇기만 하랴? 단편적인, 농담 같은 기록이지만 유씨 부인
에 대한 기록에서는 유머 감각이 있는 활달한 여성의 체취가 물씬 풍겨난
다. 문학을 즐거운 놀이거리로 삼는 활달한 기풍이 느껴지는 것이다. 그러

나 연안 이씨의 시에서 느껴지는 모습은 아홉 남매를 거느린 어머니 같지 않게 새색시처럼 곱고 아기자기하기만 하다. 두 여성의 기질 차이일까? 그게 다일까?

연안 이씨의 막내딸인 호연재와 비슷한 또래에 김운金雲이라는 여성이 있다. 이분은 김창협의 따님이니, 아마도 연안 이씨와는 생전에 안면이 있었을 것이다. 이 여성은 나이 스물에 요절했다. 학식과 문학적 재능을 겸비했고 총명하기 이를 데 없어, 당대의 대문호인 아버지의 즐거움인 딸이었다. 이 딸이 생전에 아버지에게 '나는 여자라 후세에 이름을 남길 방도가 없으니, 아버지보다 먼저 죽어서 아버지가 내 묘지명을 지어준다면 그것이 차라리 더 낫겠다'고 했다고 한다. 아버지는 요절한 딸의 묘지명을 지으면서 오열한다. 정말로 내 앞에 죽어서 내 손으로 네 묘지명을 짓게 하니 이제 시원하냐고. 이 묘지명의 사연은 사랑하던 딸의 묘지명을 짓게 된 아버지의 심정이 아파서 눈물짓게 되지만, 또 다른 측면에서도 가슴 아프다. 그것은 이 젊은 여성이 맛보았을 절망감 때문이다. 아무리 가정에서 인정받더라도 사회적 자아의 실현은 원천적으로 봉쇄되었던 유교적 질서 내에서, 한 명석한 젊은 여성이 부딪혔던 근본적인 절망감에 마주치게 되기 때문이다.

연안 이씨가 행복한 결혼 생활로 충분히 만족한 사람이었는지, 사회적 자아 실현이라거나 또 다른 형태의 욕망을 희미하게라도 지녔는지, 그것이 그녀에게 어떤 것이었는지는 알 수 없다. 그녀의 목소리인 시들이 남아 있지만, 그 목소리들은 남편을 향한 것들로만 채워져 있다. 그것만이 남았다.

생애는 석자 칼, 마음은 내건 등불, 김호연재

어쨌든 그녀가 만족스러운 결혼 생활을 누린 것은 틀림없어 보인다. 다만 오늘날과 마찬가지로 17세기 후반~18세기 전반, 삼백여 년 전 이 시절에도 여성들이 마음속에 품었던 욕망이 결코 단일한 것도 단면적인 것도 아니었다는 사실은 기억해야 할 것이다. 김운의 경우에서 보듯 잔잔한 표면 밑엔 때때로 술렁이는 검은 심연이 갈무리되어 있기도 한 것이다.

연안 이씨의 막내딸 호연재가 보여주는 시적 재능이야 당연히 이들 시인 부부로부터 물려받은 것일 터이다. 그러면 그녀가 보여주는 그처럼 거센 자의식은 어디서부터 온 것이었을까? '탕탕한 군자의 마음을 지니고도 방구석에만 갇혀 지내야 하는' 여성의 신세에 대한 절절한 통탄은 그저 그녀의 기질에서 나온 그녀 자신만의 것이었을까?

광명정대한 군자의 마음

이씨 부인의 집에서는 누구나 어울려 시를 지었고 그것은 일상적 풍경이었다. 아내와 남편이, 부모와 아들딸들이 서로 어울려 시를 지었다. 소실인 울산 이씨도 남편과 시를 지었다. 그 사이에서 난 서녀 역시 시를 잘 지었다고 한다. 호연재의 형제자매들은 이 서매와 서모와도 함께 어울려 시를 지었고, 그들 형제자매의 시집에는 서모와 서매의 자취도 있다. 이렇게 자란 형제자매들은 각기 결혼하여 흩어진 뒤에도 시를 주고받으며 안부를 묻고 그리움을 토로했다. 어쩌다가 만나게 되면 으레 한바탕 시회가 벌어졌다. 그렇게 주고받으며 함께 지은 시들은 부부의 『안동세고』安東世稿, 형제자매들의 『연주록』聯珠錄, 김성달과 소실인 울산 이씨, 그리고 서녀의 시집인 『우진』芋珍 등 가족 시집으로 엮어졌다. 유씨 부인네 이야기에서 보이는 것과 같은 발랄한 느낌은 덜하지만, 그 대신 이 집안에선 문학이 좀 더 세련되고 진지한, 그러면서도 지속적인 일상이 되어 있었다.

연안 이씨의 막내딸 호연재는 이 틈에서 자라났다. 호연재는 오두리로 낙향한 지 얼마 안 된 1681년 8월 19일에 태어났다. 맏오라비 김시택과는 나이 차가 스무 살도 넘었다. 금슬 좋은 시인 부부의 막내딸로, 네 오라비와 세 언니 밑에서 이 영특한 어린 누이가 얼마나 사랑받았을지 짐작하기 어렵지 않다. 열다섯 무렵에 부모를 잃자 이 막내누이는 형제간에 더욱 애틋한 대상이었을 것이다. 이 형제들의 유난스런 결속은 문학을 구심점으로 삼고 있었다. 아버지와 시를 의논하는 어머니를 보며 자랐고, 일가족이 다 어울리는 시회도 일상적 풍경이었다. 호연재에게 문학은 일상의 호흡같이 자연스러운 것이었을 터이다.

호연재의 남자 형제들은 성장하면서 서울 북촌의 장김들과 교유하고 아버지의 임지에 수행하기도 하며 견문을 넓히고 사회적 활동 범위를 확보해갔다. 물론 호연재는 이런 기회를 누릴 수 없었다. 그러나 이 어린 누이는 정신적으로 남자 형제들과 대등하다는 자부심을 지니며 성장한 것으로 보인다. 훗날의 일이기는 하지만, 열다섯 살이나 연상인 둘째오라비가 체직되자 그는 '작은 고을을, 참으로 가소로우니 정치의 득실이나 치란을 운위할 거리도 못 된다'면서, 벼슬에 연연하지 말고 어서 빨리 전원으로 돌아가라고 충고하는 장편시를 지어 보낸다. 앞부분에서 현실 정치에 참여하거나 은퇴하는 처세의 도리를 장황하게 설파하고 난 다음이다. 다른 곳에선 '내게 아름다운 말과 꾀가 있으니, 형제를 가르치고 깨우친다'고도 한다. 남녀나 나이 차를 뛰어넘는 대등한 대접을 받지 않으면 할 수 없는 말들이다.

이렇게 자란 호연재의 자의식에는 한 점 구김이 없다.

아까워라, 이내 마음	可惜此吾心
탕탕한 군자의 마음일세	蕩蕩君子心
안팎에 하나도 숨김 없으니	表裏無一隱
밝은 달이 흉금을 비추도다	明月照胸襟

그녀의 자의식은 하늘 한가운데 환하게 뜬 보름달처럼 자랑스럽고 당당하다. 안팎을 온통 다 드러내고도 한 점 부끄럼이 없는 모습, 만인의 시선을 당당히 맞받고 있는 보름달의 모습—그것이 그녀가 지닌 자아 심상이다. 그녀는, 어두운 밤길이 두렵고 남들이 쳐다보는 것이 부끄러워서 오빠와 바꾸어 해가 되었다던, '해와 달' 이야기의 그 '누이'가 아니다. 오히려 어두운 밤길을 밝히는 광명정대한 마음, 거칠 것 없는 군자의 마음을 지닌 얼굴이다. 결코 누군가의 뒤에 숨지 않는, 자랑이 가득한 인간의 얼굴을 하고 있다.

삶의 방식도 그랬다. 그녀는 변명하지 않는다. 별일 아니긴 하지만, 술 마시는 문제만 해도 그렇다. 연안 이씨도 술을 마시기야 했겠지만, 호연재가 술 마시는 태도는 "내게 맛난 술이 있으니, 아름다운 손과 즐기리라"고 손님들에게 냉큼 응수하였다는 유씨 부인만큼이나 거침없다.

취한 뒤에는 건곤이 드넓어	醉後乾坤闊
마음을 열매 만사가 태평하도다	開心萬事平
고요히 돗자리 위에 누웠으니	悄然臥席上
잠시 세정을 잊고 즐길 뿐	唯樂暫忘情

술에 얼큰히 취해 돗자리 위에 누워버렸다. 하기야 건곤이 넓어 보일 것이다. 게다가 그걸 굳이 시로 읊어놓는 태도라니. 이쯤 되면 우리가 아는 사대부 집안의 안방마님이라기 보다는 한량의 모습에 가깝다.

이 시야 물론 훨씬 뒤인 중년의 시로 보이지만, 이런 거침없는 기상을 키운 것은 어린 시절의 가정 분위기였을 것이다. 기질 탓도 있었겠지만 시인 어머니가, 아내에게 시 벗의 자리를 주었던 아버지가 어린 딸의 활달한 기상을 굳이 주물러 유순하게 길들여놓지 않은 것이리라. 활달한 기상을 지닌 이 여성은 금슬 좋은 시인 부부의 슬하에서 밝은 보름달처럼 한 점의 거리낌도 움츠러듦도 없는 인간으로, 시인으로 성장한다.

너희 집안과는 기껍지 않음이 많았다

유씨 부인의 딸, 복천고와 신루산은 결혼 후에도 유씨 부인처럼 신나게 살았을까?

생애는 석 자 칼, 마음은 내건 등불, 김호연재

호연재는 어머니 연안 이씨 같은 결혼 생활을 누리지 못했다. 그녀는 열아홉 살에 송요화宋堯和(1682~1764)와 결혼한다. 송준길宋浚吉(1606~1672)의 증손부가 된 것이다. 안동 김씨와 은진 송씨는 둘 다 당대 최고의 명문이었을 뿐 아니라, 대대로 사제 관계와 혼인 관계로 얽힌 집안이었다. 송요화는 김성달의 팔촌인 김창흡金昌翕(1653~1722)의 문인이기도 했다. 오라비들로선 알뜰히 골라 보낸 시집이었을 것이다.

그러나 남편 송요화는 평생을 밖으로 돌았다. 결혼 9년 만에야 첫아이인 송익흠이 태어나고 그로부터 8년 뒤에 다음 아이인 딸이 태어난다. 소 닭 보듯 하는 이들 부부의 관계가 보이는 듯하다. 신혼집이던 법천에 친정 오라비들이 세 번이나 찾아왔으나 그때마다 송요화는 없었고 처남들은 시만 남겨놓고 돌아갔다고 하니 이런 사정은 신혼 초부터인 듯하다. 동춘당 옆 소대헌小大軒(호연재 유택의 사랑채 이름) 종가로 옮긴 뒤에도 호연재는 30여 명에 가까운 노비가 딸린 살림을 혼자 간수하며 빈집을 지키다 죽어야 했다. 동족촌이긴 했지만, 시어머니는 큰시아주버니의 임소에 따라다니며 살았고 남편도 주로 밖으로 돌아서 정작 가까운 가족은 아무도 없었다.

무엇이 문제였을까? 하기야 어찌 생각하면, 성질이 호방해서 '큰 테두리만 보고 작은 마디엔 얽매이지 않겠다'고 당호조차 '소대헌'이라 했던 남편과 '호연한 기상'을 잃지 않겠다고 다짐하는 '호연재' 아내와의 만남이라니, 애당초 순조롭기 어려웠겠다 싶기도 하다. 호탕한 남편 뒤에는 인종적인 아내가 있어야 그럭저럭 결혼 생활이 이어지는 경우가 많으니까. 호연재는 자신을 버릴 생각이 애당초 없는 사람이었던 듯하다.

서먹한 이들 부부 관계의 구체적인 계기는 젊은 시절 송요화의 방탕한 행적 때문이 아니었나 싶다. 외손자 김종걸의 증언에 따르면, 젊은 시절 송요화는 호방하여 법도에 얽매이지 않았고 이 때문에 호연재의 마음에는 숨은 근심이 있었다고 하였다. 말을 에두르고 있으나, 결국 송요화의 행적이 불화의 구체적인 원인이었다. 호연재가 지은 자기 수양서 『자경편』自警篇(스스로 경계하는 글)의 「투기를 경계하는 장」戒妬章에는 '창녀와 즐기는 패륜' 媟樂之悖을 저지르는 남자의 행실이 생생하게 묘사되어 있다.

남편이 행실을 닦고 덕을 숭상할 수 있다면 여자 평생의 즐거움이 이보다 더 클 수는 없다. 불행하여 그 행실을 조심하지 않고 여색을 좋아하여 나가 놀면 반드시 창녀의 집에서 살고 집 안에 있어도 또한 주색을 끊지 않아서 어느새 황음무도한 지경에 이른다. 그렇게 되면 타고난 성품이 비록 본래 현명한 사람이라도 스스로 깨닫고 착한 길로 돌아올 수 없게 된다. 성현의 경전을 읽으면 좋은 줄 모르는 바는 아니되, 마음속으로 스스로 부끄러워 저도 모르게 머리를 숙이며 몰래 탄식한다. 어진 벗을 대하면 흠모하지 않는 것은 아니지만, 그가 비록 말하지 않아도 잘못을 스스로 돌아보고는 움츠러들어서 감히 소매를 나란히 하지 못한다. 이미 밝은 교훈과 착한 말을 스스로 깊이 끊어버렸으니 어디에서 잘못을 고치고 스스로 새로워질 길을 얻을 것인가? 날마다 비슷한 무리들과 더불어 사니 듣는 바나 말하는 바가 오직 즐거움에 탐닉하는 것에만 있다. 그러니 또한 장차 못하는 짓이 없다. 이렇게 되면 여자의 팔자가 이처럼 망극할 데가 없다.

『자경편』은 여성이 지은 규훈서閨訓書의 일종이다. 규훈서란 원래 가부장인 남성들이 가문의 여성들을 교육하기 위해 짓는 것이다. 투기하지 말라는 조목이야 어느 부훈서婦訓書에도 빠지지 않는 메뉴지만, 남성의 외도를 '패륜'으로 규정짓고 이처럼 생생하게 묘사하는 경우는 어디에도 없다. 여러 여자가 한 지아비를 섬기는 것이 천리天理에 따른 당위라고 교육되었고, 그에 따라 질투해서는 안 된다는 윤리 강령이 교육되었던 것이니까.

혐오감까지 느껴지는 이 돌출적인 긴 묘사는 호연재 자신의 경험이나 감정과는 상관없는 것일까? 호연재는 『자경편』을 지으면서, "마음이 불타듯 괴로울 때는 이것으로 벗을 삼아야 할 것이니, 비록 내 말이긴 하지만 잡념을 제압할 수 있을 것이다"라고 했다. 발문에 붙여진 외손자의 증언까지 덧붙여 생각해본다면 불가능한 상상은 아니다.

같은 글에서 호연재는 이상적인 부부의 모습을 "비록 천리 밖에 있어도 마음으로 서로 비추이길 기약하고, 비록 환난 중에 있더라도 혹시나 의심이나 오해가 없는" 것으로 묘사한다. 남편과 아내가 각기 수양과 의무를 다하여 화목한 기운이 일가에 충만한 가정을 그리며, 부부 중 어느 한쪽이라도 자기 소임을 다하지 못하면 그런 가정은 이루어지지 않는 것이라고 부부 상호의 책임을 강조한다. 서로 시 벗으로 지내며 애정 표현도 스스럼없이 하던 친정 부모, 그 부모가 이루어냈던 '암수 봉황과 아홉 새끼'로 이루어진 친정, 그 가운데서 구김살 없이 자라 자부심으로 가득 찬 이 지적인 여성에게, 남편의 행적은 참을 수 없는 일이었을 것이다.

시집 식구들과의 관계도 수월치 않았다. '이성異姓들이 모여 시고 짠 것이 가지런하지 않은' 시집살이에서 그녀의 눈치 보지 않는 활달한 기상이나 지적 자부심은 입방아와 질시의 대상이었을 것이다. 속물들이라고 오만하게 뱉어보지만, 언제나 홀로 '적들에게 둘러싸여 지내는 듯' 외롭고 괴로웠던 것이 호연재의 결혼 생활이었다.

평생 스스로 속물스런 기운은 없었으니	平生自無適俗韻
너희 집안과는 기껍지 않음이 많았다	頗與高門多不悅
눈썹을 낮추고 마음을 적게 해 노고를 감수했으나	低眉小心甘勞苦
어느새 불꽃이 창자 안에서 들끓곤 했다	不覺烟焰腸內熱

만 43년을 못 채우고 돌아가기 일 년 전, 아들에게 남긴 시에서 한 고백이다. 평생 속물들인 시집붙이들을 상대로 머리를 숙이고 입을 봉하며, 때리면 때리는 대로 맡겨두려고 노력하며 살았다. 그래도 끝내 시집은 '타향'이었고 가슴속에선 울화가 치솟았다. 그럴수록 지적인 교감과 애정을 나누던 친정 형제들을 향한 그리움은 더해갔고, 사별이나 다름없는 생이별을 강요하는 '삼종지도'三從之道의 비인간성이 마음에 사무쳤다. 어쩌다 이 탕탕한 성정을 가지고 방 안에 갇혀 지내는 신세가 되었는지, 결국은 여성으로 태어난 것을 한탄할 수밖에 없다. 이쯤에선 요절한 김운의 목소리가 들리는 듯도 하다.

결혼 후 십 년쯤 지났을 때다.

생애는 석 자 칼, 마음은 내건 등불, 김호연재

사람들의 원망이 일신에 귀착되고 과실은 스스로 취한 것이니, 아래론 내 몸이 위태롭고 위론 부모께 욕을 끼치게 되었다. 밤낮으로 근심스럽고 두려워서 하루도 편안할 수가 없다.

신혼부터 시작된 남편이나 시집과의 불화가 극단에 이른 시점인 듯하다. 가파른 정서적 혼란이 곧 파탄에 이를 듯 위태롭다. 호연재의 지성이 빛을 발하는 것은 이 지점이다. 위태로운 정서적 혼란에도 불구하고, 그녀의 지성과 자부심은 '여자가 할 탓이오'의 함정에 빠지지 않는다. 그렇다고 자신을 포기하지도 않는다. 대신 그녀는 『자경편』을 저술하기 시작했다.

얼핏 남성이 지은 부훈서의 아류처럼 보이기도 하는 이 글의 가장 큰 특징은, 당위로서 제시되는 유교적 여성 규범을 여성 작가가 자신의 입장과 경험을 바탕으로 주체적으로 재검토한다는 점이다. 호연재 자신의 절박한 문제 곧 '명색은 친척이지만 정은 없고 은혜는 박하면서도 의무는 두터운', 그렇다고 끊어버릴 수도 없는 이 속물들, 시집 여자들과의 관계를 어떻게 정리할 것인가, 여색에 빠져 못하는 짓이 없어도 '하늘'이니 도망갈 수도 없는 남편과의 관계를 어떻게 정리할 것인가? 하는 문제를 화두로, 당대의 당위였던 여성 규범을 하나씩 붙들고 재해석한다. 비록 속물이고 패륜이라도 끊을 수도 도망칠 수도 없으며 결국 이들과의 불화가 자신을 파멸시킬 수도 있는 현실을 냉정히 직시하고, 글 쓰기를 통한 성찰에 들어가는 것이다.

인간은 누구나 자신을 단속하고 수련을 통해 덕성을 쌓아가야 한다. 인간 관계란 이런 각자의 수양을 전제로 이루어지는 것이다. 유교적 윤리에서 가르치는 것도 이것에서 벗어나지 않는다. 호연재는 여기서 시작한다. 관계란 상호적인 것이니, 내가 할 바를 다했다면 관계의 파탄에 대한 책임은 상대에게 있다. 그러나 책임 유무에 상관없이 고통스러운 것은 틀림없는 이 파탄을 어떻게 해결할 것인가? 그녀가 찾아낸 대답은 내 탓이 아닌 파탄 때문에 고통당하는 자체가 어리석다는 것이다. 저희가 못난 것이니 내가 함께 진창에 구를 이유가 없다는 것이 그녀의 대답이다. 어차피 어떻게 해볼 수 있는 관계도 아닌 것이다.

> 부부의 은혜가 비록 중하다지만 제가 이미 나를 저버리기를 몹시 하였으니 또한 어찌 나 홀로 구구한 사정을 보전하여 주위 사람들의 비웃음과 남편의 경멸을 스스로 취할 것인가?

그러니 들어오면 좋은 얼굴로 대하고 나가면 잊어버리라. 시집의 친척들에 대해서도 내가 할 도리는 마땅히 끝까지 다하지만, 금수 같은 무리들이라 끝내 깨닫지 못한다면 그걸로 그만이어야 한다. 그에 맞서 이전투구하여 자신을 망가뜨리는 것은 나를 기른 부모에 대한 도리가 아니라는, 냉정한 대답이 그녀의 결론이다.

그 대신 나를 지켜서 인간으로서의 완성을 향해 노력하는 것이 훨씬 더 해볼 만한 일이다. 『자경편』의 나머지 얼굴은 그 '인간'으로서 당연히 갖추어야 할 도리에 대한 추구이다. '남들이 배반하는 걸 한탄하지 말라. 밤낮으로 내 덕이 미진한 것을 근심하고 두려워해야 할 것이다.' 유교적 가부장제가 위압적으로 세뇌하였던 '여자 할 탓'이라는 주문에 굴복하지도 않고, 자신을 결코 포기하지도 않는 호연재의 얼굴과 마주치게 되는 것이다.

그녀는 『자경편』을 쓰면서, "마음이 불타듯 괴로울 때면 이것을 벗으로 삼아야 할 것이다. 비록 내 말이지만, 잡념을 제압할 수 있을 것이다"라고 했다. 『자경편』을 쓰고 다시 읽으면서, 그녀 자신과 상황을 성찰하고 지켜 나가려 한 것이다. 친정에서 훈련된 글쓰기의 힘이 이렇게 호연재를 구원한 것이다. 열아홉에 결혼하여 십여 년, 이렇게 그녀의 이십 대는 지나간다.

문방구가 근심을 여는 빗장이로다

삼십 대 이후 결혼 생활은 그것대로 안정되고 집안에서의 위치도 자리가 잡혀갔다. 친정 식구들이 간간이 방문하기도 하고 그녀가 친정을 방문하기도 한다. 처신도 좀 더 자유로워졌고 두 아이의 어머니가 되기도 했지만, 한편으론 친정 형제들의 상을 차례로 겪기도 한다. 삶은 늘 그렇듯이 흘러가고 호연재도 나이를 먹어갔을 것이다. 삼십 대 이후 호연재의 삶에서 유난히 환한 부분은 시집 종질들과의 교유다.

내가 열세 살에 처음 숙모님을 알게 되었습니다. …… 화락한 담소로 신색이 평온하고 용모는 수려하셨습니다. 얽매이지 않아 세속을 벗어났고 깨끗하여 때 묻지 않으셨습니다. 마음속으로 놀라고 감탄하며 일찍이 없었던 일을 얻었다고 여겼습니다. 여러 형들을 따라 좌우에서 가까이 모시고 경서와 사서를 탐구하여 토론하고 시구도 일일이 점을 찍으며 평론하였습니다. 회포를 난만히 터놓으시고 간간이 타이르고 일깨워주셨습니다.

나중에 경연관까지 지내며 사림士林의 명망을 모았던 종질 송명흠宋明欽(1705~1768)의 회고다. 삼십 대의 호연재 주변엔 가까이 살던 오촌 당질 사흠士欽·진흠晉欽·명흠明欽 등 십대의 재사들이 모여들었다. '놀라고 감탄했다'는 송명흠의 말처럼 자신을 경탄의 눈초리로 바라보는 이 젊은이들과 어울려 호연재는 주변 경승을 찾아다니며 시를 짓고 학문을 토론했다. 어느 날은 한밤중에 느닷없이 법천의 옛집을 방문하는 호기도 부린다. 입을 다물고 마음에만 묻어놓아야 했던 경륜과 포부를 웅변으로 털어놓을 수도 토론할 수도 있었다. 집안의 어른이 부재하였던 상황이니 거리낄 것이 없었다. 호연재는 그들의 자상한 숙모이고 스승이기도 했다. 송진흠에게 보낸 시에선 "문사는 옛 법을 지녔고 시어는 새로운 소릴 낸다"라고 평하면서 "즐겁다 내 조카를 두었으니, 응당 늘그막의 마음에 위로가 되리라"고 한껏 즐거운 소릴 낸다. 호연재로선 십대에 친정에서 벌어졌던 풍경이 이제 그녀를 중심으로 벌어지는 것이다. 즐겁지 않을 수 없었으리라.

　이 무렵 호연재의 시는 생기가 나고 활력이 넘친다. 특유의 맑고 호탕한 기상이 마음껏 발휘된 시편들이 지어졌다. 살림을 혼자 꾸려가려니 쌀을 꾸어야 할 일도 생기지만 그녀의 당당함은 위축되지 않는다.

호연당 위의 호연한 기상	浩然堂上浩然氣
구름과 물의 사립문 호연함을 즐기오	雲水柴門樂浩然
호연함이 즐겁긴 하나 곡식에서 생기니	浩然雖樂生於穀
삼산 원님께 쌀을 꾸는 것도 호연함이오	乞米三山亦浩然

쌀을 꾸자면서 말장난을 하고 있다. 쌀을 꾸면서 '호연'을 다섯 번이나 반
복하는 것도 이미 그렇지만(절구의 격식에서 벗어나는 것이기도 하다), '호연하다'는
서술어일 수도 있고 호연재 자신을 가리키는 말일 수도 있는 '호연'을 이
시에서는 어느 쪽으로 읽어도 되게 놓아 장난을 하고 있다. 즉 이 시는 앞
의 번역처럼 읽을 수도 있지만, "호연당 위의 호연한 기상 / 구름과 물의
사립문 즐거운 호연재 / 호연재가 즐겁긴 해도 곡식으로 사니 / 삼산의 원
님께 쌀을 꾸는 것도 호연재라오"라고도 읽을 수 있다. 위축되지 않는 활
달한 기상과 유머 감각이 발휘되고 있는 것이다. 문학을 놀이거리로 만들
던 유씨 부인의 면모가 여기서 살아나는 듯하다.

그러나 그렇다고 해결은 아니었다.

규중의 아녀자로서 환심을 얻지 못했으니	閨中兒女不得歡
제세안민을 어찌 추구하리오	濟世安民何足求

순조롭지 못한 결혼 생활은 여전히 해결되지 않은 상처였고, '제세안민'(세상을 구제하고 백성을 편하게 함)의 포부를 펼 수 없는 아녀자의 처지에 대한 갈증이 사라진 것도 아니었다. 젊은 조카들과 어울려 경세제민의 포부를 이야기해보기도 하지만 그것은 여전히 그들의 몫이었다. 때가 되면 그들은 제세안민의 포부를 펼치러 떠나고, 그녀는 다시 사랑받지 못한 규중의 아녀자로 남았다. 삼종지도의 비인간성을 문제 삼아보기도 하지만, 당대엔 그 모든 것이 당위였다. 출구가 없는 갈증인 것이다. "길쌈이 우울함을 없애진 못하고, 문방구가 근심을 여는 빗장이로다"라고 읊었듯이 문학은 그녀가 느꼈던 출구 없는 비탄의 유일한 출구였다. 술을 마시고 담배도 피웠지만, 문학에서만 그녀는 자유로웠다.

호연재의 후손들

그처럼 대단한 기상을 지니고 자신을 끝까지 포기하지 않았던 그녀도 마지막엔 "쓸쓸한 생애에 오직 너(아들) 하나뿐"이라고 자신의 삶을 결산한다. 어머니 연안 이씨가 들으면 가슴 아플 이야기이다. 그러나 연안 이씨의 삶과 호연재의 삶, 그녀들의 문학을 어떻게 비교하고 평가해야 할까? 호연재의 삶과 문학은 김운의 말처럼 이름을 남길 수 없는 여성의 처지에 갇혀 쓸모없는 것이 되고 말았는가? 차라리 유명한 아버지의 이름에 업히는 것이 더 나았을까?

호연재의 『자경편』은 일찍부터 한글로 번역되어 일가 중에 돌아다녔다

생 애 는 석 자 칼, 마음은 내건 등불, 김호연재

고 한다. 그녀가 돌아갈 때 다섯 살이었던 딸이 원문이 없어진 것을 안타까워하자 외손자가 다시 한문으로 번역하여 지금까지 전한단다. 한글로 번역된 『자경편』을 그 몇몇 집안의 여성들은 어떻게 읽었을까? 가부장들이 교육용으로 지어 돌린 부훈서들과 똑같은 것으로 읽었을까? 남성 중심의 가족 윤리를 교육하는 것으로?

현재 전하는 호연재의 시집 한 본은 묘한 형태를 하고 있다. 한시의 원문을 음으로만 적고 그 아래에 번역을 부기하는 방식의 필사본이다. 한자를 읽을 수 없는 여성들을 위해 개발된 방식이다. 이 방식으로 호연재의 시집은 여러 차례 필사되었다. 한시 원문의 음을 적은 부분은 점점 더 무너지면서. 원시를 정확히 이해할 능력도 안 되면서 번역을 통해 호연재의 시를 읽고 거듭거듭 옮겨 적었던 여성들은 또 무슨 생각이었을까? 그저 이리저리 연이 닿는 일가의 선조 할머니가 남긴 시이기에 읽고 또 베꼈을까? 그녀들에게 호연재는 누구였을까?

탕탕한 성정을 지니고도　　　　　　　호댱탕탕성
어찌하여 방안에만 갇혀야 하나　　　　긔속일방듕
활달한 천품을 벗어버리지 못해　　　　미탈텬즈활
도리어 세상엔 용납되질 못한다　　　　환위속불용
머리 숙이고 세상의 비방 감내하고　　　져두감셰훼
입을 봉하고 곁에서 치는 대로 둔다　　함구임방공
고락이야 말하지 않으리니　　　　　　고락언무급

차라리 성인의 말씀이나 따르리   영츄영긔풍

김호연재의 시에는 가장 여성적인 경험이 여성적인 형식으로 담겨 있다. 친정에 대한 그리움, 화전놀이의 기쁨, 여성으로서 사는 고달픔과 한 등 일상이 고스란히 담긴다. 이 여성적인 경험을, 속 좁고 감정적이며 견문도 좁은 여자들이 만들어내는 사소하고 가치 없는 것으로 평가절하하지 않고, 그 당시 최고의 권위를 지닌 문학 형식인 한시로 당당하게 읊어낸다. 그리고 여성적 경험을 어떻게 품위 있는 인간의 삶으로 승화시킬 수 있는 지를 뛰어난 지성으로 이야기한다. 아녀자로서 사는 슬픔과 아녀자로 주저 앉지 않으려는 강인한 지성을 함께 보여준다. 따라서 그녀의 삶과 시는 '인간의 삶'이 지니는 다양한 얼굴에 대한 통찰력을 준다. 쉽게 살지 않았기에 '바구니에 가득한 행복'에서는 찾을 수 없는 전인적인 인격으로서의 깊이를 드러낸다.

규방의 여성들은 어머니들의 삶이 적힌 두루마리를 읽고 베끼면서, 여성으로서의 공감을 나누고 위로받으며 살아갈 힘과 지혜를 얻었다. 호연재의 한시를 번역시의 형태로 읽고 베낀 여성들은, 한글로 번역된 『자경편』을 읽고 베끼고 전한 여성들은 무슨 마음이었을까?

생애는 석 자 칼   生涯三尺劍
마음은 내건 등불   心事一懸燈

생애는 석 자 칼, 마음은 내건 등불, 김호연재

浩
齋

사방을 석 자 칼날로 둘러싸인 듯 위태롭고 고단한 삶, 그래도 자의식
만은 등불처럼 높이 걸어두고 싶었던 여자들, 삶의 부당한 폭력 앞에 결코
굴복한 마음이 없었던 여자들에게, 호연재의 시는 그 자체가 하나의 높이
내걸린 등불이었을까?

윤지당의 저작은 이영춘이 번역한 『임윤지당: 국역 윤지당유고』, 이혜순 · 정하영이 편역한 『한국고전여
성문학의 세계: 산문편』(이화여대출판부, 2003), 원주문화원에서 출간한 『윤지당유고』(원주문화원,
2001) 등 여러 번역을 통해 만날 수 있다. 최근 강원도에서 윤지당, 금원 등을 강원도의 여성 문인으로
부각시키고 있는데 그것이 구체적인 연구 성과로 나타나고 있다. 윤지당의 철학자로서의 면모에 대해서
는 원주문화원에서 출간한 『임윤지당의 생애와 사상』(원주문화원, 2002)에서 종합적으로 다루고 있어
참고가 된다.

조선 시대의 여성 철학자 任允摯堂

임윤지당(1721~1793)

분명히, 밀물은 하루에 두 번씩 온다

깊은 밤. 저녁 짓고 치우느라 분주하던 안채도 이젠 조용해졌다. 안방 창 밖으로 등불이 밝게 비치고 나지막이 책을 읽는 부인의 목소리가 들려 왔다. 원주 봉산 배말에 살아온 지 벌써 5대가 넘은 신광우申光祐는 가만히 그 소리에 귀를 기울였다. 부인들이 즐기던 소설이나 가사를 읽는 소리인 가 싶었는데 뜻밖에도 그것은 『중용』을 읽는 소리가 아닌가! 안방의 주인 은 신광우의 형수이자 집안의 어른인 임윤지당任允摯堂. 신씨 가문에 시집온 뒤로 책을 가까이한 것을 본 적이 없었고, 일상 대화 속에서도 문장에 관 해 말하는 것을 들은 적이 없었던 신광우는 그제야 형수인 임윤지당에게 '남모르는 공부'가 있음을 알게 되었다. 밖에서 누가 듣고 있는지도 모르 고 경전 읽기에 집중해 있던 윤지당은 읽다가 모르는 부분은 반복해서 읽으며 그 뜻을 헤아리고 있었다. 그래도 어느 한 부분이 계속 풀리지 않자 윤지당은 붓을 꺼내 쓰기 시작했다.

제 생각으로는 『중용』 27장에서 "돈독하고 후덕하며 예를 존숭한다"敦厚而崇禮 라고 한 것을 '존심'存心의 범주에 넣어야 할 것 같은데, 주자는 '숭례'崇禮만을 따로 '치지' 致知의 범주에 넣었습니다. 주자가 왜 그렇게 했는지 모르겠습니다. 『중용』 28장의 "글자를 고증하고考文, 차車는 같은 궤도를 쓰고同軌, 같은 서체를 쓰며同文, 같은 예법을 행한다同倫"는 말의 뜻은 무엇입니까?

그리고도 몇 가지를 더 쓴 뒤에 봉하고는, 다음날 먹을 것 몇 가지를 챙겨서 녹문鹿門(지금의 공주)에 있는 둘째오빠에게 보냈다. 얼마 뒤 윤지당의 질문에 일일이 답한 녹문 임성주任聖周(1711~1788)의 편지가 왔다. 그 역시 윤지당과 견해가 같았다.

'돈후'敦厚는 마땅히 '존심'의 범주에 넣어야 하고, '숭례'는 마땅히 '치지'의 범주에 넣어야 한다. …… 글자라는 것은 글씨의 점획 형상이다. 고증이란 것은 고찰하여 증거대로 바로잡는다는 뜻이다. 『중용혹문』中庸或問에서는 "주나라 사람들은 수레를 소중히 여겼는데, 수레는 너비가 여섯 자 여섯 치였다. 그러므로 땅에 나타나는 바퀴 자국의 너비가 한결같았다. 수레를 만들 때는 모두 여기에 합치하여야만 중국 전 지역을 운행할 때 통하지 않는 곳이 없게 된다"라고 하였다. 또 말하기를, "궤도는 차바퀴 축의 자취이다"라고 하였다.

윤지당은 편지에서 "주자는 왜 그렇게 했는지 모르겠습니다"라고 하여 주자의 견해에 의문을 표하였다. 조선 시대 대부분의 유학자들이 절대적으로 받아들였던 주자의 견해가 아닌가? 그런데 윤지당은 조선 시대 남성 지식인들이 독점했던 유교 경전을 비판적으로 읽어내고 있다. 말할 것도 없이 이는 유교 경전을 해석해낼 수 있는 능력이 있어야 가능하다. '남 모르는 공부'의 수준이 기존의 견해를 비판하면서 자신의 견해를 내세울 수 있는 단계에까지 이르렀던 것이다.

윤지당의 『중용』 읽기는 젊은 시절에 시작되었다. 그녀는 이후 계속 『중용』을 읽으며 자신의 견해를 세우고자 노력했으며 마침내 예순다섯 살 되던 해에 이를 『중용경의』中庸經義라는 저작으로 완성했다. 평생에 걸친 노력의 결과였다. 물론 조선 중기를 대표하는 성리학자인 둘째오빠 녹문 임성주와 동생 운호雲湖 임정주任靖周(1727~1796)와의 편지를 통한 문답이 많은 도움을 주었다. 문답을 통해 윤지당은 말의 뜻이나 전통적인 해석에 의심이 가는 부분과 자신의 독창적인 의견의 타당성을 확인할 수 있었고, 이해를 심화시켜 나갈 수 있었던 것이다. 오늘날 이 책은 오랜 연구와 사색에 의해 만들어진 깊이 있는 철학서로 평가받고 있다.

조선 여성에 대해 다양한 그림을 갖고 있지 않은 우리들로서는 이 대목에서 몇 가지 의문을 가질 수밖에 없다. 오랜 연구와 사색이라니 조선 시대의 여성들에게 그럴 틈이 있었나? 게다가 여성에게 허용되지 않았던 철학이라는 학문을?

시동생조차 밤에 새어 나오는 불빛을 보고서야 남다른 공부가 있는 것을 알았다고 하니, 아마도 윤지당은 낮에는 온전히 부녀자의 일을 돌보고 밤이 깊어서야 보자기에 싸둔 책을 풀었을 것이다. 그리고 어제 읽던 부분을 펼쳐 읽기 시작하면서 천천히 힘이 돌아오는 것을 느꼈을 것이다. 분명히, 밀물은 하루에 두 번씩 왔고, 윤지당은 기꺼이 두번째의 밀물에 몸을 담갔던 것이다.

너도 성인이 되어라

초하루 아침이었다. 어린 윤지당은 새벽 일찍 눈을 떴다. 자리옷을 벗고 어젯밤 잠들기 전 개서 시렁에 얹어두었던 옷으로 갈아입고 바깥으로 나오니 언니도 눈을 비비며 나왔다. 오늘은 매달 초하루와 보름이면 행하는 가정의례가 있는 날이다. 세수하고 머리를 빗은 윤지당이 어머니가 계신 곳으로 가니 오빠들이 벌써 나와 서 있고, 남녀 종들은 정원 아래에 좌우로 나뉘어 서 있었다. 모두 다 모이자 어머니에 대한 예가 시작되었다. 동서 양쪽으로 나뉘어 서 있던 자녀들이 절을 하고 각자 자리로 돌아가는데, 남자는 두 번 여자는 네 번 절을 하였다. 그러고 나서 윤지당이 언문으로 번역된 교훈서를 읽었다. 또랑또랑한 목소리가 아직 잠이 덜 깬 형제들을 마저 깨우는 듯했다. 자녀들의 예가 끝나자 정원 아래 좌우로 늘어서 있던 남녀 종들이 차례로 두 번씩 절을 했다. 이량己良이라는 종이 큰 소리로 남녀 종들을 훈계하는 언문을 읽고는 두 번 절하고 물러났다.

평소에는 남자들만 이 예를 행하고 초하루와 보름 때는 집안 여자들도 모두 참여하였다. 윤지당의 집안은 이런 의례를 통해서 가풍을 세워 나가는 한편, 일상생활에서도 예를 실천하게 하였다.

웃어른 앞에서는 자기 이름을 댔으며 '나'라고 하지 않았고 어른들이 들어오고 나갈 때에는 반드시 일어섰으니, 어른과 어린이의 사이에는 차례가 있었고 남자와 여자 사이에는 분별이 있었다. 내 나이 예닐곱 살 때에도 능히 이 뜻을 이해할 수 있어 감히 여러 형수들 곁에 가까이 가지 아니하였으며 남녀 종들도 또한 예의가 소중함을 알아서 싸우고 속이기를 잘하던 사람도 점차 변하였으니, 만일 오랫동안 시행하고 이를 신장하여서 미비한 것을 보완하였다면 아마도 집안 전체의 좋은 풍속을 이루어 충분히 세상 사람들의 모범이 되었을 것이다. 애석하다! 그 후로 동서로 나뉘어 일정한 거처가 없어지니 예의도 이에 따라 사라져버렸다. 공(임성주)께서는 이 이야기가 나올 때마다 매우 한스럽게 여기셨다.

임정주가 쓴 「녹문선생 행장」의 한 부분이다. 오래 지속되지는 못했지만 윤지당 집안의 가풍을 짐작케 하는 대목이다. 엄격하고 모범적이라 평가되는 윤지당의 풍모는 아마 어려서 받은 가정교육의 소산이었을 것이다.

윤지당은 1721년 당시 양성현감으로 있던 노은老隱 임적任適(1685~1728)과 파평 윤씨 사이에서 둘째딸로 태어났다. 위로 오빠가 셋 언니가 하나, 그리고 남동생이 둘인 다복한 집안이었다.

윤지당의 아버지인 임적은 본관이 풍천으로 서울 반송방盤松坊(지금의 서

_{대문 일대})에서 태어났다. 스물여섯 살에 소과에 급제했으나 당쟁이 치열해지자 벼슬을 단념하고 충청도 청풍현 노은 골짜기에 은거하여 학문에 몰두하였다. 송시열의 수제자였던 권상하의 문하에서 성리학을 공부하였으나 가난 때문에 공부를 마치지 못하고 어머니의 뜻에 따라 과거에 응시하였다. 과거에 거듭 실패하자 음직으로 벼슬에 나갔는데, 마흔세 살 되던 해인 1727년 사직하고 서울로 돌아왔다. 임적이 벼슬을 그만둔 것은 이보다 두 해 전에 있었던 작은 사건으로 인해서였다. 1725년 함흥판관에 임명되었는데, 버릇이 나쁜 기생이 있어 매질을 했다가 사헌부의 탄핵을 받았던 것이다. 함흥판관을 그만두고 서울로 돌아와 지금의 관훈동, 송현동 일대인 송현방松峴坊 셋집에 우거하던 임적은 곧 벼슬을 단념하고 청주의 옥화玉華라는 산골로 갈 결심을 했다. 이 무렵 신임사화辛壬士禍가 일어나 임적이 속해 있던 노론 일파가 정권에서 밀려나고 소론 정권이 들어섰던 것이다. 산골로 내려갈 준비를 하고 다음해 봄 가족을 데리고 낙향하려 했던 임적은 1728년 정월, 전염병에 걸려 서울에서 죽고 말았다. 이때 임적의 나이 마흔네 살, 윤지당의 나이 여덟 살이었다.

다음해 윤지당의 가족은 아버지가 생전에 마련해둔 집과 전답이 있는 청주 옥화로 이사하였다. 윤지당의 가족은 이곳에서 8년을 살다가 조상의 선영이 있는 여주로 옮겨갔다. 그리고 다시 서울로 옮겼다가 충청도 공주의 지계芝溪에 정착하였고, 임성주는 공주에서 좀 떨어진 녹문에 정착해 살았다. 아버지가 죽은 뒤로 윤지당의 가족들은 이리저리 이사를 해야 했으며, 생활은 늘 가난했다. 그러나 이들 형제는 구김 없이 학문에 정진하였

고, 아버지가 물려준 가풍을 제대로 이어가지 못한 것을 아쉬워했다. 아버지가 죽은 뒤 자녀들의 교육은 둘째인 녹문이 맡아서 하였다. 큰아들 명주는 서울에 벼슬살이하러 가 있었기 때문이다.

임적은 성리학자로 이름을 남기지는 못했지만, 성리학을 기반 삼아 조선 시대 전형적인 양반 가문의 규범으로 집안을 이끌었다. 큰 전란을 두 번이나 치러야 했던 조선의 양반 사회가 혼란을 수습하면서 중시한 것 중의 하나가 가문의 규범이었다. 따라서 '가문' 의식이 두드러진 17세기 후반을 지나 18세기에 오면 가문은 한 개인을 규정하는 거의 결정적인 요인이었다. 따라서 각 가문마다 교훈서를 만들고, 가문의 법도를 세우기 위해 예禮를 익히게 하였다. 위에서 보듯 윤지당의 집안도 예외가 아니었다.

윤지당은 언문으로 된 교훈서를 읽으며 당시 양반 가문에서 행해지던 여성 교육을 받았다. 윤지당의 아버지는 옛날 교훈서를 모아 『규범』 1편을 만들고 이것을 언문으로 번역한 뒤 집안 부녀자들을 가르치기도 했다. 윤지당의 어머니인 파평 윤씨도 조선 시대 부녀자들에게 요구되었던 덕목을 최대한 지킨 부인으로 알려져 있다. 윤지당도 부덕을 충실히 따르며 원칙에서 벗어나지 않았다. 어린 시절의 일화들은 윤지당이 배운 것을 고지식할 정도로 실행하는 모습을 보여준다.

윤지당의 가정환경은 살림이 넉넉하지는 않았지만, 공부하기에는 더없이 좋았다. 형제들은 어머니 곁에 모여 앉아서 경전과 역사책의 뜻을 토론하기도 하고, 고금의 인물과 정치의 잘잘못을 논평하기도 했다. 윤지당도 함께 참여해서 토론하고 시비를 따졌다. 임정주는 "누님은 천천히 한마디로 그 시비를 결단하셨다"라고 하였다. 그러면 오빠들이 감탄하면서 대장부로 태어나지 않은 것을 탄식하곤 했다는 것이다. 여기까지는 조선 시대 양반 가문의 똑똑한 여성들의 행장이나 전기와 대동소이하다.

당연히 당시에도 교육받은 똑똑한 여성들은 많았다. 이들의 재능을 알아본 아버지나 오라비들이 더러 가르치기도 하고, 여자로 태어난 것을 안타까워하기도 했다. 그러나 그것은 어디까지나 시집가기 전의 일화이며, 지속적으로 누이나 딸과 학문적 대화를 계속했다는 기록은 드물다. 이런 일반적인 경우들에 비추어보면 윤지당의 지속적인 철학 연구는 확실히 특별한 경우였다. 이는 무엇보다 윤지당 자신의 학문에 대한 집중력과 진지한 탐구가 있었기에 가능했지만, 둘째오빠 녹문의 도움도 컸다. 윤지당의 재주를 눈여겨본 녹문은 『효경』·『열녀전』·『소학』·사서 등을 읽게 했다. 그러면 윤지당은 몹시 좋아하며 낮에는 부녀자들이 하는 일에 전념하고 밤에는 낮은 소리로 의미를 생각해가며 읽었다고 한다. 얼마나 집중해서 읽었는지 종이가 뚫어질 것 같았다고 한다. 모르는 부분이 있으면 녹문에게 질문하고 토론하였다. 녹문은 윤지당 평생의 스승이자 학문적 대화 상대였다. 이렇게 해서 윤지당은 당대의 일반적인 여성 교육의 범위를 넘어서서 상층 지식인 남성들의 전유물이었던 성리학을 공부하기에 이르렀던 것이다.

이런 누이를 보고 녹문은 '윤지당'이라는 당호를 지어주었다. 윤지당이란 말은 주자가 '태임太任과 태사太姒를 존경한다'고 한 말에서 따온 것이다. 그러나 실상은 태임의 친정이었던 지중씨에서 지摯라는 글자를 취한 것으로, 지임씨 즉 태임을 독실하게 믿는다는 뜻이다. 녹문이 윤지당이라는 당호를 지어주면서 성인의 어머니인 태임을 닮으라고 한 데는 '너도 여성 성인이 되라' 는 뜻이 담겨 있었다.

비겁이여, 나를 부인으로 여기지 마라

이처럼 친정에서 학문적 능력을 격려받고 지지받았던 윤지당은 1739년 열아홉 살의 나이로 한 살 아래인 원주 출신의 선비 신광유申光裕(1722~1747)에게 시집갔다. 신광유는 신보申晢의 장남으로 태어났으나 백부인 신계申晵에게 아들이 없어 양자로 들어갔다. 그래서 윤지당은 생모와 양모 두 시어머니를 섬겨야 했다. 결혼한 지 8년째 되던 해 신광유는 스물여섯 살의 젊은 나이로 죽었다. 윤지당의 나이 스물일곱 살이었다.

신광유의 집안은 대대로 높은 벼슬을 한 집안으로 살림이 넉넉하였다. 시동생인 신광우도 문과에 급제한 뒤 사간원 대사간을 지냈다. 윤지당은 늙도록 신광우, 신광조 두 시동생의 가족과 함께 살았다. 두 시동생은 윤지당을 진심으로 따랐고 어머니처럼 섬겼다. 남편을 잃은 가운데 그나마 위로가 되는 일이었다. 윤지당은 두 시어머니를 모시고, 아들과 조카들의 공부를 독려하며 가사에 전력했다. 신광우가 벼슬하느라 집을 떠나 있을 때는 언문으로 편지를 써서 집안의 대소사를 의논하며 집안 살림을 이끌었다. 열녀 관습에서 흔히 보는 것처럼 남편을 따라 죽기보다는, 남아서 자신의 일에 충실하였던 것이다.

마흔이 되던 해 윤지당은 시동생 신광우의 장남인 재준在俊을 양자로 데려와 키웠다. 젖을 뗄 무렵부터 데려와 키웠으므로 애정이 친자식과 같았고 그에 대한 기대도 컸다. 그러나 그는 아들 하나와 딸 둘을 남기고 스물여덟 살의 나이로 죽었다. 남편이 죽은 뒤에도 의연히 살아왔던 윤지당은 죽고 싶은 마음뿐이었다. 오빠인 녹문에게 보낸 편지에서 "이제 나를 죽은 누이로 여기십시오"라고 할 정도로 비통한 심정을 가누지 못했던 것이다. 이 편지를 받고 녹문은 크게 놀라 "너는 성인의 글을 읽어 사리를 아는데도 외아들을 따라 죽으려 하느냐"라고 꾸짖으며, "나의 병은 끝내 회복하기 어려울 것이니 이제부터는 나를 죽은 오빠라고 여기고 다시는 서로 문안도 하지 말자"라고 매운 말로 되받았다. 그러나 그것도 말뿐, "만약 너를 다시 보지 못하고 죽으면 그 비통함이 어떠하겠느냐?"라며 누이에 대한 염려를 그치지 못하였다. 이 편지를 쓰고 나서 열흘 남짓 지나 녹문마저 세상을 떠나자 윤지당은 그 제문에서, 이런 애정 어린 말을 다시 듣지 못할 것을 생각하면 "오장이 무너져 찢어질 것만 같고, 피가 솟아 얼굴에 덮어쓸 것만 같다"라고 하였다.

일곱 형제 중 남은 사람이라고는 녹문과 정주, 그리고 자신뿐이었는데, 녹문마저 죽자 윤지당은 인생의 큰 의지처를 잃었다. 자신이 먼저 죽을 줄로 알고, "죽은 뒤에 만약 오라버니의 글 몇 줄을 얻어 묘소에 표시해두면 저승에 가서도 광채가 날 것"이라 여겼던 윤지당이 거꾸로 녹문의 제문을 쓰게 되었던 것이다.

　　임인년(1782) 봄에 오라버니께서 저의 노후를 즐겁게 하시려고 이곳으로 오셔서 서로 의지하고 왕래하게 되었으니 뜬구름 같은 인생에 지극한 즐거움이 이보다 큰 것이 어디 있었겠습니까? 그러나 막내동생이 오라버니의 연세가 많으신데 객지 생활하시는 것을 딱하게 여겨, 여러 번 고향으로 돌아가실 것을 청하였습니다. 결국 병오년(1786) 봄에 오라버니께서는 가족을 데리고 녹문동의 옛집으로 돌아가시게 되었습니다. 4년 동안 아침저녁으로 왕래하면서 살다가 갑자기 이렇게 훗날을 기약할 수 없는 이별을 하게 되니 그때 헤어지는 마음이 어떠하였겠습니까? …… 저는 어려서부터 오라버니의 지극한 우애를 받고 바른 방향으로 인도하는 가르침을 받았습니다. 제가 조금이나마 수신할 줄 알아서 죄와 과오에 빠지지 않게 된 것은 오라버니의 가르침 덕분입니다. 남녀가 비록 하는 일은 다르지만 하늘이 부여한 성품은 같은 것입니다. 이 때문에 경전을 공부하다가 그 뜻에 의문이 있으면 오라버니께서 반드시 친절하게 가르쳐주어 제가 완전히 깨우친 다음에야 그만두셨습니다. 병오년 이후에는 의심나는 것을 편지로 왕복하여 문의하면서 만년의 즐거움으로 삼았습니다.

─「둘째오빠 녹문 선생에게 올리는 제문」祭仲氏鹿門先生文

그리고 아들 재준의 삼년상이 끝나가던 해인 1789년 삭망제 때 재준에게 지어 올린 제문에서는 잇달아 아들과 오빠, 조카를 잃은 절망적이고 처참한 심경을 다음과 같이 쓰고 있다.

너는 나를 버리고 어디로 갔기에 일 년이 넘도록 돌아오지 않느냐? …… 나는 미망인의 몸으로 오직 너만 믿고 살아왔다. 너는 장성하여 장가들어서 아들도 낳고 딸도 낳아 나의 마음과 눈을 즐겁게 해주었지. 너는 또 효성으로 나를 섬겨 매사를 처리함에 내 뜻을 받들었고, 나도 이것으로 마음의 위안을 삼았다. 내가 죽기 전에 너의 학문이 더욱 성취되고 체력이 더욱 충실해지며, 아들딸들이 순조롭게 자라나 너의 문호를 크게 번창시키기를 축원하였다. 이는 분수에 넘치는 욕심도 아니었건만, 너는 하루아침에 운명하고 말았다. 이제 나의 소원은 무너져 흩어지고 늙은 나이에 홀로 외롭게 되어 의지할 데가 없게 되고 말았구나. 이것이 대체 무슨 일인가? …… 속담에 세월이 약이라고 했지만 이제 나의 고통은 갈수록 더욱 심해만 간다. 아마도 내가 죽어야만 비로소 이 쓰라린 슬픔이 없어지리라. 아! 애통하다. 이것이 어찌 사람으로 견딜 일이냐? 사람의 일생은 곧 백마가 작은 틈새를 지나가는 것과 같다고 한다. 하물며 나는 노환으로 죽을 때가 다 되었는데, 지난봄에는 친정 오라버니를 여의고 겨울에는 또 오라버니의 작은아들을 잃었다. 지극한 마음의 고통이 하나라도 견디기 어려운데 하물며 셋이겠는가?

— 「죽은 아들 재준에게 올리는 제문」祭亡兒在竣文

형제와 아들의 계속되는 죽음을 겪으면서 윤지당은 자신의 박명함을 다시금 절감하며 그 비통함에 한없이 마음이 약해졌다. 그러나 윤지당은 원망하거나 좌절하지 않고 참는 것도 덕이 된다고 스스로를 타일렀다. 윤지당이 쓴 글 가운데 「참음에 대한 경계」忍箴라는 글이 있다. 윤지당은 이 글에서 "타고난 운명이 기박하여 네 가지 궁박한 것(홀아비, 과부, 고아, 독신) 가운데 세 가지를 갖추었으니 나처럼 박명한 사람이 몇이나 되겠느냐"고 하면서 "하늘이 나에게 주신 운명이 이처럼 혹독한 것은 나로 하여금 마음을 쓰고 성질을 참아 내가 할 수 없는 바를 보태려 하기 때문"인지, 아니면 "죄가 너무 무거워 벌을 받느라고 이 지경에 이른 때문"인지 모르겠다고 묻고 있다. 하지만 윤지당은 "원망하거나 탓하지 않았다." 비록 "이 생애 어긋남이 많아 죽는 것이 오히려 즐거울 것"此生多舛, 死反其樂이라고 하면서도, "무엇으로 편안하게 할 것인가? 참는 것이 덕이 된다"何以安之, 忍之爲德라며 스스로를 경계하였다. 그리고 더욱 학문에 정진하였다.

어려움은 사람을 가리지 않고 찾아온다. 따라서 중요한 것은 어떤 어려움을 얼마나 겪었느냐가 아니라 어떻게 어려움을 이겨냈는가 하는 것이다. 윤지당은 말년에 이르러 형제들이 죽고 아들 재준마저 죽자 지나치게 슬퍼하여, 녹문으로부터 성인의 글을 읽어 사리를 알면서도 그러느냐는 질책을 듣기도 했다. 그러나 윤지당은 자신에게 닥쳐오는 불운에 지지 않았다. 마음을 다잡고 스스로를 경계하였고, 그것을 글로 지어 마음을 추슬렀으며 학문에 정진하였던 것이다. 칼에 대한 명銘인 「비검명」匕劍銘에서는 이러한 윤지당의 단호한 의지를 볼 수 있다.

도와다오 비검이여   勖哉匕劍

나를 부인으로 여기지 말고   無我婦人

날카로움 드높이라   愈勵爾銳

숫돌에 새로 간 듯이   若硎新發

오늘날까지 윤지당이 한 사람의 성리학자로 남을 수 있었던 것은 바로 이런 단호함과 의지가 있었기 때문이다.

마음을 다해 탐구한 학문 세계

나는 어릴 때부터 성리의 학문이 있음을 알았다. 조금 자라서는 고기 맛이 입을 즐겁게 하듯이 학문을 좋아하여 그만두려 해도 그만둘 수 없었다. 이에 감히 아녀자의 분수에 넘는 일임에도 불구하고 경전에 기록된 것과 성현의 교훈을 마음을 다해 탐구하였다. 수십 년의 세월이 지나자 조금 말을 할 만한 식견이 생기게 되었다. 그러나 문장으로 저술하려고 아니하여 마음속에 간직해두고 드러내지 않았다. 이제 노년에 이르러 나도 죽을 날이 얼마 남지 않았다. 문득 하루아침에 갑자기 죽으면 아마도 초목과 같이 썩어버릴 것이다. 그래서 집안일을 하는 틈틈이 여가가 날 때마다 글로 써두었다. 그것이 모여 마침내 커다란 두루마리가 되니 모두 40편이다.

예순다섯 살 되던 해 윤지당이 자신의 문집을 편찬하기 위해 원고를 베껴서 동생 정주에게 보내며 쓴 글의 일부이다. 이처럼 윤지당은 성리학이라는 학문을 안 뒤로 쉬지 않고 공부하였다. 집안일을 하는 틈틈이 여가가 나거나 친정에 가면 남편이 하던 작업을 마무리하거나 자신이 공부한 것을 글로 써두었다. 윤지당이 가장 먼저 한 일은 남편이 완성하지 못한 필사를 완성하는 것이었다. 1758년 여름, 친정으로 가면서 윤지당은 남편이 생전에 완성하지 못한 『시경』 필사본을 가지고 갔다. 12월부터 틈나는 대로 베껴 다음해 4월에 필사본을 완성하고, 여름에는 『초사』를 마저 완성하였다.

이처럼 공부를 하는 것이 분수에 넘는 일인 것을 알면서도 지속할 수 있었던 것이 바로 윤지당의 힘이었다. 윤지당은 기꺼이 즐겨 공부하였고, 그치지 않고 꾸준히 몰두하였다. 그리고 자신이 평생 사색한 결과를 정리해서 남겼다.

녹문과의 학문적 대화는 윤지당이 자신의 철학을 확립하는 데 큰 도움을 주었다. 녹문은 1782년 봄 윤지당이 살고 있던 원주로 가서 윤지당과 서로 의지하고 왕래하며 지냈는데, 녹문이 원주를 떠난 뒤에도 편지를 주고받으며 학문적 대화를 지속했다. 앞서 제문에서 보았듯이 이것이 윤지당에게는 만년의 큰 즐거움이었다. 흔히 조선 시대에는 시집간 뒤에는 친정 식구와 교류가 없었을 것으로 생각하지만, 윤지당의 경우 오빠나 남동생과의 유대가 지속되었다. 17세기의 여성 관련 자료들에는 시집간 뒤에도 친정에서 사는 예가 흔히 보이거니와 18세기에 와서도 이런 경향은 이어졌던 것으로 보인다. 18세기 서울에 살았던 풍양 조씨의 『자기록』에는 시집간 뒤에도 친정과의 긴밀한 유대가 지속되었던 사실이 기록되어 있어 이를 확인할 수 있다.

그러면 윤지당이 남모르게 공부한 것은 무엇이었던가? 현재 전하는 윤지당의 문집 『윤지당유고』允摯堂遺稿에는 2편의 여성 인물전을 비롯하여 6편의 설說과 2편의 경의經義, 11편의 역사 인물론, 3편의 제문 등이 실려 있다.

이 가운데 특히 철학자로서의 면모를 보여주는 것은 6편의 설과 2편의 경의이다. 6편의 설은 「이기심성설」理氣心性說, 「인심도심사단칠정설」人心道心四端七情說, 「예악설」禮樂說, 「극기복례위인설」克己復禮爲仁說, 「치란재득인설」治亂在得人說이다. 이 글들은 '이기심성'이나 '사단칠정' 등 조선 시대 성리학자들 사이에서 가장 쟁점이 되었던 문제를 논리적으로 펼쳐내고 있다. 경의는 유교의 경전을 풀이한 것인데, 윤지당의 『대학경의』, 『중용경의』는 경전의 중요한 구절을 논리적이고 깊이 있게 분석하고 자신의 견해를 덧붙이고 있다. 윤지당의 경의는 기존의 해석에서 크게 벗어나는 혁신적인 견해를 보이고 있지는 않지만, 더러는 '주자는 이렇게 보고 있는데 왜 그렇게 했는지 모르겠다'고 하여 주자의 견해에 의문을 나타내기도 했다.

이외 윤지당의 저서에서 많은 비중을 차지하는 것이 인물론으로, 예양豫讓·보과輔果·미생고微生高·안자顔子·자로子路·가의賈誼·이릉李陵·온교溫嶠·사마광司馬光·왕안석王安石·악비岳飛 등 중국의 역사적 인물에 대해 평가한 글들이다. 조선 시대 유학자들은 흔히 역사적 인물을 평가하면서 처세나 처신에 대한 자신의 견해를 드러내곤 했는데, 윤지당의 인물론도 이러한 예에서 벗어나지 않는다. 윤지당은 안자를 제외한 다른 인물들에 대해서는 비판적인 입장을 취하고 있는데, 충효나 절의를 벗어난 인물에 대해서는 특히 단호하게 비판하고 있다.

두 편의 여성 인물전은 보다 흥미롭다. 윤지당은 여성 인물전에서 여성이 도덕적으로 남성보다 우위에 있을 수 있음을 보여주려 했다. 조선 후기의 유학자였던 송능상宋能相의 부인 청주 한씨에 대해서 쓴 「송씨 댁 부인」宋氏婦을 보자.

일찍이 시댁의 종형제들이 남편과 더불어 각자의 장래 포부를 말하면서 논란한 적이 있었다. 그중 한 사람이 "나는 율곡 선생의 도덕과 영예를 흠모한다"라고 하자 남편도 여기에 맞장구를 쳤다. 사람들이 나간 뒤 한씨가 물었다. "여러 형제들의 말을 어떻게 생각하십니까?" 남편이 "괜찮지!"라고 하자 한씨가 슬며시 웃었다. 남편이 "왜 웃으시오?"라고 하자 한씨가 대답하였다. "제 생각에는 율곡 선생이 율곡 선생일 수 있는 것은 그분의 도덕 때문입니다. 가령 율곡 선생께서 빈천하여 두메산골의 초라한 집에서 사셨다 해도 그 도덕에 무슨 흠이 되겠습니까? 비록 영달하여 존귀하게 되셨더라도 무슨 보탬이 되겠습니까? 지금 여러 형제들께서 만약 그 도덕만을 말씀하셨다면 이것은 참으로 그 도덕을 흠모하는 것이 되겠지요. 하지만 그 도덕과 영예를 함께 말씀하셨으니 이것은 그 도덕을 흠모하는 것이 아니라 실은 마음속으로 그 존귀함을 부러워하는 것입니다. 그런데 당신이 그것을 괜찮다고 하시니 잘못된 것 아닙니까?" 남편이 이 말을 듣고는 그녀의 높은 식견에 탄복하고 드디어 분발하여 학문을 닦아 대학자가 되었다.

아마도 젊은 송능상과 그 종형제들이 어떤 사람이 될 것인가를 두고 논란을 했던 모양이다. 이 젊은 유학자들은 도덕과 영예를 갖춘 율곡 같은 인물이 되고 싶다고 하였고, 송능상도 그렇다고 맞장구를 쳤다. 이 대화를 밖에서 듣고 있던 한씨 부인은 속으로 혀를 찼다. 그리고는 조용히 남편과 마주 앉아 아까의 화제를 다시 꺼내며 남편의 말이 잘못된 것을 조목조목 따져, 도덕과 영예를 흠모한다는 말이 얼마나 허위적인 것인지를 지적하였다. 젊은 유학자들이 도덕과 영예를 말하지만 실상은 영예를 흠모하는 것을 비판한 것이다. 이런 한씨의 식견에 탄복한 남편은 분발하여 대학자가 되었다. 지식과 안목을 갖춘 조선의 상층 여성들이, 고담준론이라도 하는 양 모여 앉아서 잘난 척하며 떠들지만 실상은 유치한 자랑이나 욕망을 드러내는 남자들을 바라보며 쓴웃음을 짓고 있어야만 하는 상황이 얼마나 많았을까? 그것은 한씨도 그렇고, 윤지당도 그랬을 것이다. 윤지당은 한씨가 대화에 직접 참여하지는 않았지만 결과적으로는 가장 우위를 점한 것으로 그린다.

한씨는 식견과 덕행이 뛰어났을 뿐 아니라 글재주도 갖춘 여성이었다. 그러나 당시의 관습대로 교육을 받지는 못했다. "친정아버지가 세속의 쓸데없는 말을 믿고 글을 가르치지 않았"기 때문이다. 그러나 "가끔 경서와 역사에 관한 글을 읽어서 그 대강을 깨달았다." 윤지당은 여성 교육에 대한 이 같은 부정적 견해를 '세속의 쓸데없는 말'이라며 단호하게 비판한다.

경상도 지방의 최씨, 홍씨 두 여성이 남편과 아버지를 해친 원수를 죽이고 관아에 자수한 사건을 그린 「최홍이녀」崔洪二女에서 '남자들도 이들에 미치지 못할 것'이라고 칭찬한 것도 여성의 도덕적 우월성을 강조한 것이다.

철학 저술이나 인물론을 보면 윤지당은 당대의 철학적 쟁점이나 글쓰기에서 크게 벗어나 있지 않다. 이는 윤지당이 녹문을 통해 철학의 주류적인 계보에 속해 있었기 때문이다. 동생 임정주도 윤지당의 행적을 쓴 「유사」遺事에서 "누님의 학문은 유래가 있다"라고 하면서, 고조부는 사계沙溪 김장생金長生의 문하에서 수학하였고 아버지는 황강黃江 권상하權尙夏의 문하에 출입하였으며, 형인 녹문 임성주는 도암陶菴 이재李縡의 철학을 전수받았고 누님은 녹문에게서 수학하였다고 하여 윤지당의 철학적 계보를 서술하고 있다. 그럼에도 철학사에서 윤지당이 제대로 거론되지 않았던 것은 분명 여성 철학자에 대한 편견에서 비롯된 것이다.

당대의 철학적 쟁점이나 글쓰기는 당연히 주류 남성 학자들의 것을 의미한다. 그런데 윤지당은 이 주류 남성 학자들의 문제의식과 글쓰기 방식을 공유하고 있었다. '주류 속의 비주류'라고나 할까. 그렇다면 윤지당이 평생 학문에 몰두하여 얻은 것이 과연 이 주류들의 문제의식과 글쓰기를 공유하는 것이었을까? 윤지당이 궁극적으로 도달한 지점은 무엇이었을까?

윤지당은 여러 글에서 성인과 어리석은 사람들의 차이가 무엇인지, 어떻게 하면 어리석은 사람도 성인에 이를 수 있는지를 논하였는데, 이를 통해 궁극적으로 남성과 여성의 차이에 대한 문제에까지 이르고 있다.

> 성인은 우리와 같은 사람입니다. 보통 사람과 성인은 다같이 태극의 이치를 얻어 본성으로 삼았을 뿐입니다. 다만 기품에 구애받고 물욕에 가린 바에 따라 지혜로운 사람과 어리석은 사람, 어진 사람과 못난 사람 등의 차이가 있을 뿐이지, 부여받은 본성은 같습니다.
> ―「안자의 즐거움을 논함」論顏子所樂

성인도 어리석은 사람도 부여받은 본성은 같다는 것, 이는 누구나 성인에 이를 수 있다는 것을 의미한다. 그러나 성인에 이르기 위해서는 수양을 해야 한다. 여기서 윤지당은 여성이라는 자신의 위치를 잊지 않았고, 따라서 '여성인 나도 과연 성인이 될 수 있을까'를 질문하지 않을 수 없었다. 그렇게 해서 얻은 답이 하늘에서 부여받은 본성은 남녀가 다름이 없다는 것이었다.

> 아아! 나는 비록 여자지만 부여받은 본성은 남녀 간에 다름이 없으니 안연顏淵이 배운 바를 배울 수 없다 하더라도 성인을 사모하는 뜻은 매우 간절하다. 그러므로 내 견해를 대략 풀어서 내 뜻을 밝힌다.
> ―「극기복례위인설」克己復禮爲仁說

성리학은 수양을 통해서 누구나 완성된 인격에 도달할 수 있다는 근본 정신을 가지고 있지만, 신분과 성을 철저히 구분하였다. 따라서 성리학은 남성 유학자들의 전유물일 수밖에 없었다. 윤지당은 남성 유학자들의 전유물인 성리학을 평생 탐구하면서 이를 통해 자신도 성인의 경지에 나아가려 하였다. 그리하여 '여자, 성인, 도의 실천'이라는 이 연관 없어 보이는 단어들을 평생에 걸친 수양과 논리적이고 체계적인 글쓰기를 통해 연관 있는 것으로 만들었다. 이것이 윤지당이라는 여성 지식인이 오늘날까지 의미를 갖게 되는 이유이다. 당대 학문의 문제의식을 공유하면서도 여성이라는 자신의 서 있는 자리를 잊지 않았다는 점에서 윤지당은 한국 여성 지식인의 한 원형을 보여준다.

조선의 블루스타킹

윤지당이 살았던 시대는 문화적으로 사상적으로 활기가 넘치던 시대였다. 그러나 조선 후기의 르네상스라 일컬어지는 영·정조 시대의 활기 속에서도 여성들이 함께할 공간은 없었다. 문예적 역량이 뛰어난 여성 시인들이 배출되었으나 이들의 시적 감수성으로는 자신들의 처지에 더욱 상처받을 뿐이었다. 학문적 역량을 갖춘 여성들도 자신의 학문을 지속시키기는 어려웠다. 지속시킨 경우는 요리나 출산 등 여성 생활과 관련된 방향으로 학문적 역량을 계발하였다. 안동 장씨(1598~1680)의 『음식디미방』, 빙허각 이씨(1759~1824)의 『규합총서』 등이 그 예이다.

이들과 비교해보면 윤지당은 어려서 뜻을 둔 학문에 평생 몰두할 수 있었다는 점에서 운이 좋았다고 할 수 있다. '우리 집안의 태임과 태사'라 칭찬해 마지않았던 녹문의 후원은 윤지당이 학문을 이루는 데 있어 뺄 수 없는 요인이다. 이와 더불어 시집이 비교적 유복했던 것, 마흔일곱 살의 나이로 집안의 웃어른이 되어 집안의 경제를 관리했던 것, 역설적이지만 마흔살에 이르러 젖먹이 양자를 들여 키우기는 했으나 젊은 시절 출산과 육아에서는 어느 정도 벗어나 있었던 것도 윤지당이 학문을 완성하는 데 도움이 되는 환경이었다. 그럼에도 드러내놓고 할 수 없어 밤늦은 시간이나 친정에 갔을 때 학문에 몰두했다는 사실은 여성 일반이 처한 열악한 환경을 보여준다. 평생의 학문치고 저작이 많지 않은 것은 이러한 사정이 있었기 때문이다.

이런 윤지당의 존재는 당대 유학자들에게 이례적으로 받아들여졌다.

그래서 이민보李敏輔(1720~1799)는 "천부적인 식견을 타고났으며, 성리학과 인의의 논의에서는 고금의 여성들 중에서 제일인자"라고 평가하였다. 유한준兪漢雋(1732~1811)도 『윤지당유고』를 읽고, "내용과 의미는 심오하고 독창적이며, 문장은 상세하고 아담하여 읽고 외울 만하다"고 하였다.

> 풍천 임씨 가문에 여성 군자가 있었으니 그 호가 윤지당이란 분이다. 부친은 함흥판관을 지낸 임적으로, 그에게는 5남 1녀(유한준의 잘못된 기록. 실재는 5남 2녀임)가 있었는데 다섯 아들이 모두 경학과 문장으로 당시에 이름을 떨쳤다. 부인은 그의 딸로서 남자 5형제들과 함께 학업을 강마하여 대성하였으니 세상에 드문 일이었다. …… 그를 통해 『윤지당유고』라는 책을 얻어 보았다. 그 책에서 논한 인성과 천명, 인심과 도심에 대한 분석은 그 내용과 의미가 심오하고 독창적이어서 목강穆姜이나 범씨의 단편적인 경구에 조금도 뒤질 것이 없고, 역사를 논평한 것도 정밀 투철하고 조리가 있다. 그 문장 표현은 모두가 상세하면서도 화려하지 않고, 아담하면서도 거칠지 않으니 많이 읽어서 외울 만하다. 아아, 참으로 특이하도다! …… 부인은 바로 그때에 태어났는데 녹문 선생이 오빠였고 역천 선생이 이종 사촌이었으니, 또한 그 시대의 풍성한 인연이었다. …… 윤지당이 이 책을 지은 것이 설사 여성으로서 바람직한 바가 아니었다고 하더라도, 오히려 족히 선왕대의 성대했던 학문 장려 정책의 결과를 엿볼 수 있다. 그때에는 비록 여성의 처지에 있더라도 윤지당과 같은 분들이 학문에 진력하여 세상의 교화에 큰 도움을 줄 수 있었다. 아아, 이제는 그것이 어찌 가능하겠는가!

조선 시대의 여성 철학자, 임윤지당

임씨 가문의 인척이었던 이규상李圭象(1727~1799)도 『병세재언록』幷世才彦錄에서 "부인이 이학과 문장을 잘했던 것을 익히 들었"다고 하면서, "그 제문과 경의를 보니 견식과 문장 솜씨가 스스로 일가를 이루고 있어서" 반소班昭(45~115. 역사학자. 반고의 여동생)와 비길 만하다고 평가하고, "그 특이한 재주는 단지 부녀자의 숨겨진 덕으로 그칠 것이 아니므로 규열록에 넣지 않고 규수록閨秀錄에 넣는다"라고 하였다.

그러나 윤지당의 학문 세계는 당대나 후대의 남성 학자들에게는 예외적인 경우로 받아들여졌으며, 그 학문 세계가 특별한 영향을 미치지 못했다. 그들에게는 단지 '여성' 학자일 뿐이었던 것이다. 동생 임정주는 누님의 학문이 유래가 있다고 하였다. 그것은 일반 철학, 즉 남성들의 철학사에서 윤지당의 철학적 위상을 파악한 것이라 할 수 있다. 하지만 유한준이나 이규상의 언급들을 보라. 그들은 윤지당의 철학을 목강이나 범씨와 같은 중국 여성 철학자들, 즉 여성들의 계보 속에서만 평가하면서 '규수록'에 그를 편입시키고 있지 않은가? 이는 윤지당의 철학을 철학적 내용과 의미로 평가하고 철학의 논쟁 안으로 윤지당을 끌어오는 것이 아니라 그저 '하나의 뛰어난 여성'으로만 평가절하하고 있는 태도로 보인다. 여성 철학자라는 이질적인 존재에 대하여 조선의 철학사는 '철학자'로 받아들일 준비가 되어 있지 않았던 것이다. 따라서 윤지당의 존재는 그저 '특이한 여자' 정도로만 받아들여졌을 뿐이다.

그러나 오십여 년 뒤에 태어난 강정일당姜靜一堂(1772~1832)은 윤지당의 학문에 깊이 공명하였다.

윤지당께서 말씀하시기를, "나는 비록 여자지만 하늘에서 부여받은 성품은 애당초 남녀의 차이가 없다"라고 하셨고, 또 "부인으로 태어나 태임과 태사와 같은 성인이 되기를 스스로 기약하지 않는 사람들은 자포자기한 사람들이다"라고 하셨습니다. 그렇다면 비록 부인들이라도 능히 어떤 일을 할 수 있으면 또한 가히 성인의 경지에 이를 수 있습니다. 당신의 생각은 어떠하신지 모르겠습니다.

　　—『정일당유고』靜一堂遺稿

　　부여받은 성품은 남녀의 차이가 없다는 윤지당의 발언은 같은 여성이었던 정일당에게 부인이라도 성인의 경지에 이를 수 있다는 기대를 갖게 하였던 것이다. 정일당이 내내 학문에 뜻을 두고 정진할 수 있었던 것도 윤지당이라는 역할 모델이 있었기 때문이다. 정일당을 통해 윤지당은 한 사람의 학자로, 스승으로 수용되고 있는 것이다. 시대를 뛰어넘은 이 두 여성의 사제師弟로서의 만남은 18세기 유럽의 한 살롱에서 '블루스타킹'이라는 모멸적인 이름을 감내하면서 이루어졌던 지적인 여성들의 연대를 떠올리게 한다.

　　카리 우트리오Kaari Utrio의 『이브의 역사』는 18세기 유럽 사교계에서 '블루스타킹'이라 불렸던 '이상한' 여성들의 존재를 언급하고 있다. 그들은 외모를 꾸미는 데 거의 하루 종일을 투자하던 당시의 사교계 여성들과는 달리, 예술과 과학, 철학 같은 창의적인 지적 영역에 관심을 가진 이들이었다. '블루스타킹'은 못생기고 옷을 잘 차려입지 못하며, 단정치 못하고 때로 안경을 썼다. 그러므로 '블루스타킹'이라는 이름으로 불렸던 이 일련의 여성들은 당시 경멸적인 조소의 대상이었으며, 이 이름은 예술과 철학에 매력을 느끼던 여성들의 용기를 단숨에 **빼앗아간** 치명적인 이름이었다고 철학사는 전하고 있다. 여성이 학문을 한다는 것, 지적 호기심을 가지는 것, 앎에의 의지를 가지는 것은 이토록 우스꽝스럽고 이해할 수 없는 일로 받아들여졌던 것이다. 조선의 남성 지식인들 역시 여성이 시를 쓴다는 것, 학문을 한다는 것에 대해 기본적으로 혐오에 가까운 경계심을 보였음은 말할 것도 없다.

그러한 상황 속에서 윤지당이라는 여성의 존재는 여성이 학문을 한다는 것의 의미를 다시 한 번 되새기게 한다. 그것은 남성과 지식을 공유하고 그들과 비슷한 학문 세계를 이룩함으로써 비슷해지는 것이 아니다. 오히려 여성이라는 타자의 위치를 확인하고, 그에 맞는 새로운 입장을 생산해내면서 새로운 주체가 되는 것이다. 학문은 이를 실천하는 과정이다. 윤지당은 성리학적 입장을 철저하게 견지하고 도덕적 실천을 위해 부단히 수양하였지만, 그 결과 '무늬만 여성'인 명예 남성이 아니라 주체적인 '여성'이 되고자 했다. 윤지당의 글을 보면 단호하고 명쾌하게 자신의 주장을 펼치고 있으며, 논쟁적이기까지 하다. 윤지당은 기꺼이 두 번의 밀물에 몸을 담그며 자신의 학문 세계를 지속했으며, 자신의 철학적 견해를 세웠다. 이는 여성의 학문을 허용하지 않았던 당대의 관습에 대한 윤지당의 도전이었다. 요즘 들어 윤지당이 더욱 돋보이는 것은 바로 이 때문일 것이다.

■

김만덕에 대한 자료는 제주도에서 출판한 것과 인터넷 자료들이 주종을 이루었다. 그런데 출전을 정확하게 밝히면서 김만덕의 삶을 조명한 경우는 그리 많지 않아서, 전기적인 사실들이 서로 어긋나게 서술되는 것들이 눈에 띄었다. 김만덕에 대한 기본 자료로는 『제주도지』(제주도, 1993)의 인물 중 만덕에 대한 내용과, 채제공이 쓴 「만덕전」을 토대로 하였다. 「만덕전」의 경우는 『이가원전집』 중 제20권 『여한전기』(정음사, 1986)에 수록되어 있는 작품을 이용하였다. 특히 「만덕전」에는 제주 상인 만덕과 영의정 채제공이 나눈 대화가 삽입되어 있어 당시에 두 사람이 직접 만났음을 알려준다. 또 낮은 신분의 제주 여성인 만덕이 의로운 일을 하여 서울에 올라와 대궐 구경을 하고 금강산을 유람했다는 사실에 주목하여 그녀를 기린 글로는 박제가의 『초정전서』에 들어 있는 「송만덕귀제주시」를 인용하였다. 만덕에 대한 부정적인 평은 심노숭의 글을 김영진이 번역한 『눈물이란 무엇인가』(태학사, 2001) 중 「노래기생 계섬」에서 인용한 것이다. 또 정조 대에 제주도에 연이어 몰아닥친 기근의 상황에 대해서는 동방미디어에서 나온 『(국역) 조선왕조실록』 중 '정조실록'을 참고하였다.

■■

김만덕에 대한 연구 논문은 찾아볼 수 없었으나, 그녀의 일생에 대해 언급한 글들은 상당수가 있었다. 그녀의 일생을 서술한 글로는 이순구의 「김만덕, 굶주린 백성을 살린 사업가」가 『한국 역사 속의 여성 인물 1』(한국여성개발원, 1998)에 수록되어 있고, 『이덕일의 여인열전』(김영사, 2003) 중 「전재산을 사회 사업에 바친 조선 말의 의녀」 등이 있다. 기존의 글들은 주로 그녀의 치산 능력을 강조하고 있는데, 이는 조선의 현실에서 천민 여성이 자신의 자본을 축적한 예가 드물었기 때문일 것이며, 동시에 오늘날 우리의 삶에서 경제적 성공이 중요한 비중을 차지하기 때문일 것으로 보인다. 물론 조선 시대 여성의 경제적 능력과 사업가로서의 면모를 부각시키는 것은 조선 시대의 여성 인물 중 현모양처 형이 아닌 새로운 역할 모델을 발견한다는 취지에서는 긍정적이다. 그러나 만덕을 너무 경제적 성공으로만 부각시키는 것 또한 그녀를 온전히 설명하는 방식은 아니리라는 생각이 들어, 이 글에서는 필요한 일이라면 자신의 전 재산을 희사할 수도 있는 그녀의 측면을 함께 조명하였다.

제주에서 금강산을 꿈꾼 여인 金萬德

김만덕(1739~1812)

우국지사와 나란히

"어르신, 저 내일 떠납니다."

담담하게 작별 인사나 드리자고 다짐했건만 순간 눈물이 핑 돈다.

"웬 눈물을 다 보이는가? 자네답지 않게……."

"내일이 지나면 다시는 어르신을 못 뵙는다고 생각하니 저도 모르게 눈물이 어립니다."

"여장부가 무슨……. 그만 눈물을 거두게나."

짐짓 이렇게 말을 하는 채제공蔡濟恭(1720~1799)도 막상 저 여인네를 이제 다시 보기는 어렵겠구나 싶은 생각이 드니 말끝이 허허롭다.

여인네나 채제공이나 둘 다 지긋한 나이이건만 마지막 인사라고 생각하니 범상치만은 않았나 보다. 여인은 중년을 썩 넘겼을 법한 나이인데, 아직 고운 자태를 지니고 있었다. 당대의 영의정과 마주 앉아 작별 인사를 나누며 연연해하는 여성, 그녀의 이름은 김만덕金萬德이다.

　제주도에 가면 김만덕을 기리는 유적지가 있다. 사라봉 공원 남쪽에 있는 모충사란 곳이 그곳이다. 모충사에는 세 개의 탑이 있는데, 하나는 의병 항쟁 기념탑이고, 다른 하나는 순국지사 조봉희 기념탑이며, 또 다른 하나는 의녀 김만덕 묘탑이다. 앞의 두 탑은 이름만 들어도 그 의로운 행동이 어떤 것일지 대강 짐작이 간다. 의병 항쟁 기념탑은 일제 때 의병들이 직접 만든 무기를 가지고 왜경에 맞서 싸우다 순국한 것을 기리는 것이며, 순국지사 조봉희 기념탑 역시 일제 때 제주도에서 독립군 자금을 모금해서 상해 임시정부로 송금한 혐의로 옥사한 지사 조봉희를 기념하기 위한 것이다. 그런데 의녀 김만덕은 어떤 여성이며, 무슨 일을 했기에 이런 우국지사들과 나란히 기념의 대상이 된 것일까?

　의녀 김만덕 묘탑이라……. 김만덕은 정조 때의 인물이다. 그녀는 정조 당시에 이미 의롭다는 평을 들었던 의녀義女였고, 실제로 정조에게서 내의원內醫院 의녀반수醫女班首 직위를 받은 의녀醫女이기도 했다. 정조 때 제주도에는 몇 번에 걸쳐 큰 흉년이 들었다. 그 중 1794년의 흉년이 제일 끔찍한 것이었다고 한다. 만덕은 그때 굶주림에 죽어가는 제주 백성들을 위해 자신의 재산을 선뜻 내놓아 그들을 죽음의 문턱에서 살려내었다. 그리고 오늘날 제주 사람들은 그녀를 기억하고 기념하는 것으로 보답하고 있다. 조선 시대에, 거액의 재산을 자선 사업에, 그것도 가문의 이름이나 아들의 이

름이 아니라 자신의 이름으로 기부했던 여성이 있었다는 사실이 신선하게
다가온다.

자기 운명의 개척자

『제주도지』 기록에 의하면, 김만덕은 영조 15년(1739), 제주현에서 양인
良人인 김응열金應悅의 외동딸로 태어났으며, 그녀 위로 만석萬碩, 만재萬才 등
두 오라비가 있었다고 한다. 영조 26년(1750) 전국을 휩쓴 전염병으로 부모
가 죽고 고아가 된 만덕은 어느 기생의 양녀로 들어가 생활하게 되었다. 그
런데 조금 자라자 관아에서 그녀의 이름을 기안妓案에 올렸다. 조선 시대 제
도에 비추어 볼 때 기생의 딸을 기안에 올리는 것은 당연한 일이었다. 그
리고 그녀는 당시 제주에서 이름을 날리던 유명한 기생이 되었던 것으로
보인다.

여기까지 보면, 그녀는 「배비장전」에 나오는 제주 기생 애랑처럼 능숙
한 솜씨로 뭇 남성들의 마음을 사로잡으며 자신의 미모와 재치를 마음껏
뽐내며 살았을 것도 같다. 그러나 만덕은 심리적 갈등에 시달렸는데, 그것
은 자신이 천한 기생이 되어 집안에 누를 끼쳤다고 여겼기 때문이다. 그녀
는 비록 기생으로 살아가고 있어도 스스로 기생이라 여긴 적이 없었다. 출
생 신분이 천하지 않았어도 한 번 몰락하여 기생이 되었다면 그 후에 다시
원래의 신분으로 돌아가기란 매우 어려운 일이었다. 그런데 만덕은 스물세
살이 되던 해 제주목사를 설득하여 자신의 원래 신분인 양인의 지위를 회

복하고 객주를 차렸다고 한다.

　해어화解語花(말하는 꽃)라는 이름으로도 불렸고, 또 잔치 자리에서 유일하게 왕 옆에 나란히 앉을 수 있었던 존재인 기생. 물론 빼어난 예술적 자질로 많은 남성들의 흠모의 대상이 되어 당대를 풍미했던 황진이 같은 기생들도 있었다. 그러나 아무리 유명했다 할지라도 유흥 공간의 주체는 남성들이었으며, 그녀들은 조선 사회의 잉여적 존재들이었다. 더 이상 천대 받는 꽃으로 살기를 원치 않았던 만덕은 불가능해 보이는 자신의 소망에 도전할 계획을 세웠다. 바로 양인이 되는 것이었다. 그리고 실제로 강한 추진력으로 관아를 설득하여 천기賤妓의 신분에서 벗어나 양인이 되었다.

　대개 조선 시대 기생들이 기적妓籍에서 벗어나는 길은 어느 남성의 첩이 되는 것이었다. 또한 이는 대부분 조선 기생들의 소망이기도 했다. 「군산월애원가」라는 가사 작품에는 그 지방으로 귀양 왔던 김진형金鎭衡(1801~1865)의 첩이 되기를 간절히 소망했던 함경도 명천 기생 군산월君山月의 간절함과 좌절이 고스란히 드러나 있다. 그녀의 모델은 바로 성춘향이었던 것이다.

　양반의 첩이 되면 더 이상 기생 노릇을 안 해도 되고 노후가 보장되는 측면은 있으나 여전히 그 집안의 잉여 존재인 것만은 분명하다. 만덕의 선택은 이 지점에서 차별화된다. 그녀 역시 기적에서 벗어나길 원했다는 점에서는 여느 기생들과 비슷하다.

　그러나 그녀가 선택한 방법은 범상치가 않았다. 그녀는 가부장의 그늘 아래에서 간신히 어느 집안의 구도 안으로 들어가 보호받는 첩의 삶을 따

제주에서 금강산을 꿈꾼 여인, 김만덕

르지 않았다. 대신 그녀는 자신의 경제적 기반을 확실하게 마련했다. 이렇게 어느 남성의 첩 대신 객주 주인으로서의 삶을 선택한 그녀는 제2의 삶을 기획할 수 있게 된 것이다.

조선 시대에도 신분이 상승되는 경우들은 있었다. 특히 국가에서 인정하는 공을 세웠을 때는 명예직의 벼슬을 내리거나 혹은 면천免賤하는 방식으로 신분을 높여준 경우들이 있다. 그러나 여성이 자신의 설득력과 경제적 능력으로 원래 신분을 회복한 경우는 찾기 어려울 것 같다. 특히 관아 소속의 재산과 같은 기생을 관아에서 순순하게 놓아줄 확률은 더욱 없어 보인다. 그러나 만덕은 그 낮은 확률에 도전하여 자신의 운명을 개척해 나갔다. 직업이 곧 신분이었던 조선 시대에 자신의 운명을 개척한다는 것은 생각조차 하기 어려웠다. 기생은 직업이 아닌 '신분' 이었던 것이다. 그러나 만덕은 기생에서 객주 주인으로 삶의 형태를 바꾼다. 그리고 자기 삶의 주인이 되는 데 필요한 조건을 갖춘 그녀는 개인 사업으로 다시 한 번 자신의 삶을 기획하고 경영해 나가, 결국에는 자기 운명의 개척자가 되기에 이른다.

크게 벌어 크게 쓴, 진정한 큰손

양인의 신분을 회복한 후에도 그녀는 혼자 살았다. 조선 시대에 노비나 기녀 등이 아닌 여성이 독신을 선택한다는 것 역시 거의 있을 수 없는 일이었다. 이는 양반 여성이든 양인 여성이든 마찬가지였다. 그런데 만덕은 제주의 남자들을 변변치 않게 여겨 혼인을 하지 않은 것이다. 당시 제주 남자들에 대해 이렇게 생각한 것은 비단 만덕 혼자만은 아니었다. 유언호俞彦鎬(1730~1796)가 쓴 「제주오절부전」濟州五節婦傳에도 "남자는 적고 여자는 많으니 비록 천한 사람이라도 반드시 두서너 명의 첩을 두었으며, 또 밭갈이나 사냥, 나무하고 풀베기 등 힘 드는 일은 모두 여자가 하였는데도 한 번 싫어지면 쉽게 버렸다"고 기록하고 있다. 제주 여성은 제주도 밖으로 나갈 수 없었으므로 만덕도 제주에서 살 수밖에 없었다. 어쩌면 만덕의 선택에는 자신이 한때 기생이었다는 자의식이 작용했을지도 모른다. 그러나 혼자 사는 삶을 선택한 만덕에게 자신에 대한 높은 자존감과 더불어 자신이 속한 사회의 제도를 넘어설 수 있는 결단력이 있었다는 것은 분명한 사실이다.

집안 살림 대신 장사를 선택한 만덕은 기생이었을 때 익혔던 감각으로 객주를 운영했으며, 이를 바탕으로 좀더 규모가 큰 장사를 시작했다. 그녀는 녹용, 귤, 미역, 전복 등 제주 특산품과 제주에서 필요한 물건의 수요를 잘 헤아려 다양한 물건을 취급하는 일종의 무역업을 했던 것으로 보인다. 만덕은 재화를 늘리는 수완이 있었는데 특히 시세 차익을 실현하는 재주가 뛰어났다고 한다. 현재 비싼 물건과 싼 물건을 잘 헤아려 물건을 쌓아두거나 유통시키거나 하는 방식으로 사업을 하는 동안 그녀의 재산은 날로 늘어나, 수십 년이 지나자 제법 소문난 부자가 되었다. 만덕의 성공을 조선 후기 상업의 발달과 연결 지어 생각하면서, 그녀가 관가의 물품도 조달했으며, 선상船商들의 물품을 독자적으로 거래하는 여객주인권旅客主人權이나 포구의 상품 유통을 독점적으로 담당하는 포구주인권浦口主人權을 획득한 것으로 추정하는 견해도 있다(이덕일, 457). 그녀는 제주의 포구를 적극 활용하여 당당한 사업가로 성공한 것이다.

그러나 막상 그녀의 이름이 알려진 것은 단지 그녀가 제주에서 손꼽히는 여성 사업가로, 재산을 쌓아두었기 때문이 아니었다. 그녀의 이름이 제주를 넘어 뭍으로까지 알려지게 된 계기는 그녀가 자신의 재산을 전부 흩었기 때문이다.

1792년 무렵부터 제주에는 계속 흉년이 들어 굶주리는 백성들이 많았다. 조정에서는 특별어사를 파견하여 제주의 사정을 살피고 제주 백성들을 위로했으나, 심각한 흉년으로 인해 굶어 죽는 사람들의 숫자는 늘어만 갔다. 1794년, 드디어 정조는, 당시 굶어 죽은 백성들의 숫자도 파악 못하고, 옮겨온 곡식과 환곡은 마구 낭비한 채 장부 정리도 제대로 하지 않은 제주목사 이철운李喆運을 잡아오게 하고, 대신 심낙수沈樂洙를 목사로 제수하였다. 이해 농사는 흉년은 아니어서 다행으로 여겼으나, 수확을 앞두고 풍재風災가 닥쳤다. 기와와 돌들이 마구 날려 곡식이 다 쓰러지고 바닷물이 넘쳐 짠물이 들어왔다고 하니 엄청난 태풍이 몰아쳤던 모양이다. 결국 제주는 다시 흉년이 들고야 만다. 계속되는 식량난 가운데 또 흉년이 들자, 심낙수는 조정에 위기 상황을 보고하고 1795년 조정에서는 급한 대로 곡물 1만 1천 섬을 배로 수송하게 하였다. 문제는 이 수송선 중 다섯 척이 침몰하였고 봄 보릿고개까지 겹쳐 결국 제주도에서는 엄청난 수의 굶주린 백성들이 그냥 죽음을 기다릴 수밖에 없는 형편이 되었다는 사실이었다.

계속되는 흉년에, 춘궁기. 유일한 희망은 조정의 구휼미였는데 그것마저도 바다에 가라앉고 만 상황. 만덕의 눈앞에 서로 포개진 채로 널려 있는 시신들과 퀭한 눈으로 죽음을 기다리는 제주 사람들의 모습이 들어왔다. 그대로 방치하면 그들마저 죽을 것임은 너무나도 분명한 일이었다. 관아를 우러러도 더 이상 기대할 방법은 없어 보였다. 무슨 생각을 했는지 만덕은 소중하게 간직했던 장사 밑천과 여윳돈을 다 찾아 한몫을 만들었다. 천금 남짓 되는 돈으로 셈을 해보더니 자신이 부릴 수 있는 쌀 수송선과 제주와 전라도 사이의 뱃길에 익숙한 노련한 사공들을 수배했다. 그리고는 단단히 당부를 한다.

자네들, 지금부터 내 말을 부디 명심하게나. 이 돈으로 바꿔올 쌀 오백여 섬은 제주 백성들을 죽음에서 구할 쌀일세. 내 자네들의 노련함을 모르는 바는 아니나, 사안이 워낙 중요하다 보니, 자꾸 당부를 하게 되네그려. 부디 무사히 쌀을 싣고 돌아와주시게. 자네들의 손에 제주 백성들의 목숨이 달려 있네.

다행히도 쌀 오백여 섬은 무사히 제주도에 도착할 수 있었다. 만덕은 그 중 십분의 일에 해당하는 오십 섬으로는 친족들을 살리고, 그 나머지는 모두 관아로 운반했다. 진휼미였다. 주려 부황이 들었던 자들이 소식을 듣고 관아 뜰에 구름처럼 모여드니, 관에서는 그들의 사정을 헤아려 나누어 주었다. 만덕의 쌀은 죽음의 문턱에 다다른 제주의 백성들을 살려냈다. 그리고 남녀 할 것 없이 제주의 백성들은 모두 "나를 살려준 이는 만덕!"이라며 그녀의 은덕을 칭송하기 시작했다.

만덕 외에도 제주의 부자들 중 구휼미를 낸 사람들이 없었던 것은 물론 아니다. 제주목사 이우현은 진휼을 끝내고 장계를 올렸는데, 그 내용 중 '전 현감 고한록高漢祿은 곡식을 무역해 진휼에 보탠 것이 무려 삼백 석이나 되고, 장교 홍삼필洪三弼과 유학 양성범梁聖範은 자원해서 납부한 곡물이 각각 일백 석이나' 된다는 구절이 있다. 이 장계를 보고, 정조는 고한록을 대정大靜 현감縣監으로 임명했다가 이어 군수의 경력을 쌓게 하고 홍삼필과 양성범은 순장巡將으로 승진시키도록 명하였다. 이상한 것은 여기에서 만덕의 이름이 빠져 있다는 사실이다. 고한록은 이철운이 목사일 때에도 쌀과 벼각기 육십 섬씩을 내었는데 이철운이 이를 오백 섬으로 불려 보고하여 정의旌義 현감에 임명된 적이 있었다. 물론 이철운이 보고를 제대로 안 한 탓이기는 하나, 고한록이 이에 대한 정정을 요구했다는 기록은 보이지 않는다. 그 후 고한록은 1795년에 삼백 섬을 기부하였는데, 여기에는 '무려'라는 수식어가 붙어 있다. 조정에서도 '제주의 일백 섬은 육지의 일천 포에 맞먹는 것'이라고 하며 그 의의를 더해주고 있다.

『조선왕조실록』에 만덕의 사건이 기록된 것은 1796년 11월이 되어서였다. 만덕은 그야말로 '무려' 오백 섬이나 쾌척하였다. 그리고 그 중에는 친척 몫도 있었다. 그녀가 제주 백성을 구휼한 것은 단지 지방 유지로서의 기부나 자선사업의 의미가 아니었다. 자신의 식구를, 친척을 살리는 마음이었기에 그녀는 자신의 재산을 아낌없이 내놓았던 것이다. 이때 그녀의 나이 오십칠 세였다. 스무 여남은 살 이후로 그녀는 열심히 사업을 했고 큰 돈을 모았다. 그리고 결정적인 순간, 그녀는 삼십 년 이상 모아온 재산을 아낌없이 흩었다.

크게 벌어 크게 쓴 여성, 만덕은 진정한 큰손이었던 것이다.

대궐 구경, 금강산 구경을 한 제주 여성

장계를 받아본 정조는 기특하기도 하고 신기하기도 했다.

'어떻게 양반도 아니고, 남자도 아닌 일개 제주도 아낙이 이런 기특하고도 큰일을 자원해서 할 수가 있단 말인가. 제주도 사대부 중에도 제일 큰 몫을 감당한 자가 삼백 석에 불과한데, 미천한 아낙이 오백 석이나 되는 쌀을 내어 백성들의 목숨을 구하다니……. 남자라면, 양반 같으면 벼슬을 더 해주면 되고 천민이라면 면천해주는 길이 있겠는데, 제주 부녀자라……. 어떤 상을 주면 좋을까?'

잠시 고민하던 정조는 드디어 어명을 내린다.

"제주목사에게 답하노라. 만덕에게 소원이 있다면 쉽고 어렵고를 따지지 말고 특별히 베풀어주도록 하여라."

제주목사는 어명을 거행하기 위해 만덕을 불렀다.

"만덕아, 네 소원이 무어냐?"

이렇게 물으면서도 막상 그녀가 어찌 대답할지 자못 궁금하였다. 과연 만덕은 무엇을 달라고 청할 것인가? 보상일까? 장사에 유리한 이권일까?

"다른 소원은 없사옵고 한 번 서울에 가서 임금님 계신 곳을 받들어 뵙고 그리고 금강산에 가서 일만 이천 봉우리를 볼 수 있다면 죽어도 여한이 없겠습니다."

'역시 만덕이로고. 이 어찌 허를 찌르는 대답이 아니더냐?'

제주목사는 속으로 감탄해 마지않는다. 여태 육지 구경을 해본 제주 여성은 없었다. 제주 여성이 육지로 나갈 수 없는 것은 국법으로 정해 엄히 다스리는 항목이었다. 이는 인구가 많지 않은 제주 백성의 숫자를 유지하기 위한 정책이었다. 만덕의 소원은 이 국법에 저촉되는 것이니, 임금의 특별 배려가 아니라면 감히 엄두도 못 낼 일이었다. 역시 이재에 밝은 만덕의 감각은 이런 경우에도 정확하게 그 요처를 집어 소망을 이야기하는 듯 느껴졌다. 만덕의 소원이 그의 허를 찌른 것은 그 소원이 무형의 것이고 자기 만족을 위한 것이라는 사실이었다. 재화로 곧장 환산 가능하지 않은 소원을 말할 수 있는 만덕의 안목에 감탄하지 않을 수 없었다.

만덕이 상경하는 동안 머무는 곳의 관아에서 말먹이를 대어주고 음식과 잠자리 등 여비에 필요한 것들을 제공했다. 1796년 가을, 서울에 도착한 만덕은 당시 영의정이었던 채제공을 만나고 채제공이 이를 임금께 보고하니, 정조는 선혜청에 명하여 만덕에게 월급을 주도록 하고 그녀에게 내의원 소속 의녀반수를 제수한다. 그리고 예에 따라 그녀는 중전에게도 문안을 드린다. 중전 또한 '일개 여자로 의기를 내어 굶어 죽을 사람 수천 명을 살린' 만덕을 기특하게 여겨 후한 상을 내렸다. 그러는 동안 만덕의 이름은 서울에 있는 벼슬아치들에게도 널리 알려져 많은 양반들이 그녀를 보고자 소원하였으니, 만덕은 일약 유명인사가 된 셈이다.

육십을 바라보는 여성이 금강산 유람을 하기에 겨울은 너무 힘든 계절이었다. 반년 정도 대궐에 머문 만덕은 이듬해 늦봄 금강산으로 향했다. 만폭동萬瀑洞, 중향봉衆香峯의 경치를 다 보고, 금을 입힌 불상을 만나게 되면 공양을 드려 정성을 다하였다. 그리고서 마침내 응문령鷹門嶺을 넘어 유점楡岾을 거쳐 고성古城으로 내려가 삼일포三日浦에서 배를 타고 통천通川의 총석정叢石亭에 올라 천하의 기이한 경치를 다 본 후에야 서울로 돌아왔다. 당시 금강산 여행은 남성 문사들의 꿈이기도 했다. 또 여성들의 한시 동호인 모임인 삼호정시사三湖亭詩社를 이끌어 이름이 알려진 김금원金錦園(1817~?)은 남장男裝을 하고서라도 금강산 유람을 감행할 정도였다. 제주 여성 만덕이 금강산에 오르다니 어떻게 한 곳이라도 소홀히 보았겠는가? 유람을 마치고 며칠을 더 머문 후 만덕이 제주로 돌아간다고 인사를 드리니, 대궐에서는 또 후한 상을 내렸다.

살아서 공적 명예를 누린 조선 여성

당대 벼슬아치들 중에는 만덕을 만나고 싶어 하는 이들이 많았다. 또 채제공, 박제가朴齊家(1750~1805), 이가환李家煥(1742~1801) 등 당대의 문인들이 만덕을 위해 전傳이나 송시送詩를 지었다. 채제공은 만덕을 기개 있고 자존심 강한 여성으로 그리고 있으며, 천하의 남자들도 못할 그런 일을 할 여성으로 기록했다. 박제가 역시 그녀의 선행을 대대적으로 기렸는데, 특이한 점은 그녀의 눈을 중동重瞳이라고 한 점이다. 겹눈동자인 중동을 지닌 대표적 인물로는 중국의 항우가 있다. 만덕과 마주 앉아서 작별의 슬픔을 나눈 채제공도 그녀의 눈동자에 대한 언급이 없는 것을 보면, 박제가의 이 기록은 만덕의 사람됨을 그리기 위한 수사적 표현일 수도 있겠다. 이가환은 예순쯤 되는 만덕의 얼굴이 마흔쯤으로 보인다고 했으니, 만덕은 분명 미모의 소유자였을 것으로 보인다. 이가환은 젊어 보이는 만덕의 얼굴에 대해 먼저 언급한 후 그녀의 선행에 대한 일들을 칭송하고 있다. 제주로 돌아온 만덕은 1812년 가을, 일흔 셋의 나이로 삶을 마감했다. 만덕에 대한 칭송은 죽은 뒤에도 이어진다. 그녀가 죽은 지 이십여 년 뒤에 제주로 귀양 온 김정희金正喜(1786~1856) 역시 만덕의 행적에 크게 감동하여 편액을 써서 보내 그 집안을 기리려 하였다.

　　조선의 사대부들이 모두 다 만덕을 칭송하기만 한 것은 아니었다. 예외도 있었다. 심노숭沈魯崇(1762~1837)은 「노래기생 계섬」이라는 그의 작품에서 만덕에 대한 이야기를 하고 있다. 그는 자신이 제주에 있을 때 만덕에 대한 이야기를 상세하게 들었다고 하면서, "만덕은 품성이 음흉하고 인색해 돈을 보고 따랐다가 돈이 다하면 떠나는데, 그 남자가 입은 바지저고리까지 빼앗으니 그녀가 가지고 있는 바지저고리만 수백 벌이 되었다"고 하였다. 또 "육지에서 온 상인 중 만덕 때문에 패가망신한 이들이 잇달았는데 이렇게 해서 그녀는 제주 최고의 부자가 된 것"이라고 하였다. 심노숭에 의하면, 만덕은 가증하고 허위로 가득한 탐욕스러운 인물이다. 그러나 만덕에 대한 기록 중 부정적인 내용은 현재 오로지 이 문건 하나가 있을 뿐이다.

이런 심노숭의 기술 태도는 「배비장전」에 나오는 제주 기생 애랑을 그리는 태도와 매우 비슷하다. 애랑은 잘 나가는 제주의 기생으로, 자신을 사랑하는 남성들에게 이를 뽑아 사랑의 증표로 삼게 했는데, 뽑은 이만 한 주머니가 되었다고 한다. 만덕에 대한 심노숭의 언급의 경우, 양반 남성인 그가 기생을 대상화시켜 바라보던 시선이 기생 전력을 지닌 만덕에게도 그대로 덧입혀졌던 것은 아닌가 하는 생각이 든다. 혹은 양반이라는 자신의 신분적 한계로 말미암아 그렇게 '당당하고 독립적인' '하층 여성'을 어떻게 바라보아야 하는지 그 방법을 알 수 없었던 데서 비롯한 평가인지도 모른다. 그런가 하면 노론인 심노숭과 남인 영수인 채제공과의 당파 차이를 지적하면서 심노숭이 만덕을 비판하는 데는 일정 정도 당파적 입장이 개입되어 있다고도 한다(김영진, 91). 어찌 되었든 심노숭이 만덕에 대한 떠들썩한 대접과 그런 그녀에게 칭송 일변도의 글을 지어 바치는 사대부들의 세태를 부정적으로 바라본 것은 분명하다.

만덕에 대한 여타의 기록은 모두 칭송 일변도이며 현재 제주에서도 만덕은 '제주의 할머니'로 기려진다. 그러나 정반대의 부정적인 기록도 있으니, 없는 셈 치고 넘어갈 수는 없는 노릇이다. 하지만 백분 양보하여 설사 만덕에게 부정적인 요소가 있었다고 할지라도 그녀는 자신의 재산을 '정승같이 쓴' 경우에 속한다. 만덕이 그 누구도 하기 힘든 결단을 실천으로 옮긴 것만은 누구도 부인 못할 기정사실이기 때문이다.

조선의 여성에게는 공적인 명예를 얻을 기회가 열려 있지 않았다. 조선 후기에 열녀가 되기 위해 그렇게 많은 여성들이 스스로 죽음을 선택한

한 이유는, 여성의 경우, 그 방법만이 개인적으로 공적인 명예를 획득할 수 있는 유일한 방법이었기 때문이라고 한다. 조선 여성에게 공적인 명예란 죽은 후에야 비로소 누릴 수 있는 것이기도 했다. 이에 비해 만덕은 살아서 공적인 명예를 얻고 자신이 그 열매를 누린 여성이다. 그것도 제주의, 한때 기생이었던 여성. 주변부의 징표를 이렇듯 여러 개 겹쳐 가지고도 그녀는 살아서 공적인 명예를 누린 몇 안 되는 조선의 여성이 되었다.

자기 삶의 경영자

만덕은 자신의 사업을 경영한 것에서 그친 것이 아니라 자신의 '삶' 자체를 기획하고 경영했던 인물이다. 송도에 '서경덕·박연폭포·황진이'라는 송도를 대표하는 삼절三絶이 있는 것처럼 제주도에는 삼기三奇 즉, 제주도를 대표하는 세 가지 기이한 것이 있는데, 고려 때의 승 혜일과 어승마御乘馬 노정, 그리고 만덕을 꼽는다. 만덕은 단지 유명한 기생으로서가 아니라 제주를 대표하는 은덕 있는 이름의 하나가 되었다. 그리고 자본과 사업 경영이 주요 화두가 된 오늘날, 그녀는 조선 시대의 성공한 여성 CEO로 새롭게 해석되고 있다. 조선 시대 여성으로 대단한 사업 수완을 발휘한 만덕은 오늘날 여성에게 요구되는 전통적 역할 모델이 될 수 있다는 점에서 중요한 인물이 아닐 수 없다. 또 만덕에게서 자선의 의미만이 아니라 적극적인 사업 의지와 수완을 충분히 읽어주는 작업 역시 조선 시대 여성의 정체성을 찾아가는 과정에서 매우 절실한 과제이기도 하다. 성공한 여성 사업가, 만덕.

  그런데 요즘은 성공이라는 단어의 함의가 한 방향으로 굳어지는 것 같다. '저 사람 성공한 사람이야'라는 말은 어떤 사람이 자신의 분야에서 경제적으로 확고한 위치를 차지했다는 의미로 통용된다. 경제적인 성공이 보편적 성공의 의미가 되어버린 듯하다. 만덕은 물론 성공이라는 단어의 이런 쓰임에도 부합한다. 그러나 그녀의 성공은 실은 제주 제일의 부자가 되었다는 사실에서 얻어진 평가는 아니다. 오히려 그녀의 성공은 자신이 애써 모은 물질을 다른 이들을 위해 대가 없이 나누어주었다는 데서 비롯된다. 더 나아가 그녀의 성공은 제도와 질서에 순응하지 않은 채 자신의 자존을 지키기 위해 부단히 노력했다는 데서, 그렇게 맞설 수 있는 용기와 도전의 정신을 발휘했다는 데서 시작되었다. 또한 그녀의 성공은 자신에게 주어진 단 한 번의 기회를 무형의 자산을 위해 멋지게 투자할 수 있었다는 데서 얻어지는 것일 수도 있다.

  정조가 그런 제의를 했을 때 그녀는 쉰일곱이었고, 실제로 그 후로도 이십여 년을 더 살았다. 어쩌면 자식도 없는 초로의 여성이라면 노후 대책을 좀더 튼튼히 마련해두는 장치를 선택했을 수도 있다. 그러나 만덕은 그렇게 하지 않았다. 그랬기에 제주 여성 만덕의 이름이 서울에까지 알려지고 여러 훌륭한 문사들의 글에 담겨 살아남았으며 오늘날 우리들도 그녀의 삶의 편린이나마 엿볼 수 있게 된 것이다.

  우리가 만덕에게 기려야 할 것이 있다면 혹은 벤치마킹 해야 할 것이 있다면 그것은 많은 것을 가졌을 때 진정 중요한 것을 선택할 수 있는 마

음과, 그런 선택이 진정 필요한 경우라면 무소유할 수도 있는 그녀의 자유
로움인지도 모른다.

■
김삼의당을 이해하는 기본 자료는 『삼의당고』三宜堂稿이다. 이 자료는 허미자가 편한 『조선조여류시문전집』(태학사 영인)에 실려 있다. 그러나 이 활자본은 원본을 확인할 수 없는데다 출판 연도도 1923년으로 삼의당의 시대로부터 워낙 멀다. 이런 이유로 이 자료에는 위작 시비가 있다. 김삼의당의 후손 댁에 전하는 하립이나 김삼의당에 관련된 다른 자료들 즉, 『하씨오룡집록』河氏五龍輯錄 ·『영모록』永慕錄 등 하립 형제와 하경천의 글들, 관아에 올려진 공문서들과 『진안군지』鎭安郡誌에 실린 「하씨오효자전」河氏五孝子傳 등을 보면 김삼의당의 모습이 좀 더 선명해지지만, 이 자료들 역시 위작 시비에서 자유롭지 못하다. 하지만 이런 자료들에서 드러나는 김삼의당의 모습은 워낙 일관성 있고 구체적인 한 개인의 체취를 전하고 있다. 따라서 조선 후기를 산 한 여성의 삶을 바라보는 자료로는 무리가 없다는 것이 필자의 생각이다.

■■
김삼의당에 대한 연구로는 몇 개의 석사 논문과 박사 논문, 그리고 개별 논문들이 있다. 1990년 전북대학교에서 나온 김덕수의 「김삼의당의 시문학연구」가 대표적인 업적이지만, 자잘한 문제들이 있다. 박요순의 「삼의당과 그의 시」(『한남어문학』 11집, 한남어문학회, 1985년)는 초기의 논문이지만, 오히려 지금까지도 가장 충실한 연구로 보인다. 필자가 삼의당을 바라보는 관점과는 많이 다르지만, 충실한 소개와 기초적인 자료 조사에 도움을 많이 받았다.

시골 색시의 환상과 욕망

金三宜堂

김삼의당(1769~1823)

미인도와 풍경화

남성 시인들이 여성을 묘사할 때는 유리병으로 포장한 것처럼 보일 때가 있다.

대나무 이내 속 비취새 숨고	竹籊霏烟藏翡翠
연잎 비를 받쳐 원앙의 우산	荷盤擎雨盖鴛鴦
잠에서 깬 미인 나른한 모습도 예뻐	美人睡起嬌無力
천천히 구슬발 걷고 해당화를 본다	閑捲珠簾看海棠

더할 나위 없이 화사한 감각이 말초감각을 만족시킨다. 하지만 시 속의 여성에겐 역사적 시공 속에 숨쉬고 사는 인간의 체취가 전혀 없다. 미

인도라는 관습적인 그림에 부친 시라서 그럴까? 아니, 오히려 여성을 정물로 바라보는 미인도의 시선과 시인의 시선이 같은 방향으로 중첩된 결과가 아닐까? 인물이 두터운 유리병 속에 갇힌 것 같은 이 느낌은.

조금 덜하기는 하지만, 노동하는 하층 여성을 묘사하는 경우에도 이런 갑갑한 느낌은 여전하다.

아침밥 내가자마자 다시 점심밥	纔饁晨殤又午殤
들나물 산고사리 사이사이 섞였다	野蔬山蕨雜中間
반쯤 터진 베적삼 굽은 가시 비녀로도	布衫半綻荊釵曲
날마다 밭머리에 오고갈 줄 아는구나	日日田頭解往還

반쯤 터진 베적삼과 가시나무 비녀, 들나물과 산고사리로 한껏 생활의 감각을 살리고자 했지만, 역사의 어느 지점에서도 상층 남성에 의해 포착된 하층 여성의 모습은 언제나 이런 식이었다. 구체적인 인간의 이야기인 듯하지만 실제로는 일반적인 풍경이다. 그녀에게 말을 시킨다면 베적삼과 가시 비녀, 들밥 함지 속에 든 들나물과 산고사리를 이야기할까? 누추한 처지에도 불평하지 않고 부지런히 들밥을 나를 줄 아는 '기특함'을? 그럴 수도 있겠지만, 어쩐지 구두를 신은 채 모기에게 물린 발가락을 긁고 있는 느낌이다. 그녀에게 말을 시킨다면 무슨 말을 할까? 그녀가 말을 한다면 그 말들을 어떻게 읽어내야 그녀에게 제대로 접속하는 것일까?

당연한 이야기지만 여성도 생활인이다. 여성도 구체적인 맥락 속에서

시골 색시의 환상과 욕망, 김삼의당

순간순간을 선택하며, 그러한 선택을 통해 자신의 문제를 풀어가며 산다. 삶의 엄숙성과 난해성에, 욕망에, 역사 속에, 그 풀기 어려운 질문들에 긴박되어 살아간다. 그 질문들에 답을 선택하고 전략적인 싸움을 걸며 살아간다. 그것이 옳든 그르든, 남 보기에 아름답든 흉하든 말이다. 사회적 존재로서의 존재성이 여성에게는 원천적으로 부인되었던 조선 시대 사회라고 해도 마찬가지다. 사회적·역사적 이슈를 직접 이야기하지 않는다 하더라도 이미 온몸으로 역사를 살아내고 있는 것이 생활인 것이다. 조선 시대 여성도 그렇다. 당연한 이야기다. 이 당연한 이야기가 이야기되어야 하는 이유는 그들이 이처럼 유리병 속에 갇힌 타자로서만 제시되었기 때문일 것이다. 그래서 그들도 전략적으로 삶을 살아가는 생활인이었다는 당연한 이야기를 다시 해야 하는 것이다. (앞에 인용한 시는 모두 서거정의 시이다.)

여자의 도움 없이 역사가 이루어졌던가요?

1786년 어느 봄날 밤, 전라도 남원의 교룡방 기슭 서봉방, 김씨 댁에 신방이 차려졌다. 혼례를 마친 새색시가 신랑과 마주 앉아 있었다. 동방화촉 불 밝히고 술상이라도 사이에 두고 마주 앉았을까? 새신랑은 마주 앉은 신부에게 시를 지어 건넸다.

만나고 보니 둘 다 광한루의 신선들   相逢俱是廣寒仙

오늘밤은 분명 옛 인연이 이어진 것   今夜分明續舊緣

배필이란 본디 하늘이 정하시는 것 配合元來天所定

세간의 중매들 모두 어지럽게만 구오 世間媒妁摠紛然

열여덟 신부는 냉큼 화답해왔다.

열여덟 살 신선 열여덟 살 선녀 十八仙郎十八仙

깊은 방 꽃 촛불에 좋은 인연 洞房華燭好因緣

한 해 한 달 태어나 한마을에 사니 生同年月居同閈

이 밤 우리 만남이 어찌 우연일까요 此夜相逢豈偶然

'우리는 전생에서부터 맺어진 사이'라는 새신랑의 수작에 '우리의 만남은 우연이 아니지요' 하고 화답한 것이다. 신랑의 시는 어쩌면 우린 춘향과 이도령 같은 연인들의 화신이란 말일지도 모르겠다. 남원 사람들이니, 달 속의 광한전보다 춘향과 이도령의 광한루를 먼저 떠올렸을지도. 이 두 사람, 정말 그날 밤 신방에서 처음 만났을까? 아무리 내외가 철저한 시대였다고 해도 한마을에서 자란, 게다가 같은 해 한날한시에 태어나 사주가 같은, 범상치 않은 인연의 처녀·총각이었다. 고전소설 속에 나오는 것처럼 담 너머로 시를 던져넣고 주워 보던 사이는 아니었을까? 확인할 길 없는 부질없는 상상이다. 어쨌든 뜻밖의 초야 풍경이요, 당돌한 새색시다.

자신들의 인연을 확인하는 달콤한 밀어에 이어, 신랑은 유가의 교양서적을 인용하며 다시 시를 건넨다. "좋은 아내, 좋은 며느리가 되어주오." 그러자 신부 역시 교양서적들을 인용하며 "죽을 때까지 당신을 공경하고 순종하며 어기지 않겠어요" 하고 화답하였다. 무슨 생각이었을까? 수줍어하지도 않고, 던지는 대로 척척 화답해오는 새색시가 기뻐서 다소 짓궂은 장난기가 발동하였을까? 신랑은 말꼬리를 잡듯 "내가 잘못한대도 순종하겠단 말이오?" 하고 되물었다. 임금에게 잘못을 간하는 신하가 있어야 하고 아비에겐 그런 아들이 친구에겐 그런 친구가 있어야 하듯, 남편에겐 그런 아내가 있어야 하는 법, "제가 서방님을 어기지 않는다고 말씀드린다고, 서방님의 잘못도 따르겠다는 말이겠습니까?" 야무진 맞대응이었다. 장난을 걸었다 오히려 머쓱해진 신랑은 슬며시 화제를 바꾸었다. 이어 초야의 풍경은 삶의 목표를 토로하고 토론하는 대화로 이어진다. 주고받고 넘실넘실, 종과 북이 어울리듯 비파와 거문고가 어울리듯, 식견과 이상을 겨루어보고 뜻을 맞추며 초야를 치른다.

이 초야 풍경을 기록한 것은 신부였다. 같은 사주를 타고나 한마을에서 태어나 성장했으니, 자신들의 인연은 하늘이 맺은 것이라는 낭만적 확신이 있다. 그 위에 지적 교류를 하며 삶의 목표를 함께 세우는, 서로 대등한 반려라는 자부심이 도도히 흐른다. 자신들의 관계가 '종고지락'鐘鼓之樂 혹은 '금슬지락'琴瑟之樂이라 표현되는 이상적인 유교적 부부 관계라는 자부심인 것이다.

이 당돌한 새색시는 김삼의당金三宜堂이다. 그날 밤 그녀가 남편 하립河湜(1769~1830)과 세운 인생의 목표는 무엇이었을까? 그녀가 기록해놓은 「혼례날 밤의 이야기」禮成夜記話로 돌아가보자.

새신랑은 그녀가 시에 조예가 있다는 것을 익히 알고 있었다. 그래서 초야의 첫 수작도 시였던 것이다. 내친 김에 하립은 시 이야기를 계속하기로 했다.

"시를 잘 아시지요. 어떤 시구가 제일 좋던가요?"
"두목杜牧의 '평생 오색실로 순임금의 옷을 기워드리려네' 平生五色線, 願補舜衣裳라는 시구가 좋아 늘 외웁니다."
"아니, 하필 그런 구절을 좋다 하오? 남자라면 모르지만 여자에게는 어울리지 않는 시구인데?"

당연한 반론이었다. 남성의 사회적 성취에 대한 포부를 읊은 것이 새색시가 제일 좋아한다고 대답한 두목 시의 내용이었으니까. 신랑으로선 부부의 금슬을 노래하거나 시부모에 대한 효성을 다짐하는 얌전한 『시경』詩經 구절쯤을 예상했는지 모른다. 그녀가 열다섯 되던 해에 지었다는 「어른이 되는 날」芽年吟 같은 시를 그도 그때쯤이면 알았을 테니까. 하지만 새색시의 대답은 거침없었다.

"임금에게 충성하고 나라를 사랑하는 데 남녀의 구분이 있을까요? 여자의 도움 없이 역사가 제대로 이루어진 적이 있었던가요?"
"사람의 도리로는 효성이 첫째인데, 어째서 그것은 제쳐놓고 임금에 대한 충성을 이야기하기에 급급하오?"

"입신양명해서 부모를 현달케 하는 것이 가장 큰 효라고 공자께서도 말씀하셨지 않나요? 어버이에게 효도하는 방법으로 임금께 충성하는 것보다 더 효과적인 방법이 있을까요?"

신랑은 그만 할 말이 없어졌다. '입신양명'은 신랑의 부모가 신랑에게 소원해 마지않는 것이기도 했다. 분명히 과거를 통해 입신양명하는 것만이 효도의 길인 것이 그들이 처한 현실이었다. 새색시는 정확하게 그것을 지적하고 있었다. 그러나 그것은 새색시 자신의 욕망이기도 했다. 과거를 통한 '입신양명'으로 명색만 양반인 집안을 다시 일으키는 것은, 집안의 구성원들에게도 양반으로서의 지위를 계속 누릴 수 있는 유일한 방책이었다. 그녀로선 남편을 통해 이루어야 하는 욕망이었다. 새색시가 초야의 신랑에게 그것을 다짐하고 설득하고 있었다. 부드럽고 정감 있는 기질의, 부모에 대한 효심이 깊고 그녀를 깊이 사랑했던 것이 분명한 신랑은 곧 설득되었다. 하여 이날 밤의 토론은 "세간의 몇 사내가 이 부인의 충과 효를 당하랴"世間幾男兒, 忠孝一婦子 하는 감탄과 함께, "평생 지닌 충효의 뜻이 고운 눈썹의 부인께 못 미치는 것이 부끄럽구려"平生忠孝意, 愧不及蛾眉라는 신랑의 시로 마감한다.

그렇게 그들은 그날 밤, 삶의 목표를 과거 급제를 통한 입신양명으로 합의했다. 짧은 신혼을 거쳐 신랑은 곧 산사로 공부하러 떠났고, 열여덟 살짜리 새색시가 열여섯 살짜리 딸의 어머니가 될 때까지 과거 준비와 거듭되는 응시로 생이별이나 다름없는 별거가 시작되었다. 이 기간 내내 부부는 초야의 약속을 되새기며 생이별을 견디어낸다. 돌아오고 싶다고 당신이 그립다고 호소하는 남편을 향해, 중간에 포기하고 돌아오면 밤에 방에 들이지 않겠다며 아내는 그때마다 단호하게 초야의 약속을 환기시킨다. 그렇게 견디어낸 세월이 열여섯 해였다.

사실 조선 시대라는 배경을 생각한다면 다른 선택이 있을 수 없는 당연한 선택이기도 하다. 하지만 이들의 선택에서 독특한 점은 '과거 급제'라는 욕망이 여성에 의해 주도된다는 점이다. 「혼례날 밤의 이야기」는 이 시골 양반 댁 새색시의 욕망과 환상을 고스란히 드러내주는 글이다. 사주가 같은 부부의 인연에 대한 낭만적 환상, 금슬을 연주하듯 조화롭고 이상적인 유교적 부부 관계를 실현한다는 환상, 입신양명이라는 사회적 환상이다. 그것은 곧 그녀가 가진 욕망의 다른 얼굴이기도 하다. 그 욕망들이 진정 그녀의 욕망이었는지는 별개의 문제지만, 적어도 그 욕망의 현상적 주동자는 그녀 자신이었다.

시골 양반의 과거 급제 프로젝트

혼례를 치르고 시집으로 들어온 새 며느리를 보고 신랑의 아버지 하경천河經天은 흡족했다. 여러 대째 벼슬이 끊겨 이제 하릴없이 시골 양반으로 물러앉은 처지지만, 그래도 대학자인 김일손金馹孫(1464~1498)의 후예였다. 이 시골구석에서야 그만한 뼈대면 아무리 가난해도 무시당하지 않고 행세할 만했다. 영의정 하연河演의 먼 후손인 것에 매달려 있는 자신들과 비슷한 처지이다. 사돈인 김인혁과는 한마을에서 엇비슷한 지체라 교유가 있는 터였다. 그 아비 밑에서라면 몰락한 처지의 양반가에서 양반의 뼈대를 유지하기 위해 부녀자들이 맡아야 할 역할이 무엇인지 뼛속 깊이 배웠을 것이다. 그리고 보니 아들과 사주가 같다는 것이 새삼 범상치 않게 여겨졌다. 한마을에서 한날한시에 태어난 비슷한 처지의 처녀·총각이라는 것이 어디 쉽게 있을 인연이겠나, 제법 기특한 생각이 다 들었다.

　마음에 걸리는 것은 당자가 제법 학문에 조예가 있고 시에 재주가 있다는 소문이었다. 글쎄, 학문과 시라…… 조상님들 명자나 알면 족했다. 그저 시집을 하늘처럼 알고 일이나 잘하면 되는 것이 여자다. 똑똑해봐야 제 주장이나 생기고, 제 남편 꼬드겨 형제간에 분란이나 일으키는 법이다. 집안은 급속히 몰락하는 중이었다. 그의 조부가 처음 낙향할 때만 해도 그저 처사의 체면을 유지하고 살만은 했다. 그러던 것이 부친 대에 와서는 첫 낙향지인 월랑(지금의 진안)에서 더 이상 견딜 수 없어서, 좋은 동네를 가릴 겨를도 없이 남원으로 이거해 살 수밖에 없을 만큼 몰락했다. 고달프고 외로운 가세였다. 그러나 몰락한 집안일수록 가부장적 가풍은 칼날같이 살아 있어야 한다. 이 처지에 암탉까지 울면 안 되는데……. 아닌 게 아니라 그런 염려가 들었다. 그러나 새 며느리의 인사를 받고 신부의 짐 속에 얹혀온 시 몇 수를 본 그는 생각을 바꾸었다.

　　　깊은 규중에서 자라나　　　　　　　　　　　生長深閨裏
　　　얌전히 천성을 지킨다　　　　　　　　　　　窈窕守天性

일찍이 「내칙」편 읽어	曾讀內則篇
집안 정사 훤히 알았네	慣知家門政
어버이껜 마땅히 효를 다하고	於親當盡孝
지아비껜 반드시 공경할지니	於夫必主敬
잘하는 것도 잘못도 없이	無儀亦無非
순종으로 정도를 삼을 뿐	惟順以爲正

　마음이 환해졌다. 보통내기가 아니었다. 하경천, 그 자신 충효를 다짐하고 경계하는 시와 글들을 거듭거듭 지어 아들들에게 주었다. 그런 작업을 통해 아들들의 입신양명을 독려하고 엄격한 유가적 가풍을 잃지 않으려고 평생 노력했다. 그건 집안을 단속하는 것이기도 했지만, 다른 한편으론 대외적으로 집안의 가풍을 선전하려는 것이기도 했다. 몰락해가는 집안을 그나마 유지하려는 힘겨운 노력이었으나, 역부족이었다. 이 새 며느리가 제 남편을 도와 그 역할을 맡을 수 있을지도 모르겠다 싶은 생각이 들었다.
　초야에 제 남편에게 했다는 이야기도 그렇지만, 시집에 들어오던 날로 제 남편에게 했다는 말도 기특했다. 거룩한 임금이 다스리는 시대에 어렵고 누추한 동네에서 사는 것은 옳지 않으니, 집안일은 자신에게 맡기고 입신하도록 하라고 독려했단다. 게다가 "세상의 남편들은 사랑에 빠져서 의리를 생각하지 않고, 아내가 된 자들은 정에 지나쳐서 분별을 모르지요. 저는 그렇게 되고 싶지 않아요"라며 기꺼이 독수공방을 자청하고 나섰다. 사랑에 빠져 야망을 포기하는 성격이 아니었다. 제 역할이 무엇인지 분명히 알고 있었다. 이만하면 제 남편을 독려하고, 나아가 집안의 여자들을 교육하는 역할을 맡아 양반의 가풍을 이어갈 수 있을 것이다.

게다가 학문과 시에도 뛰어나다면 무너져만 가는 집안의 품격 유지에도 도움이 될 것이다. 친정에서 지었을 시들 중에서 보란 듯이 신행 짐에 얹어가지고 온 시들이라니, 이 정도로 시를 골라 내놓을 줄 안다면 양반가 부녀가 시를 한다는 기롱을 당하지 않으면서도 집안의 문화적 수준을 은근히 자랑하는 일이 될 것이다. 제가 가진 것으로 무엇을 해야 할지 계산할 줄 아는 당돌함이 있었다. 제 친정의 가르침이겠지만 제 영민함이기도 하리라. 어쨌든 우리 집안의 며느리로는 적격이다 싶었다.

삼의당의 시집인 진양 하씨 집안은 영의정의 자손이라 내세우긴 했지만 그것은 먼 조상의 이야기였다. 7대조의 교리 벼슬이 현달한 벼슬로는 끝이었다. 그나마 세거지인 안산에서 남원으로 낙향한 증조부 이래로는 영 벼슬이 끊긴 시골 양반이었다. 하경천 당대에 와서는 집안의 자제들이 더 이상 학업에만 전념하지 못하고 주경야독의 명분 아래 자영농으로 변신해야 했다. 그만큼 집안의 몰락은 가속되어가고 있었다. 하씨 가문이 평민으로 몰락하지 않고 가문을 유지하기 위해서는 어떻게든 누군가 다시 벼슬에 올라야 하는 처지였다. 아마 삼의당의 친정도 마찬가지 상황이었을 것이다.

이 두 시골 양반 집안이 처한 현실은 그들 두 집안의 문제만이 아니었다. 조선의 선비들은 지방에 가진 토지를 기반으로, 물러나면 독서하고 나아가면 대부가 되는 전환을 거듭하는 것이 일반적인 양상이었다. 그러나 조선 후기에 들어서면서 양반 계층은 기하급수적으로 늘어나는 데 비해서, 관직은 대대로 서울 주변에 살던 몇몇 가문에 의해 독점되는 현상이 나타난다. 관직이 몇몇 가문에 독점되자 여기서 밀려난 선비 계층은 시골로 낙향하게 된다. 서울 주변에 근거지가 없이 지방에 거주하던 양반들 역시 중앙 정계로의 진출이 어려워진다. 게다가 점차 서울과 시골은 문화적으로도 분리되기 시작했다. 시골과는 문화적 차이가 현격한 '특별'한 서울시가 생겨나는 것이 이 무렵부터라고 할 수 있을 것이다. 이처럼 문화적으로조차 경·향이 분리되기 시작하자, 시골 양반이 과거를 통해 중앙 정계로 진출한다는 것은 현실적으로 거의 불가능한 일이 되어갔다.

　　그러나 생산에 종사하지 않았던 조선 시대 선비들에겐 과거를 통해 관계에 진출해 대부가 되는 것 이외엔 경제력을 유지할 방도가 없었다. 게다가 전통적으로 사족들이 지방에서 장악하고 있던 향권鄕權이나 각종 혜택도 철폐되거나 새로운 향권 담당층에게 넘어갔다. 이에 따라 경제적으로도 몰락을 거듭해야 했던 것이 이 시기 시골 양반들의 현실이다. 점차 과거 준비를 할 경제력조차 잃고 결국 자영농의 길로 접어들 수밖에 없었다. 삼의당의 시집은 이 시기 향촌 사족의 전형적인 모습이었다.

　　삼의당의 남편 하립은 어려서부터 명민해서 온 집안이 과거에 소망을 걸고 있는 아들이었다. 큰시아주버니인 하호는 일찌감치 과거 공부를 폐하고 자영농의 길에 들어섰다. 이미 모든 아들들이 과거 준비에 몰두할 수 있는 사정은 아니어서 일종의 역할 분담이 이루어진 것이다. 즉 그나마 가능성이 있는 아들의 뒷바라지를 위해 나머지는 생업에 종사할 수밖에 없도록 타협이 이루어진 것이다. 삼의당은 자신의 욕망과 시집의 처지가 한 궤의 것임을 절박하게 인정했다. 첫날밤 자신의 사회적 욕망을 강변하던 이 새색시는 시집에 들어가던 날, 다시 한 번 남편을 향해 선언한다. 당신은 부지런히 공부해서 벼슬을 하라, 집안일은 내가 맡을 테니 하고. 삼의당은 기꺼이 남편과의 사생활을 포기하고 독수공방을 선택한다. 그것만이 이 집안과 그녀의 유일한 선택이었다.

삼의당의 시문을 통해서 얼핏얼핏 드러나는 그녀의 남편 하립은 부드럽고 정감이 깊은 사람이다. 달밤에 함께 꽃구경을 하며 "꽃과 달과 당신이 있으니, 우리 집 같은 곳은 세상에 다시없을 것"隨月看花人又至, 無雙光景在吾家이라고 속삭이던 남편이었다. 아내를 깊이 사랑했고 효성 깊은 아들이기도 했지만, 야심만만하거나 성취욕이 강한 성격은 아니었던 것 같다. 게다가 과거를 통한 입신이라는 꿈이 구조적으로 얼마나 불가능한 환상인지 가족들보다 먼저 깨달았을 것이다. 십 년이 넘게 과거 공부에 매달린 것도 자신의 의지라기보다는 부모와 아내의 욕망과 기대를 저버리지 못해서였을 것이다.

그런 만큼 아내와의 이별을 어려워하고 객지살이를 힘들어했다. 공부하러 간 산사에서 과거 보러 간 서울에서 남편은 끊임없이 그리움을 호소해왔다. 그립다고 돌아가고 싶다고 하소연했다. 슬픈 생각이 간절해질 때면 상자 속에서 당신의 글들을 꺼내 읽는다고 했다. 그러면 당신의 얼굴을 보는 듯하여 마음의 위로를 받는다는 애절한 편지를 보내오기도 했다. 이 남편을 끊임없이 독려하는 것이 삼의당의 몫이었다.

서울에 객지살이를 하면서 부모와 헤어져 있는 이들이 몇 명이겠습니까? 아내와 이별한 사람은 또 몇이겠습니까? 그래도 당신 부모와 아내같이 기다리고 그리워하지는 않을 것입니다. 당신도 그렇습니까? 그러나 당신이 그리움으로 공연히 마음이 약해져서 입신양명하는 데 매진하지 않으신다면 어떻게 부모님의 기대와 아내의 소망을 이루어주시겠습니까? …… 이 좋은 시절에 위로는 부모님을 영화롭게 해드리고 아래로는 아내를 기쁘게 해주시지 못한다면, 저는 짜고 있던 베를 끊어버리고 밤에 가까이 오지 못하도록 하는 정도로 끝내지 않을 것입니다.

편지를 받은 남편은 풀 죽은 답장을 보내왔다. 가슴이 아팠겠지만, 이것이 그녀가 선택했고 떠맡았던 프로젝트였다. 십여 년을 혹독하게 추진한 프로젝트였다.

박제되지 않은 욕망

과거에 실패하고 낙향하였던 하립이 또다시 과거 보러 서울로 떠나던 날, 삼의당은 남편을 위해 술상을 차렸다. 술상을 앞에 두고 삼의당은 「권주가」를 부른다.

당신께 술을 권하오	勸君酒
당신께 권하니 당신은 사양 마오	勸君君莫辭

유령과 이백 모두 무덤의 흙 되니　　　　劉伶李白皆墳土

한 잔 또 한 잔 권할 이 뉘리오　　　　　一盃一盃勸者誰

당신께 술을 권하오　　　　　　　　　　勸君酒

당신께 권하니 당신은 더 드시오　　　　勸君君且飮

인생의 즐거움 얼마나 기랴　　　　　　人生行樂能幾時

나 당신 위해 칼춤을 추려 하오　　　　我欲爲君舞長劍

당신께 술을 권하오　　　　　　　　　　勸君酒

당신께 권하니 당신은 실컷 취하오　　　勸君君盡醉

부질없이 상머리의 돈 지키긴 싫소　　　不願空守床頭錢

오래오래 눈앞의 술잔 대하고 싶소　　　但願長對眼前罇

'화무는 십일홍이요 달도 차면 기우나니라' 까지는 아니더라도 기녀가 부르는 권주가와 크게 다를 것 없다. 무상한 인생 술에나 흠뻑 취하자며, 당신의 즐거움을 위해 검무를 추겠다고 하고 내사 돈도 싫고 오래오래 술이나 마시는 것이 소원이라고 노래한다. 질탕한 풍류가 영락없는 기방의 노래이다. 방금까지 "제가 드리는 말씀 모두 피맺힌 충정이니, 당신이 공부에 게으르다면 어찌 인정일까요?"吾所贈言皆血悃, 子如怠業豈人情라고 몰아대던 그 엄숙한 얼굴은 어디로 갔는가?

　　옛사람을 본받아 권주가를 지어 노래 부르며 술을 권했다고 했지만, 양반가 아내의 입에서 나올 노래는 아니었다. 그녀의 시에는 기방이나 유녀의 풍정을 잡아내는 시들이 많다. 습작을 겸해 지은 시들이긴 하지만, 안방마님이라기보다는 풍류객에 가까운 정서들이 겁 없이 표현된다. 여성이기 때문에 모른 척해야 하고 표현해서는 안 되는 것이 있다고는 도무지 생각하지 않고, 남성이 부르는 풍류의 노래에 거침없이 동참하고 있는 것이다. 초야의 새색시가 신랑의 사랑 노래에 거침없이 응대하던 그 모습이다.

　　남편과 헤어져 지내던 시절 삼의당이 지은 시들은 노골적인 애정표현이 양반 댁 마님에게 상식적으로 허용되는 도를 넘는다. 그런 노래들이야 또 '남편'을 그리워하는 것이라고 보아주고 넘어간다고 치자. 뽕밭에서 처녀·총각 눈 맞추는 장면을 순간적으로 포착해낸 다음의 시가 보여주는 감각은 양반 댁 마님에게는 '유탕'遊蕩에 가깝다.

　　　　성남의 밭두둑에서 뽕 따는데　　　　　　　採桑城南陌

　　　　곱디고운 흰 손이 어른거리네　　　　　　　纖纖映素手

　　　　젊은이의 휘둥그레 놀란 눈　　　　　　　　少年翻驚目

　　　　바라보며 부러 오래 머뭇거린다　　　　　　相看住故久

　　진나라의 아름다운 여자 나부가 뽕을 따다가 지나가던 조나라 왕의 유혹을 받고 거절하기 위해 지어 불렀다는 노래가 「밭두둑의 뽕나무」陌上桑라는 노래이다. 앞의 시는 이 노래의 모티프를 재창조한 것이 분명한데, 삼의당은 나부의 거절이 아니라 뽕잎 사이로 힐끗거리는 여자의 고운 손에 그만 넋이 나간 젊은이의 표정에 초점을 맞추고 있다. 그네 뛰는 춘향의 치마폭 사이로 힐끗거리는 속살에 넋이 나간 이도령의 표정처럼. 이 순간의 매혹에 사로잡힌 작가의 표정이 빤히 읽힌다.

「꽃을 꺾으며」折花라는 시는 더 기막히다. 무슨 일인지 혼자 창밖을 거닐고 있었단다. 해는 지루하게 길고, 그래서 "꽃 꺾어 귀밑머리에 꽂았더니 지나가던 벌 나비가 힐끔거린다"折花揷玉鬢, 蜂蝶過相窺라고 했다. 앞의 뽕 따는 노래야 전통적 이미지를 재창조해본 것뿐이라고 부질없는 변명이라도 할 수 있을지 모르지만, 남편을 멀리 보낸 양반 댁 아낙이 '지나가던 벌 나비가 힐끔거린다' 니……. 또 다른 시에선 '창밖으로 젊은이가 지나기에 구름 같은 머리를 슬쩍 매만지고는 천천히 홀로 걸어보았다' 日長窓外少年如 乍整雲鬢獨步徐라고 하였다. 이어지는 시구는 에로틱한 마음의 파란을 암시한다.

꾀꼬리 날아가버린 뒤 버들은 고요하고　　　　　　柳靜黃鶯飛去後
제비가 건드리니 꽃은 어지럽게 흔들린다　　　　　花紛玄鳥蹴來初

남편과 별거하던 시기에 지어진 삼의당의 시들에선 이런 표정이 일상적이다. 유가적 여성 규범이나 요조함 따위 아랑곳하지 않는 발랄하고 솔직한 상상력이다. 독수공방하는 젊은 여성의 고독과 몽상이 겁 없이 표현된다.

그런데 이런 점이 바로 그녀다운 점이다. 신방에서 끝내 신랑의 얼굴을 쳐다보지 못하셨던 얌전하신 우리 할머니, 기생에 빠져 지내는 남편을 꼿꼿한 표정으로 기다리셨던 우리 할머니, 여자가 지켜야 할 행실 규범들에 꽁꽁 묶여 지내시던 우리 할머니와 다른 점이다.

사실 삼의당의 노래들은 상층 양반 댁 마님의 입에서는 절대 나올 수 없는 것들이다. 부녀자가 시를 짓는 것은 창기唱妓의 본색이라고 훈육받았고, 질탕한 풍류란 기녀들에게나 해당하는 것이라고 치부하였던 양반 댁 마님이 지을 시가 아닌 것이다. 생식을 위한 성 이외에는 아는 척도 해서는 안 되었던 유교적 여성 규범에 승복한 여성이 지을 시가 아니다. 이 노래들은 이 여자가 유가적 교양을 지닌 상식적 안방마님과는 매우 다른 기질의 여성임을 보여준다.

이 시들은 그녀가 실은 자신이 표방하는 것처럼 유가적 행동 규범이 뼛속까지 스며든 여성이 아님을 보여준다. 같은 양반이라도 삼의당의 신분은 김호연재金浩然齋(1681~1722)나 서영수합徐令壽閤(1793~1865)과 같은 동시대 여성 시인들과는 달랐다. 김호연재나 서영수합이 당대 최고 문벌의 내당 마님이라면, 김삼의당은 몸소 밥 짓고 길쌈하고 나중에는 밭일까지 직접 해야 하는 처지였다. 이런 몰락은 그녀 당대가 아니라 이미 대를 물려온 것이었다. 상층 양반가 마님들의 시에는 오히려 그녀처럼 규범의 화신인양하는 시들이 없다. 물론 그와 정반대로 권주가를 거리낌 없이 불러젖히는 식으로 여성 규범에 저촉되는 시들도 없다. 시재를 교묘하고 우아하게 숨기면서 드러내지 삼의당처럼 드러내놓고 자랑하지도 않는다. 그래야 할 이유도 없었다. 삼의당의 시와 기질은 이들과는 확연히 다른 것이다. 겨우 명색만 남은 시골 양반의 딸이요 아내로서 현실적으론 일반 서민과 다를 것 없는 처지이기에, 양반의 교양을 표방하지만 서민적 발랄함이 몸에 밴, 그래서 미처 박제되지 않은 생생한 욕망과 당돌함이 살아 있는 그런 모습이다.

이런 그녀의 기질이 시집의 급박한 현실과 마주치면서, '남편의 과거급제'라는 프로젝트가 된 것이다. 온갖 유교 교양으로 포장하고 있지만 그녀의 '피맺힌 충정'은 그녀 자신의 욕망과 처지에 뿌리를 두고 있는 것이다.

삼의당은 이 시들을 남편에게 보냈을까? 삼의당은 서울에 있는 남편에게 자자구구 절절히 '상사'相思를 읊어댄 시들을 적어 보낸다. 이를 받아본 하립은 자신도 "밤이면 밤마다 그리운相思 곳 어디겠소, 미인은 단정히 오색구름 깊은 곳에 앉아 있구려"夜夜相思何處在, 美人端坐五雲深라고 답시를 적어 보냈다가 아주 낭패를 하고 만다. 삼의당이 어느새 정색을 하고 "대장부가 어이하여 아녀자의 행실을 배우시오? …… 사랑 편지 한 면에 쓰인 상사라는 글자는 규중의 부인에게나 어울리는 짓인걸"大丈夫何學女兒 …… 情書一面相思字, 惟在閨中婦子宜이라고 근엄한 표정을 지었기 때문이다. 하립의 표정을 생각해보면 딱하면서도 한편 웃음이 터진다.

생활인의 감각, 농부가

시골 양반이 과거를 통해 입신하기란 어차피 가망 없는 일이었다. 이것을 깨닫고 인정할 수밖에 없는 날이 온다. 그들이 서른세 살 되던 해인 1801년, 드디어 하립은 과거를 그만두기로 결단하고 농사지을 땅을 찾아서 진안으로 이거하기로 한다. 그리고는 삼의당에게 물었다. "당신도 당연히 나를 따라가겠지요?" 그들은 그해 섣달, 진안 마령의 방화리로 이사한다.

하립이 과거에 매진하던 시절, 삼의당은 남편의 독려자일 뿐 아니라 책사 역할도 겸했다. 서울 시절, 삼의당은 남편에게 편지를 보내, 자신의 집안 선조들과 세교가 있었던 집안인 심상규沈象奎(1766~1838)를 찾아가게 하고 심상규의 집에서 처신하는 법을 자세히 가르친다. 아직 과거에의 꿈을 포기하기 전인 1796년 심상규는 충남 웅천의 현감으로 좌천된다. 삼의당은 이때도 남편으로 하여금 심상규를 찾아가게 하며, 이번에는 웅천에 사는 문중 사람들을 모아 심상규에 대한 좋은 여론을 형성하고 심상규의 책사 노릇을 하라고 충고하기도 한다. 그때나 지금이나 중앙의 관리가 지방관으로 부임하면 지방 사족들이 줄을 대기 위해 드나들었다. 삼의당은 남편에게 그런 길을 열어주려는 적극적인 책사 노릇을 하고 있는 것이다. 하립이 과거를 포기하던 1801년에는 심상규가 정치적 사건으로 남원에 유배된다. 모를 일이기는 하지만, 이해 하립이 과거를 완전히 포기하는 데는 이들이 유일하게 줄을 대었던 중앙의 관리가 실세한 사정도 영향이 있었을 것이다.

심상규와의 인연은 과거를 포기한 이후에도 이어져, 심상규가 남원에 유배된 다음 해엔 심상규의 시를 차운한 시를 짓기도 한다. 해배되어 돌아갔던 심상규는 1805년에 전라감사로 다시 돌아온다. 이해 봄 심상규는 이들에게 환약을 선물했고, 이 사실을 기리는 시가 삼의당의 시고에 남아 있다. 이 무렵 삼의당은 둘째딸을 전주에 사는 송도환에게 시집보내는데, 딸을 시집보내면서 적어준 글에도 어김없이 심상규가 언급된다.

지금 우리 순찰사가 임금님의 명을 받고 와서 호남에 교화를 편 지 2년 만에 이 고을에는 좋은 다스림의 유풍이 퍼져 있고 시골에도 세상살이에 대한 탄식이 없으니, 소남召南의 교화를 오늘날 다시 볼 수 있게 되었다. 더욱이 나는 그 은택을 많이 입고 또 너를 순찰사가 가까이 계신 곳으로 보내게 되었구나.

시집에서 행해야 할 도리를 자세히 적어서 시집가는 딸에게 주어 보내는 이런 글에서조차 심상규를 언급하고 있는 것이다. 일반적인 계녀서戒女書로는 어울리지 않는 내용이다. 이런 행동을 어떻게 해석해야 할까. 딸의 신행 짐에 넣어 보내는 친정어머니의 글은 그녀가 처음 시집올 때 가지고 왔던 처녀 시절의 시들처럼 딸의 시집 식구들 앞에서 공개될 것이고 딸의 친정 가문의 학식과 지체를 은근히 자랑하는 일이 될 것이다. 이 점을 염두에 두고 있다고 밖에는 해석할 수 없는 행동이다. 하기야 원래 시집가는 딸에게 주어 보내는 계녀서라는 것의 한 가지 기능이 그런 것이기도 했다. 하지만 잘 가르쳤다는 것을 보여줌으로써 친정의 교양을 자랑하는 것이지, 이렇게 특정인과의 인연을 내세우는 법은 아니다.

짝사랑이 분명한 심상규와의 이런 인연을 어떻게 생각해야 할까? 집안끼리 맺어온 여러 대에 걸친 인연을 중요하게 여긴다는 명분이 있기는 했지만, 감사와의 인연이 자신의 가문을 유지하는 중요한 요소임을 그녀가 매우 적극적으로 이용하고 있다고 볼 수밖에 없을 것이다. 그녀답다.

과거를 포기하고 진안으로 이사한 하립은 비로소 편안한 긴 한숨을 내쉬었다. "무엇하러 구구하게 욕심 부리랴, 내 한 몸 편하면 신선인 것을." 何必區區求所欲, 吾身安處是神仙 그런 남편을 바라보며 삼의당은 마음을 접었다.

그리고 "서울에서 십 년을 분주하던 나그네, 초당에 오늘은 신선처럼 앉으셨네"洛下十年奔走客, 草堂今日坐如仙라고 화답한다. 과거 급제라는 십 년짜리 환상에서 벗어나는 순간이었다.

　그사이에 진행된 가족의 희생은 눈물겨운 것이었다. 진안으로 이사한 다음다음 해, 1803년에 이들의 맏딸이 열여덟 살로 요절한다. 아마 이 딸은 돌림병으로 죽은 것 같지만, 죽은 딸을 회상하는 삼의당의 제문에는 심부름하는 아이도 없어 밥 짓고 길쌈하는 일을 온통 딸에게 시켜야 했던 회한이 고스란히 묻어난다.

　　네가 인간 세상에 산 것은 겨우 열여덟 해 …… 우리 집에는 심부름하는 아이도 없어 밥 짓는 일도 네가 맡아야 했고 길쌈하는 일도 네게 맡겨야 했다. 너는 일이 아무리 힘들어도 마다하지 않았고, 일이 아무리 어려워도 피하지 않았다. …… 네가 죽은 지 한 달이 지나 서울에서 청혼서가 왔으니, 미처 다 펴보지도 못하고 정신을 잃고 말았구나.

　하립이 과거에 몰두하던 시절, 열여덟 살짜리 어머니에게서 태어나 아버지가 돌보지 않는 집안의 어려운 살림살이에 온갖 궂은일을 어머니와 함께 감당해야 했던 딸이었다. 진안으로 이사한 뒤 정착기의 힘겨운 삶도 함께 감당해야 했다. 삼의당은 전혀 내색하지 않는, 그 시절의 고통스런 생활이 이 딸의 죽음 앞에서 하는 통곡으로 비로소 얼핏 드러난다. 이 시절이 그들에게 얼마나 어려웠는지는 아버지 하경천에 대한 하립의 죄의식을 통해서도 엿볼 수 있다. 하경천이 죽고 나자 장례비를 마련할 길이 없었던 하립은 빚을 지게 되는데, 이미 하경천이 진 빚도 많이 있어서 몹시 시달리는 처지가 되었다. 하립은 '못난 자식을 두어서 지하에서도 욕을 당하신다'고 절규한다. 하경천이 진 빚이라는 것이 하립의 과거 뒷바라지를 하기 위한 것이었을텐데, 하립은 자신이 과거를 끝내 포기하고 말았던 죄의식에 피눈물을 흘리고 있는 것이다.

삼의당 부부가 과거를 포기하고 진안으로 이사한 뒤 이 집안은 연달은 상사를 당한다. 다섯 해 사이에 맏딸과 조카딸, 시아버지 하경천, 그리고 넷째동서가 연달아 세상을 뜬다. 집안의 희망을 걸머지고 과거에 매진하였던 하립이 결국 과거를 포기함과 동시에 그 기간을 버텨왔던 맏딸과 시아버지도 세상을 뜬 것이다. 집안의 운세가 한 바퀴 구르는 듯한 일들이었다.

진안에서 이들 부부는 직접 농사를 짓는 자영농으로 살아간다.

날은 이미 정오	日已午
해가 내 등을 지져대고 땀방울은 땅에 듣고	日煮我背汗滴土
가라지 낱낱이 호미질 긴 밭고랑을 다 매니	細討莨莠竟長畝
시누이 시어머니 보리밥을 지어 오셨네	少姑大姑饗麥黍
맛난 국은 부드러워 흐르듯 숟가락질	甘羹滑流匙
자잘한 낱알로 마음껏 배를 불린다	矮粒任撑肚
배 두드리며 걷다가 노래하다 하니	鼓腹行且歌
음식은 수고하는 데서 나오는 것이지	飲食在勤苦

시어머니 시누이 할 것 없이 그녀들 모두 터진 베적삼에 가시 비녀를 꽂고 숨 돌릴 틈도 없이 들밥을 내가는 촌 아낙이 된 것이다. 머리 위에 인 들밥 함지 속에는 들나물과 산고사리가 들어 있었으리라. 그러나 삼의당은 터진 베적삼과 가시 비녀를 묘사하는 대신 등을 지져대는 뜨거운 햇볕과 뱃속에서 느껴지는 거친 보리밥알의 감각을 이야기하고 있다. 생활이란 이처럼 몸에 각인되는 것일 게다.

남편이 과거에 매달리던 시절 그녀가 생활의 고통을 결코 내색하지 않았듯이, 농촌에서의 삶을 노래하는 시도 매우 밝다. 몸의 감각으로 노동을 묘사하고 있으면서도 결코 노동의 고통을 이야기하지 않는다. '음식은 수고로이 노력하는 데서 나오는 것'이라고, 언제나 단정하게 끝맺는다.

삼의당과 비슷한 시기에 정약용丁若鏞(1762~1836)은 강진의 유배지에서 생계를 위해 양계를 시작했다는 둘째아들 정학유의 편지를 받는다. 정약용의 몰락으로 정학유는 실제 경작에 종사하는 자영농의 처지를 겸하지 않을 수 없게 되었던 것이다. 이 편지를 받은 정약용은 "양계는 참으로 잘하는 일이지만, 닭을 치는 일에만 골몰해서 정취를 잊으면 안 된다"라고 답장을 보낸다. 양계를 하더라도 그 정취를 노래하는 시들을 지어봄으로써, 생업에 매몰되어 맑은 정취를 잊지 않도록 유념하라고 타이른 것이다. 그것이 촌구석 농사꾼의 양계와 사족의 양계가 다른 점이라고 타일렀다. 어쩔 수 없이 생업에 직접 종사하게 된 시골 양반들이 사족의 정체성을 확보해가는 한 방식을 제시한 것이었다. 이 시절 삼의당의 시들은 그런 식으로 자신의 정체성을 확립해가는 노력들을 보여준다. 그녀로선 비록 현실적으론 농사를 짓고 사는 처지가 되었지만, 완전히 농사꾼의 처지로 전락할 수는 없었을 것이다. 삶이 고난스럽지 않아서가 아니라 자신의 삶을 추스르고 현실을 지탱하려는 노력이 바로 시의 방향을 결정했을 것이었다. 나아가 이런 시는 단정한 권농가이기도 했다. 향촌에서의 정신적 우위와 지도력을 확보하는 데 도움이 될 수 있었다.

진안 시절 삼의당의 시는 첫 장에서 소개한 '터진 베적삼에 가시 비녀' 식의 풍경화가 아니다. 몸의 감각으로 각인된 생활과 전략적인 선택의 결합이 잘 드러나 있다.

효자 만들기 프로젝트

시아버지 하경천이 세상을 뜬 뒤 그가 평생을 분투하였던 싸움이 이제는 이들 부부의 몫이 되었다. 하경천의 그늘에서 과거에 몰두하였던 시절이 끝나고 직접 농사를 짓는 처지가 되었어도 집안이 완전히 농사꾼으로 전락하는 것은 막아야 했던 것이다. 그러기 위해선 성리학적 교양으로 고양된 가풍을 유지해야만 했다.

부모님을 섬기고 여가에는 항상 부녀자들에게 내칙을 가르치시니 온 집안이
순하게 따라서 부모님을 존중하고 윗사람 공경하는 법과 제사 지내는 예를 알
지 못하는 사람이 없었다.

사족으로서의 교양과 가풍을 지니도록 가문을 교육하는, 특히 여성들을 교육하는 역할을 하립이 맡았다. 과거에 매달리며 닦은 그의 성리학적 교양이 가문의 교양을 유지하기 위한 도구로 전용되고 있는 것이다. 삼의당의 엄숙한 규범적 얼굴은 하립의 이런 역할의 안짝이었다.

　　이러한 노력의 일환으로 이 집안이 선택한 마지막 프로젝트가 효자 만들기였던 듯싶다. 하경천이 여러 차례 자손들에게 '충효'를 강조하는 글들을 지어 보였듯이, 삼의당은 「가정을 경계하고 깨우치는 글」戒諭家庭文을 지었다. 그러나 여기엔 하경천의 글들과는 달리 '충'이 빠져 있다. 과거를 통한 입신을 완전히 포기한 마당에, 이제 '효'만이 실제로 실천 가능한 유가적 가치가 된 것이다. 그런데 이 '효'의 기능은 윤리 덕목으로서의 기능만 갖고 있지는 않다는 사실이 재미있는 점이다. 아니 적어도 이 집안에서는 '효'를 통해 또 다른 가치를 추구하고 있는 것을 볼 수 있다.

　　'효'를 강조했을 뿐 아니라 이 집안의 아들들은 실제 모두 효자였다. 그러나 이들의 효행에 대한 기록은 일종의 민담 차원으로 각색되어 있다.

　　아버지의 상을 당하였으나 집안이 가난하여 상례를 치를 비용을 마련할 길이 없어서 남에게 빚을 내어 장례를 치렀다. 논을 팔아 갚으려고 했지만 산간의 박토라 사려는 사람이 없었다. 그릇 따위의 것도 집에는 더 이상 남은 것이 없었다. 기한이 지나도록 갚지 못하고 그 아버지도 앞서 진 빚이 많은지라 앞뒤의 빚쟁이들이 관청에 고발하기도 하고 관차들이 독촉하러 오기도 했다. 하생(하립)이 조석으로 밥도 먹지 못하고 밤낮으로 자지도 못하고 피눈물을 흘리며 말했다. "아들이 있어도 불초하여 지하에서까지 욕을 보시는구나." 하루는 어머니에게 하직하고는 처자를 이별하면서 "빚 갚을 돈을 얻지 못하면 죽어도 돌아오지 않겠소" 하고 맹세하였다. 풍상을 무릅쓰고 통곡하며 영남으로 떠났으니, 을축년 정월 초닷새였다.

이렇게 피눈물을 뿌리며 집을 떠났던 하립은 엉뚱하게 돌아온다. 영남으로 가는 도중 '가야산에서 산삼 몇 십 뿌리를 얻어 대구 약 시장에 팔고 돌아와 그 빚을 갚았던' 것이다. 민담 속의 많은 효자들이 생금덩어리를 얻거나 돌부처를 파내거나 하듯이, 하립은 산삼을 얻었던 것이다.

다른 형제들에 대해서도 이런 식의 신비화가 이루어진다. 첫째 하호가 큰 가뭄에 "이 불효자로 하여금 부모님을 봉양하게 해주십시오"라고 하늘을 우러러 기도했더니 하늘에서 비가 쏟아졌다는 이야기나, 둘째 하준이 부모님을 봉양하기 위해 닭을 길렀는데 울타리 곁에 놓아길러도 올빼미나 이리가 잡아먹지 않았다는 이야기도 있다. 심지어 귀신도 감동시켰다.

임사년에 돌림병이 크게 성하여 일찍이 '사불범정'邪不犯正이란 네 글자를 부모님의 침실 벽에 써놓았다. 이웃에 서씨 성을 가진 사람이 꿈을 꾸었는데, 저승사자가 서쪽으로부터 와서 곧장 그 침실을 향해 가다가 벽 위에 쓰인 네 글자를 보고는 되돌아 나와 곧바로 동쪽으로 갔다. 이튿날 들으니 동쪽 집에 사는 사람이 죽었다고 했다. 부모님은 끝내 무사하였으니 사람들은 효성이 감응한 것이라 했다.

이런 신비화를 주도한 것이 누구였는지는 확실치 않다. 그러나 적어도 삼의당은 이 일에 아주 적극적으로 가담했다. 그녀는 「담락당(하립의 호) 다섯 형제의 효행을 삼가 기록함」謹述湛樂堂五昆季孝行이라는 연작시를 지었는데, 각 시에는 앞에서 언급한 식의 신비화된 그들 형제의 효행이 기록되어 있다. 이런 이야기들을 토대로 『진양하씨 효자록』晉陽河氏孝子錄이란 것이 만들어지고, 주변의 향촌 양반들은 하립의 형제들을 관아에 효자로 추천한다.

이러한 일련의 과정은 사실상 이 시기에 만연했던 향촌의 한 풍경이다. 뛰어난 열녀나 효자로 관가에 인정이 되면 세금이나 부역을 면제해주었고, 향촌 사회의 지도자로 행세할 수 있었던 것이다. '효'가 단순한 윤리적 덕목을 떠나 사회적 신분 유지의 수단이 될 수 있었던 것이 이 시대였다. 삼의당이 기술한 하립의 일화에서는 효심의 결과로 산삼을 얻어 그것으로 '빚을 갚는다.' 묘하게 뒤틀려 있지만, 결국 효성과 경제적 문제가 뒤얽혀 있는 것도 사실 이 프로젝트의 순수성에 대해 의심해볼 수 있는 단서가 된다. 이 과정에서 삼의당의 문학적 재능은 아주 현실적인 효용 가치를 지니며 발휘되었던 것이다. 아마도 매우 자진해서 적극적으로 참여했을 것이다. 어쩌면 이것이 그녀가 가담했던 마지막 프로젝트였을 것이다. 그리하여 『진양하씨 효자록』에는 김해 김씨인 삼의당이 타성으로는 유일하게 등재되어 있다.

1810년, 마흔두 살의 하립은 향시에 합격해서 다시 본시험인 회시를 보기 위해 서울로 떠난다. 궁경독서躬耕讀書한 결과였다. 또다시 과거를 보러 떠나는 남편을 전송하는 시가 『삼의당고』三宜堂藁의 마지막 시이다. 그녀는 1823년에 돌아갔다고 한다. 마흔이 넘어 아들을 얻었고, 그 늦둥이 하영진河榮進은 그녀의 임종에 손가락을 잘라 피를 흘려 넣는 효를 바쳤다고 한다. 영진의 효행은 이원효, 김재환 등 향리의 사족들에 의해 관아에 또 추천되었다고 한다. 그리고 하립은 끝내 과거에 성공하지 못하였다고 한다.

시골 색시의 당돌한 계산, 촌스런 자신감

조선 시대 여성 시인들의 시에는 신선이나 그네, 꿈을 통한 초월에의 지향이 매우 일반적으로 나타난다. 이러한 초월에의 갈망과 짝을 이루는 것이 현실의 삶에 대해 갖는 '조롱에 갇힌 새'라는 수인囚人 의식 혹은 불시착의 느낌이다. 유교적 여성의 삶에 상처받은 꿈과 한이 이런 식의 초월에의 지향과 불시착의 느낌을 만들어내는 것이다. 그런데 김삼의당의 시에선 그런 불시착의 느낌이라든지 초월에의 갈망 같은 것이 드러나지 않는다. 그만큼 그녀는 현실에 밀착되어 있다. 그녀의 시는 현실을 살아가는 구체적인 도구이고, 그녀는 자신의 욕망대로 실현하고 표현하며 살았다. 그녀의 시에는 상층 양반 여성들의 시와는 다른 왜곡되지 않은 욕망이 생생하게 드러난다. 혹은 자신의 재능을 욕망의 도구로 당당하게 활용하는 당돌함이 있다. 그녀는 자신이 발 디딘 구체적 현실을 타개하는 도구로 시를 사용한다. 우아함과 세련된 우수 대신 구체적인 삶이 있다. 당찬 시골 색시의, 인생을 패배자로 살고 싶어하지 않는 당돌한 계산과 촌스러운 자신감이 있다. 그래서 그녀가 재미있다.

■ 풍양 조씨는 박옥주의 「풍양조씨부인의 자긔록 연구」(한국고전여성문학연구 3, 2001, 한국고전여성문학회)를 통해 처음 알려졌다. 이후 박혜숙이 「여성적 정체성과 자기서사」(한국고전문학연구 20, 2001, 한국고전문학연구회)에서 『자긔록』과 『규한록』을 대상으로 19세기 양반 여성의 자기 정체성과 자기 서사의 양상을 다루었다. 『자기록』은 국문 필사본으로 지금 국립중앙박물관에 보관되어 있으며, 현대역은 아직 나오지 않았다.

기억으로 자기의 역사를 새긴 보통 여성

豊
壤
趙
氏

풍양 조씨(1772~1815)

은폐된 목소리

이날 밤 자정 무렵 어머니가 잠이 막 들려고 하는데 갑자기 창밖에서 숨을 헐떡이는 소리가 들려왔다. 깜짝 놀라 일어나서 촛불을 켜고 보니 열부가 칼을 쥐고 땅에 엎드려 있었다. 온몸은 피로 흥건히 젖어 있고 턱 밑에는 구멍이 세 군데나 뚫려 있었다. 헐떡이는 소리는 그 세 개의 찔린 구멍에서 나는 것이었다. 어머니가 너무도 놀라 다급히 부르짖었다.
"애야, 애야, 네가 정말 죽는 거냐!"
— 한경소韓敬素의 「박열부전」 중에서

깊고도 아득한 중세의 밤. 죽기 위해 목을 세 번이나 찌르고도 죽지 못하고 어머니에게 발견된 이 여성은 이틀이 지나도 죽지 않자 결국 스스로 아무것도 먹지 않고 죽었다. 이때 그녀의 나이 스물한 살이었다고 한다.

이 글은 조선 영조 때의 문신인 한경소가 쓴 열부 박씨에 대한 기록의 일부이다. 조선 시대 사대부 문사들의 문집에는 으레 '열녀전'이나 '정려기'旌閭記라는 제목의 글이 한두 편씩 들어 있다. 열녀전이라는 제목을 쓰지 않았어도 여성 행장이나 여성 인물전 역시 열절烈節을 지킨 여성들의 이야기가 주류를 이룬다. 이 중 열녀전은 여성의 열행을 미화하고 찬양함으로써 열녀를 가장 이상적인 여성상, 대장부도 하기 어려운 일을 해낸 이상적인 인간으로 자리 매김 하는 대표적인 양식이다. 위 글 「박열부전」의 주인공도 남편 임경립이 죽은 뒤 주위 사람들의 감시가 심해지자 몰래 칼을 준비해서 스스로 목을 찔러 죽었다. 이런 그녀에 대해 한경소는 '규방의 선비'라 칭찬하였고, 그 행동은 공식적으로도 인정되어 열부의 정려가 내려졌다.

조선 시대의 부부는 배우자의 죽음을 계기로 그 행동 양상이 극적으로 대비된다. 남편은 부인이 죽으면 계속 새로 부인을 얻어서 가문을 유지하고, 부인은 평생을 수절하거나 아니면 따라 죽어 열녀의 칭호를 얻게 된다. 남성이 새로 장가드는 것은 끊어진 줄을 다시 잇는 '속현'續絃에 불과했고, 여성이 개가하는 것은 절개를 잃는 것 즉 '실절'失節이었다. 물론 조선 시대 전 시기에 걸쳐 모든 계층이 이에 속한 것은 아니었지만, 조선 사회는 개가한 여성의 자식에게는 벼슬자리를 제한하는 제도까지 동원하여 여성의 일부종사一夫從事를 장려 혹은 강요하였다. 이처럼 조선 시대 특히 조선 후기에는 이성에 대한 육체적, 정신적 순결을 여성에게 일방적으로 강조했고 죽음을 순결을 확인해주는 최상의 기제로 여겼으며, 심지어 자연스러운 일이라고 생각했다. 조선 후기에 성행한 부인들의 '남편 따라 죽기'는 가장 대표적인 예가 될 것이다. 그리하여 열녀전에는, 남편이 죽은 뒤에 으레 그 부인이 죽을 것을 예상하고는 그 곁에 사람을 붙여서 자결하지 못하게 지키고 있었다는 기록이 흔히 나타난다.

본래 부녀자의 열행이라는 것이 남편을 따라 죽어야만 완성되는 것은 아니었다. 열행이 죽음과 깊은 연관을 맺고 열녀의 죽음이 많아지는 것은 중국의 경우 명청明淸 시기이고, 한국의 경우는 조선 후기이다. 조선 시대에 나온 열녀전은 남편을 따라 자살한 여성들뿐 아니라 정절을 모해당한 처녀들이나, 도둑이나 왜적에 쫓기다 죽은 여성들도 포함하고 있다. 그런데 현재 남아 있는 열녀전의 대부분은 조선 후기에 기록되었고, 이 중에서 남편을 따라 죽은 열녀에 대한 기록이 많은 비중을 차지하고 있다. 따라서 부인들의 '남편 따라 죽기' 전통은 실상 조선 후기에 와서 강화된 현상이라 할 수 있다.

열녀를 바라보는 시각은 시대에 따라 달랐고 열행을 평가하는 기준도 시대에 따라 차이를 드러내는데, 조선 후기에 오면 열행의 판단 기준은 남편 따라 죽기 즉 여성의 자살 여부가 되는 것을 볼 수 있다. 여기에는 정려를 받음으로써 가문의 유지를 꾀하려 했던 몰락 사족들의 이해가 얽혀 있다는 것은 이미 알려진 사실이다.

다산 정약용이나 연암 박지원 같은 진보적 지식인이 이에 대한 비판적 견해를 드러내고 있기는 하지만, 현재 전하는 대다수의 열녀전은 유교 이데올로기를 철저히 내면화하고 있는 열녀의 행동을 거의 같은 방식으로 미화하거나 칭송하고 있다. 물론 이들 텍스트는 열녀들이 죽음 앞에서 느꼈을 고통이나 두려움에 대해서는 거의 침묵하거나 열녀 이데올로기를 내면화한 말을 남긴 것으로 그리고 있다. 열녀의 생생한 육성이 은폐되어 있는 대신 국가의 요청에서든 가문의 요청에서든 열녀를 미화해야 했던 남성 사대부의 목소리가 들어가 있을 따름이다. 따라서 열녀전을 통해서는 여성의 목소리를 들을 길이 없다.

그러나 남편의 죽음을 맞은 여성들이 자신의 심사를 쓴 글이 전혀 없는 것은 아니다. 「절명사」絶命辭나 「명도자탄사」命途自歎辭 같은 가사 작품들은 죽음을 선택하기는 했지만 죽음 앞에서 흔들리는 열녀들의 내면을 보여주고 있다. 이는 열녀전을 쓴 사대부 작가들이 침묵하고 있는 부분들이기도 하다.

누구의 이야기를 하기 위해 이렇게 서두가 길어졌는가? 남편 따라 죽기가 사회 한편에서 특별하지 않은 일로 일어나고 있었던 조선 후기, 살아남아서 침묵의 심연을 뚫고 자신의 이야기를 기록으로 남긴 한 이름 없는 여성을 열녀가 아니라 '삶의 기록자'라는 이름으로 불러내기 위해서이다.

실패한 열녀의 기록, 『자기록』

지금 국립도서관 고전운영실에는 비단으로 장정된 『자기록』(조긔록)이라는 제목의 한글 필사본이 보관되어 있다. 이는 풍양 조씨로 알려진 한 여성이 '임자년 봄에 피눈물을 흘리며 쓴' 기록으로, 자신의 어린 시절을 비롯하여 결혼 후 시집에서의 생활과 결혼한 지 6년 뒤 동갑인 남편 김기화가 병들어 죽기까지의 일을 기록한 자전적 산문이다. 이 기록은 일종의 병상일지라 할 수 있을 정도로 남편의 병과 치료 과정을 자세하게 기록하고 있다. 그뿐만 아니라 여러 가지 측면에서 18세기 양반가의 생활상을 제법 상세하게 보여준다. 특히 부모 및 남편과의 관계를 자세하게 기록하고 있어 당시의 부부 관계를 일상적이고 구체적으로 살펴볼 수 있다는 점에서 흥미로운 자료라 할 수 있다.

그리고 무엇보다도 남편의 죽음을 당한 부인이 따라 죽어야 할지 살아 수절해야 할지를 고민하는 내면이 자세하게 표현되어 있어서, 남편을 따라 죽는 것이 당연한 것처럼 기술되는 열녀전의 이면을 들여다볼 수 있게 해주는 소중한 '증언'의 자료이다. 과연 그 내용을 보면 풍양 조씨는 자신의 살을 베어 생혈을 먹이려다 두려워 실패하고, 남편을 따라 죽으려다 결국 살기로 결심하며, 관에 넣을 편지를 혈서로 쓰려다 실패하는 모습을 보여주고 있다. 다시 말해 『자기록』은 열녀전에서 흔히 칭송하는 '열녀'가 '되려다가' 실패한 내용을 담은 기록이기도 한 것이다.

조씨 역시 '남편이 죽으면 이렇게'라고 관습화되고 정형화된 유형 무형의 강요를 스스로에게 가하고 있다. 이는 당시 가치 있는 삶으로 여겨지던 것이기도 했지만, 남편에 대한 의리에서 비롯된 측면이 없는 것은 아니다. 그러나 그러한 가치를 자발적으로 내면화하고 있다 해도 그 몸은 고통에 너무도 약하고, 그 마음은 두려움을 넘어서기가 어렵다는 것을 『자기록』
은 실감나게 보여준다. 이는 정작 열녀전에서는 침묵하고 있는 부분인 것
이다.

1791년(정조 15년), 서울 쌍동의 한 양반집. 어린 기가 채 가시지 않은 부
인이 황급히 작은 칼을 찾아서 품속에 감추는데 몹시 당황한 것 같기도 하
고 두려워하는 것도 같다. 젊은 부인의 손은 가늘게 떨리고 있다. 그러나
속으로는 "차마 생각지 못할 때를 당하면 마땅히 한번 급히 결행하여 시각
을 늦추지 않고 좇을 따름이다"라고 단단히 마음을 먹고 있었다. 병석에 있
는 남편이 점점 위독해지자 자결할 결단을 내린 것이다. 그런데 이런 생각
을 하고 나서부터는 친정 언니를 볼 때마다 눈물을 참을 수가 없는 것이었
다. 친정어머니가 돌아가신 뒤 어린 동생도 잃고, 남아 있는 유일한 혈육인
언니였다. 그런 언니를 차마 속일 수 없어 자신의 결심을 얼핏 내비치자 사
태를 알아챈 언니는 그만 조씨의 목을 끌어안고 울음을 터뜨리고 만다.

"생목숨을 끊는 이 혹독한 설움을 어떻게 견디고 산단 말이냐? 이제 너마저 죽
고 나면 나는 어떻게 견디라고."
"하지만 이런 때를 당해서 어떻게 살겠어요? 저는 차라리 죽어 모르는 것이 즐
겁고, 차마 당하지 못할 일을 견디며 사는 것이 더 혹독하답니다. 만일 저를 위
하시거든 살라는 말은 마세요."
"그래, 이런 일을 당했는데 차마 어찌 동생더러 살라고 하겠는가?"

칼을 감춘 부인은 풍양 조씨. 이제 나이 스무 살의 젊은 부인이었다. 동갑내기 남편 김기화에게 시집온 지 육 년째인데, 남편은 벌써 오 년째 앓고 있었다. 남편은 청풍부원군 김우명金佑明(1619~1675)의 후손으로, 조부 김도홍이 무과에 급제해서 현감을 지냈으나 아버지 김재묵은 관직에 나아가지 못했다. 대신 김재묵은 아들에게 '날로 과거 경사를 죄오시며 당당히 수년 내 성공할 줄로 아시고는' 마음을 조이며 기대하고 있었다.

무신년(1788) 가을 김기화가 드디어 과거에 응시했다. 그러나 '그해 선비 서로 짓밟아 죽는 이 부지기수'라는 흉악한 소문이 들려올 정도로 사람이 몰려들었다. 무사히 첫날 시험은 치렀으나 다음날 낮부터 날씨가 추워졌다. 본래 건강하지 못했던 김기화는 "건강하지 못한 기질에 찬 기운을 쐬어 치질 기운이 나고, 초조하고 거친 행동들을 눈으로 보고, 문으로 들어갈 때는 피하지 못해 밟히기까지 하였으니 심약한데다 몹시 놀라서" 병이 들었다. 다행히 즉시 낫는가 싶더니 이해 시월 초부터 치질이 점점 심해져 앓아눕고 말았다.

중한 병이 아니라 곧 나을 줄로 믿었지만 치질 증세는 날로 심해져 자지도 먹지도 못할 정도가 되었다. 의원을 두 번 불러 치료한 뒤로도 기운을 차리지 못하자 조씨는 남편에게 제대로 된 약이라도 먹이고 싶었다. 그러나 시집 어른들은 너무나 '검박하고 절약하는' 분들이라 의원을 부르려 하지 않았고, '흰밥 미역국을 국보'로 알고 그것으로 원기를 보충해주려 할 뿐이었다. 그렇지만 남편의 병은 조금도 회복되지 않았고 오히려 더욱 심해져갔다.

조씨는 그래도 '설마 남편이 회복을 못할까' 싶기도 하고, '내가 설마 천하의 박명한 사람이 되겠는가' 하는 생각을 하며 병이 낫기만을 간절히 믿었다. 그러나 남편의 증세가 갈수록 나빠지고 점점 더 마르는 모습을 보자, 현실적으로 낫기를 바랄 수 없는 상황임을 점차 깨닫게 될 뿐이었다. 조씨는 당황한 마음에 어찌할 바를 모르고 그저 하늘만 우러러 "차마 이 어쩐 일인가?"라고 되뇌일 뿐, 사람의 소리도 귀에 들리지 않고 좌우의 아무것도 눈에 들어오지 않았다. 그래서 죽기로 결심하고 작은 칼을 감춘 것이다. 남편이 죽으면 따라 죽을 생각이었던 것이다. 그러나 이를 안 친정아버지가 "네 비록 망극한 때를 당했지만 차마 내 앞에서 이래서는 안 된다. 어찌 나를 생각하지 않느냐? 비록 불행한 일을 당해도 구태여 따르는 것은 옳지 않다. 살길을 생각해라"라고 간곡하게 설득했다. 결국 조씨는 죽지 않고 수절하는 쪽을 택한다.

차마 아버지의 이러한 모습을 눈앞에서 보니, 내 만일 죽을진대 아버지는 그 참혹하신 설움에 옛사람의 눈멂을 본받으시리라. 내 자식 된 도리로 효를 다하지는 못하였으나, 돌아가신 어머니의 몫까지 겸하시어 낳아주시고 키워주신 우리 아버지의 큰 은혜를 저버리고 참혹한 일 위에 차마 목숨 버리는 일까지 더할 수는 없도다. 또 생각건대, 동서도 하나 없어 시부모께서는 홀로 의지할 곳이 없고 다시 받들 사람이 없으니 이를 생각하지 않음은 정리는 이르지 말지라도 도리어 남편을 저버리는 것이라. 또 우리 형제의 정이 각별하고 살뜰하여 언니는 나를 원통하게 이별하고 비록 자결하여 따르지 않겠으나, 반드시

병들어 죽을 것이니…….

그리고 다시 며칠이 지났다. 중환자를 둔 집은 가라앉아 있지만 어수선하고, 가족들은 초조한 마음을 견딜 수 없지만 밤낮없이 환자를 돌보던 끝이라 늘 지쳐 있게 마련이다. 조씨는 시어머니와 서로 몸을 기댄 채 설핏 잠이 들었다. 그런데 꿈인가 생시인가, 어렴풋하게 울부짖는 소리가 들려왔다. 잠에서 깨어나 아직 정신을 차리지 못한 채 다시 들으니 곡성과 초상을 의논하는 소리가 한데 섞여 들려왔다. 김기화가 죽은 것이다. 조씨와의 사이에는 아직 자식조차 하나 없었다.

조씨가 남편을 마지막으로 보고 나온 지 몇 시간도 채 되지 않은 때였다. 이날 아침 남편 방에 들어가 보니, 얼굴 가득 땀이 '크고 작은 진주를 빈틈없이 흩어놓은 듯 자욱하게 솟아 있어' 그 모습에 '창자와 애가 함께 끊어지고 가슴이 막혀' 왔다. 그래도 조씨는 마음을 진정하고 환한 얼굴로 가까이 가서 손을 잡고는 '어떠시냐?'고 안부를 물었다. 그런 아내를 남편은 손으로 밀어내고는 숨을 몰아쉬며 뜻밖의 말을 하는 것이었다.

"나는 그런 사람과는 말을 아니 하노라."

그것은 이날 새벽 죽어가는 남편을 살려보겠다고 아내 조씨가 칼로 손을 베어 남편의 입에 피를 흘려넣으려는 것을 보고, 아내가 자결하는 줄 알고 화가 나서 한 말이었다.

조씨는 다른 부인들이 흔히 그러하듯이 생명이 위급한 남편에게 피를 마시게 하려 했다. 남편을 따라 죽으려던 결심을 바꾸어 살기로 했지만, 피를 마시게 해서라도 그 목숨을 늘리고 싶었던 것이다. 그러나 '급히 두어 걸음을 물러나 돌아서서 감추었던 칼을 빼서 왼쪽 팔목을 급히 찌르되 마음이 황황하고 손이 떨려' 잘 찌르지도 못하는 사이에 친정아버지에게 들켜서 이끌려 나왔다. 남편은 그 장면을 정신이 혼미한 가운데에도 기억해 내고, 그것을 조씨가 자결하려는 것인 줄 알고는 '그런 사람과는 다시는 말을 안 하겠다'고 하였던 것이다.

이날 낮 조씨는 다시 남편이 누워 있는 방에 들어가 발치에 서 있었다. 평소에는 앓느라 무심히 보던 남편이 물끄러미 바라보는데, 그 눈빛이 '내 혹 불행하면 저 신세를 어찌할까?' 라고 말하는 것만 같았다.

저녁에 불을 켠 뒤 친정아버지가 오셨다. 조씨가 다시 방으로 들어가 보니 남편은 무릎이 아프다고 했다. 조씨는 이불 위로 다리를 주물러주고 나왔다. 그리고 설핏 잠이 들었는데 남편이 세상을 떠난 것이다.

조씨는 방으로 들어가 마지막으로 얼굴이라도 보고 싶었다. 그러나 차마 보지 못할 죽은 모습을 보고 울부짖으면 돌아가는 마음을 도리어 산란하게 할 것이고, 옛날 책에 죽을 때는 남녀가 같이 있지 않는다고 했으니 대사大事에 예를 어길 수도 없어서 다만 '소리를 삼키고 가슴을 어루만지며' 시할머니에게 의지해 엎드려 있을 뿐이었다. 얼마 있다 고복皐復하는 소리가 나더니 일시에 곡성이 터져 나오고 누군가 조씨의 머리를 풀었다. 이때의 심경을 조씨는 이렇게 기록하고 있다.

내 생각지도 않다가 하루저녁에 하늘이 무너지는 변을 당하매, 내 몸을 부수는 듯 천지는 망망하고 온 정신이 아득하여 세상을 분간치 못하였더니, 잠깐 사이 친정아버지 나를 안아 내 침소로 들어와 계신지라. 내 겨우 정신을 차리나 어이없고 이러지도 저러지도 못하여 제대로 울음도 울지 못하고, 다만 입으로 "이것이 꿈이냐 생시냐 차마 이 어인 일이뇨" 되뇌며, 어찌할 바를 몰라 따르고자 하나 길이 없고, 뒤숭숭하여 잡고자 하나 잡을 것이 없으니, 망망히 하늘을 우러러 울부짖고 발을 구를 뿐이었다.

그러나 이제 산 사람들은 죽은 사람을 보낼 채비로 분주해졌다. 각자 할 일을 나누어 염습할 것과 수의를 마련했다. 시할머니가 조씨에게 버선을 지으라고 했으나 차마 짓지 못했다. 그랬더니 이후로 꿈에 남편의 버선이 떨어져도 뵈고 발에 맞지 않는 것처럼 보이기도 했다. 그 대신 조씨는 남편의 관에 넣을 편지를 썼다. 혈서로 쓰고 싶었으나 유모가 말려서 하는 수 없이 먹으로 썼다. 장례를 치른 후 친정에서 보낸 육즙을 먹고 겨우 기운을 차렸으나 이후 시간은 멈춰버렸다. 머리는 헝클어지고 눈썹은 자랄 대로 자라 흉한 모습이 되면, 시할머니와 시어머니가 차마 볼 수가 없다고 하며 머리를 고르고 눈썹을 다듬어주곤 했다.

남편이 죽은 시집에 홀로 남게 된 조씨는 만사를 던져놓고 밤낮으로 벽만 바라보고 앉아 고요히 자신의 이십 년을 떠올렸다. 그리고 붓을 들어 어릴 적에 듣고 본 일들과 결혼 후부터 남편의 투병과 죽음까지 그 모두를 기록하기 시작했다. 이 기록은 매우 자세하게 이루어져 있어서, 남편의 죽음을 앞에 한 부인의 심경과 주위의 동정을 이처럼 구체적으로 기록한 것은 다른 데서 찾아보기 힘들다.

침묵을 뚫고 나온 목소리

　남편의 죽음. 조선 시대 양반 여성에게 남편의 죽음은 무엇을 의미하
는가? 평생을 수절하는 것은 당연하고, 때로는 따라 죽어야 하는 것을 의
미했다. 그런데 조씨는 따라 죽지 못했다. 그래서 이후의 삶을 그녀는 '투
생'偸生, 즉 '삶을 훔친 것'이라고 하여 떳떳치 못한 삶임을 강조하였다. 그
러나 남편의 죽음을 앞둔 풍양 조씨가 열녀전의 열녀들이 흔히 취하는 행
동을 하지 않은 것은 아니었다. 조선 후기에 나온 열녀전에는 남편의 죽음
을 예감한 부인들이 한결같이 단지斷指, 할고割股, 종사從死 등의 고정된 행동
을 하는 것으로 그려져 있다. 이는 국가에서의 정려와 포상도 있었지만, 조
선 후기 사대부 문인들에 의해 지속적으로 재생산되어 여성에게만 일방적
으로 강요되는 열행을 당연한 행위규범으로 받아들이도록 선전하고 미화
한 열녀전의 자장 또는 열녀 관습이 작용하고 있었기 때문이다. 열녀전의
여성 인물들이 열녀전을 즐겨 읽는 것으로 그려지고 있는 것도 그 한 예가
될 것이다.

　그러나 풍양 조씨가 눈길을 끄는 것은 그녀가 열녀의 모델을 따라 해
서가 아니다. 그녀는 죽는 대신 살기를 택했고, 살을 베려 했으나 떨려 제
대로 할 수 없었던 두려움을 솔직하게 받아들이고, 무엇보다 열녀전의 작
가들은 침묵했던 고통과 두려움을 기록으로 남겼다는 점 때문이다. 열녀전

의 작가들이 열녀들의 고통에 대해서 침묵하고 있는 것과 비교해보라.

> 부인이 힘을 다해 간호한 것이 또한 십여 년이었으나 병은 어찌할 수 없는 지경에 이르렀다. 여종이 보니 부인이 왼쪽 다리를 내놓고 정강이부터 무릎까지 칼로 찢고 큰 대접을 당겨서 피를 받았는데 한 되가량 되었다.
>
> ─성해응, 「절부 변부인전」節婦邊夫人傳

실제로 살을 베어 먹이고 손가락을 잘라 피를 짜서 먹이고, 목을 매어 죽거나 약을 먹고 죽는 일들로 이루어지는 열녀들의 열행은 잔혹하기 짝이 없다. 그러나 열녀전의 작가들은 이러한 장면을 지극히 객관적으로 서술하여 이러한 일이 마치 아무것도 아닌 것처럼 여겨지게 만들고 있다. 열녀전을 쓴 사대부 문사들은 한결같이 의연하고 장렬한 태도로 남편을 간호하고 죽음을 맞이하는 열녀의 형상을 재구성하고 있는 것이다.

열녀전의 열녀들은 별다른 말을 하고 있지 않지만, 말을 하는 경우에는 철저히 가부장의 목소리를 흉내 내고 있다. 따라서 열녀전은 남성 사대부 문사가 열녀의 입을 빌려 말하는 복화술에 지나지 않는다. 그러나 풍양 조씨의 『자기록』은 복화술에 의해 조종된 목소리가 아니라 자신의 목소리로 이야기하고 있다.

그래서 한 점의 망설임 없이 죽음을 선택하는 열녀전의 주인공들과 달리 풍양 조씨는 죽음을 선택하는 순간이나 살아남게 되기까지 몹시 갈등하는 인물로 그려진다. 특히 살기로 결심하는 순간, 남편을 떠올리자 의리를 저버리는 것 같은 생각이 들어 다시 갈등에 빠지는 장면은 남편의 죽음을 앞둔 부인의 착잡한 심경을 잘 보여준다.

내 생목숨을 끊어 여러 곳에 불효를 하는 것과 그 참담한 정경을 생각하니 차마 죽을 수가 없도다. 또 생각건대, 내 평생은 이미 정해졌으니 의롭지 못한 모진 목숨을 기꺼이 받아들일지언정 다시 양가 부모님께 참담한 슬픔을 더하랴. 금석같이 굳게 정하였던 마음을 문득 고쳐 스스로 살기를 정하매, 늘 곡진한 마음과 도타운 정으로 대하던 남편을 망연히 저버리고 홀로 살기를 탐하는 듯하여, 떳떳하지 못한 내 마음과 불쌍하고 원망스러운 남편 생각에 간담이 미어지고 애 스러지니…….

그런 남편이 죽었다. 이제 스무 살. 남은 해를 생각하면 막막하기만 하지만 어떻게 살아야 할지를 마음속으로 정리한다. 자신이 앞으로 살아갈 날이 '일천 터럭을 묶어놓은' 만큼이나 남아 있기 때문에, '집안을 잘 보전하여 후사를 세우고 제사를 모시며' 투생한 자로서의 삶을 살아가야 하는 것이다.

조씨는 남편이 죽은 다음 해 자신이 겪은 일을 기록했다. 열녀전에는, 남편을 따라 죽지 않고 후사를 위해 살아남은 부인들의 경우 스스로 죄인으로 자처하며 전전긍긍하는 것으로 그려져 있다. 그러나 후사도 없이 홀로 살아남은 조씨는 자신의 이십 년 삶을 '점검하고' 이를 기록하고 있다는 점에서 차이를 보인다.

사람이 비록 세상에 나서 오복五福이 다 갖추어지기는 어려우나 한두 가지 즐거움은 있거늘, 나는 홀로 천지간 궁한 팔자로 후일 위로할 것이 없구나. 아! 사람의 친함으로는 어머니 같은 이 없고, 사람의 소중함으로는 지아비 같은 이 없으며, 사람의 바라는 것으로는 자식 같은 이 없으되, 이미 이 세 가지가 다 끊어져 세상을 안 지 겨우 이십 년에 문득 화를 만나서 내 한 몸에 모이니, 내 비록 무지하고 억세나 철석이 아닌지라, 뼛속 깊이 사무치는 서러움은 가슴속에 돌을 드리운 듯하고, 짧은 기간 얽힌 병은 안시 깁으로 가리는 듯하다. 아! 아침 이슬 같은 짧은 인생과 나그네 같은 덧없는 세상에 어찌 슬프고 설움이 이렇듯 하느뇨.

자잘한 생각을 버리고 고요히 누워 생각하니, 사람의 이치에 선함이 복을 받는 것은 고금에 떳떳함이로되, 우리 돌아가신 어머니는 현숙한 마음과 맑은 덕을 지니고 너그럽고 통찰하신 성심이 있으셨으나 정해진 수명이 짧아 돌아가신 뒤 그 자취 없어지니 이것이 매우 한스럽도다. 또한 늘 빼어나신 맑은 덕이 남보다 뛰어나신 바가 많은데 한 번 눈을 감고 세상을 버리시매 높은 풍모는 천추에 아득하고 어진 덕은 티끌에 감추어져 다시 일컬어 알 사람이 없으니, 우리 자매가 더욱 한하는 바로다.

숨어 지내는 가운데 고요히 옛일을 추모하며 하나하나 눈앞에 벌여놓으니 아득하여 끝없는 설움이 새로울 새, 나의 어릴 적에 얻은 바 행적만 대강 기록하나…… 어찌 다 형용하여 기록하리오. 겨우 만에 하나를 기록할 새, 부군의 남보다 뛰어나게 인자하고 명철하신 두어 가지를 올리고, 다시 나의 궁한 팔자와 혼인에 느끼는 설움 때문에 세월이 지나면 능히 기억하지 못할 듯하여, 성혼 후로부터 남편의 병환 시말과 변을 당하던 일까지 대강을 기록하노라. 나의 생전에 계속 눈앞의 일같이 잊지 말며, 또 뒷사람들에게 옛일을 알게 하고자 잠깐 기록하나 정신이 소삭하고 마음이 황황하고 어지러워 자세함을 얻지 못하였다.

천지간의 궁한 팔자로 여겨지는 자신의 삶을 침묵 속에 묻어두지 않고 조씨 부인은 기록하기 시작했다. 친정에서의 어린 시절부터 남편이 죽기까지의 일이 『자기록』의 내용이다. 친정에서의 기록은 특히 어머니의 죽음에 많은 부분을 할애하고 있다. 어머니는 후사가 끊길 것을 염려해서 아들을 낳으려고 몸이 좋지 않은데도 아이를 낳다가 결국은 세상을 떠났다. 임종 무렵 아버지가 이제 다시는 부인을 들이지 않고 첩이나 두어 살림을 맡기겠다고 하자 어머니는 간사한 첩을 두어 집안을 어지럽게 하지 말고 부인을 들이라 한다. 어머니 상을 당한 지 1년도 지나지 않아 새어머니가 들어오자 조씨와 언니는 마음대로 슬퍼하지도 못한다. 이때의 아버지가 서운했던지, 조씨는 시집간 뒤 남편과 부부의 도리를 이야기하면서 이렇게 말하고 있다.

세상에 무심한 것이 사나이라. 아내가 살아 있을 때는 대체로 다 관대하게 마음을 다하지만, 불행하여 상처喪妻한 뒤에는 새사람을 좋아하고 옛사람을 버려 옛사람 잊어버리기를 티끌같이 합니다. 당신이 비록 지금은 마음을 다하지만 혹 그런 일은 당한다면 당신도 역시 그렇겠지요.

조씨의 『자기록』을 보면 새로 들어온 어머니에 대한 이야기는 찾아보기 어렵다. 새어머니가 들어와서 마음대로 슬퍼하지 못했다는 정도의 언급만 있을 뿐이고, 돌아가신 어머니에 대한 '갈수록 망망한 설움과 급급한 그리움'을 절절히 기록하고 있을 뿐이다.

그뿐만이 아니다. 남편이 병들어서부터 죽을 때까지의 투병 과정을 자세하게 기록하고 있는데, 여기에는 얼마간의 원망 곧 애초 병이 났을 때 잘 다스렸으면 나았을지도 모를 병을 시집이 워낙 검박해서 의원 부르기를 좋아하지 않고 '흰밥 미역국'으로만 낫게 하려다가 이 지경에 이른 것은 아닌가 하는 원망도 들어 있는 것 같다.

대개 무신년 겨울에 병으로 누운 뒤 원기를 도울 약과 기운을 더할 약을 써서 완전히 회복하고, 병을 처음 얻어 병의 뿌리가 깊지 않았을 때 의약으로 다스리고, 기운을 다 회복하지 않았을 때 원기를 도왔다면, 혹 이 지경에 이르지 않았을 줄 어찌 알겠는가? 절절이 세세히 유한이 지극하고 원통이 하늘에 사무쳐, 애는 구원(저승)에 끊어지고 넋은 황양(저승)에 사라지니 차마 어찌 견디리오?

행장이나 전기를 통해 남아 있는 평범한 여성들의 삶은 할머니, 어머니, 부인, 숙모, 고모 등 가족 안에서의 자리를 잘 지킨 현숙한 여성으로 그려져 있게 마련이다. 그러한 여성들의 삶은 허난설헌, 신사임당, 임윤지당 같은 명민한 명문가의 여성들이 그토록 강고했던 남성 사회에서도 그 이름을 뚜렷이 각인시키며 살아남았던 것과는 또 다른 의미에서 가치를 가진다. 그러나 행장이나 전기를 통해 우리에게 어슷비슷하게 다가오는 그 각각의 여성들이 '자신의' 목소리로 말을 걸어온다면 어떨까. 그것은 아마도 풍양 조씨에 의해 되살아나는 18세기 말 서울의 한 평범한 양반 가정의 풍경처럼 새롭고도 매우 친근하고 익숙한 어떤 것이지 않을까. 게다가 풍양 조씨의 기록은 유교 이념에 의해 철저하게 검열되지 않은, 그래서 가부장제의 두터운 벽을 뚫고 생으로 터져 나오는 여성의 목소리를 들려주고 있다. 그 목소리는 지반을 흔들 정도로 크거나 충격적이지는 않지만, 읽는 이의 마음에 깊은 여운을 남긴다.

이렇게 풍양 조씨는 자신의 목소리로 자신의 삶을 그려냈다. 한데 그 삶은 조선 후기 여성의 삶을 한편에서 옥죄고 있던 열녀 이데올로기를 한 발 조용히 비껴가는 삶이었다. 바로 이런 점에서 『자기록』은 중세의 침묵을 깨트린 글쓰기였다고 하면 과장일까?

기록으로 되살아난 보통 여성

풍양 조씨는 영조 48년인 1772년에 태어나 1815년, 마흔넷의 나이로 죽었다. 조씨의 집안은 조선 후기의 명문가 중 하나인 풍양 조씨이지만, 할아버지 조상수趙尙綏가 조도보趙道輔의 서자였기 때문에 완전한 양반도 그렇다고 양반이 아닌 것도 아닌 어중간한 위치의 서자 집안이었다. 그러나 아버지 조감趙瞰(1744~1804)이 영조 51년인 1775년에 서른두 살의 나이로 무과에 급제하여 현감을 지냈다. 조씨에 의하면 아버지는 미관말직이지만 충성을 다해 봉직한 성실한 관리였고, 인자하고 온화한 성품의 인물이었다. 어머니는 하명상河命祥의 딸로 규중의 사군자士君子 같은 분이었다. 그러나 잦은 출산 탓이었는지 이미 서른 남짓한 나이에 매우 쇠약했다고 한다. 풍양 조씨는 조감과 하씨 부인의 둘째딸로 태어났다. 남자 형제로 진숭鎭崇이 있었으나 후사가 없는 백부의 양자로 나갔다가 일찍 죽었다.

하씨 부인은 조감의 둘째부인으로 시집왔는데, 딸 둘을 낳은 뒤 아들을 낳기 위해 몸이 약해졌는데도 계속 출산을 했다. 드디어 아들을 낳았으나 역병을 앓아 죽자, 아들을 낳기 위한 하씨 부인의 출산은 계속되었다. 여기에 대해 풍양 조씨는 "이 어찌 자당의 원기를 모두 앗아가서 수명을 마지막 끊는 마디가 아니리오"라고 안타까운 마음으로 회고하고 있다. 그래도 아들 낳을 생각으로 고생스럽게 기다려 낳고 보니 딸이었다. '부군의 실망하심과 자당의 놀라심'이 너무 심해 하씨 부인은 병들어 눕게 되고 그 길로 세상을 떠났다. 이때 태어난 여동생도 어머니가 죽은 뒤 곧 세상을 떠났다. 그해 겨울 새어머니가 들어오자 '자당의 음성과 자취는 천고에 멀어져버리'니 '갈수록 망망한 설움과 급급한 그리움이 절박하여 견디기' 어려웠다고 한다. 그런데 언니마저 김숭이라는 선비에게 시집가고 혼자 남게 되었다. 그러다가 몇 년 뒤에 청풍부원군 김우명의 후손인 김기화에게 시집갔다. 시집은 시조모와 시부모가 모두 살아 있고 화평한 집안이었다.

풍양 조씨는 어린 시절에 어머니를 잃고 어린 동생들을 연달아 잃어 우울한 성정이었으며, 책을 즐겨보곤 했던 것 같다. 남편은 "그대를 익히 살

피니 먹고 자고 말하고 웃는 사이에 다 깊은 한숨이 있고 항상 얼굴 위에
는 화한 빛을 보지 못하겠다"라고 하며 화기가 부족한 것을 지적하고 있으
며, '문자붙이와 당언唐言 문류文類를 본즉 심히 기뻐하지 않았다고 한다.
그러나 풍양 조씨의 결혼 생활은 무난했다. 시조모와 시부모의 사랑을 두
루 받았고, 남편 김기화도 어진 선비였다. 그러나 이 결혼 생활은 너무도
짧았다. '천지간의 궁한 팔자'가 된 조씨 부인은 남편 제사가 끝나면 주위
사람들이 쓴 제문을 언문으로 베껴 쓰고 했는지, 그것이 『자기록』 뒤에 함
께 붙어 있다. 그러나 이후의 삶을 짐작할 수 있는 것은 아무것도 없다. 양
자를 들여 키우면서 어머니도 남동생도 살아 있던 어린 시절의 즐거운 한
때를 떠올렸을지도 모를 일이다.

이때 우리 형제 할머니 살아 계셨는데 학발鶴髮에 강건하시고 부모님이 모두
살아 계시니 남동생과 더불어 슬하에서 사랑을 받자와 세상에 태어나 살면서
이때같이 근심 없고 즐거운 적이 없었다. 어머니께서는 모든 일을 기쁘고 흡
족하게 하시어, 효로 시부모를 모시고 순순히 남편을 받드시며 사랑으로 자녀
를 가르치시니 만사 무궁한 즐거움으로 수삼 년을 지냈다. 아! 우리 부모 형제
의 즐거운 세상이 이때뿐인 줄 어찌 생각이나 했겠는가. 이 생에 다시 얻기 어
려운 즐거운 세상이었거늘 이것이 계속될 줄 알고 무심히 지냈으니 어찌 한스
럽지 않으리오.

풍양 조씨의 삶은 특별하지 않다. 그러나 이 특별하지 않은 삶을 '기

록'으로 남겼기에 그녀의 삶은 지금의 우리들에게까지 '특별한' 삶으로 전해지고 있다. 평범한 한 여성이 '자신의 이야기'를 한다는 것, 그것은 지금의 우리들에게도 여전히 의미 있는 정치적 행위, 즉 '기록'과 '증언'의 힘인 것이다.

■
강정일당에 대한 기본 자료로는 『강정일당유고』가 있으며, 이 역시 『조선조여류시문전집 3』에 수집되어 있다. 강정일당의 문집에는 그녀가 쓴 다수의 시와 산문 작품들이 수록되어 있으며, 그녀와 관련하여 남편 및 친지들이 써준 글들이 포함되어 있다. 그녀의 문집은 여러 사람에 의해 번역되었는데, 우선 정일당이 성남에서 살았던 인연으로 인해 2002년 성남문화원에서 나온 국역본 『정일당유고』가 있다. 그리고 같은 해 이영춘 역시 『강정일당, 한 조선 여성지식인의 삶과 학문』(가람기획, 2002)이라는 제목으로 그녀의 문집을 번역하고, 자세한 해제를 싣고 있다. 이 밖에 이혜순 · 정하영 공역의 『한국고전여성문학의 세계』 한시편 및 산문편에 그녀의 작품들이 각기 번역되어 있다.

■■
강정일당은 작가로서의 그녀의 존재가 알려진 후, 근래 들어 주목받기 시작하는 인물이다. 조혜란의 「고전여성산문작가의 작품 세계」에서 강정일당의 산문에 대해 다루고 있는데, 이 글은 이혜순 외, 『한국고전여성작가연구』(태학사, 1999)에 들어 있다.

남편의 스승이 된 여인 姜靜一堂

강정일당(1772~1832)

나의 아내여, 나의 벗이여, 나의 스승이여

부인, 내 그대를 잃었으니 참으로 막막하구려. 공부하다가 의심나는 것이 있어
도 누구에게 물어볼 것이며, 내가 하고 싶은 것이 있어도 누가 그걸 할 수 있
도록 해주겠소? 또 설사 내가 뭘 잘못하는 게 있어도 누가 바로잡아줄 것이며,
내게 지나친 허물이 있어도 누가 타일러주겠는가?

임진년(1832) 10월 15일. 부인이 죽은 지 며칠 지났다. 오늘도 윤광연尹
光演은 아침 제사를 지냈다. 허전하고 야속하고 쓸쓸하다. 슬픔으로 제문을
쓰다가 잠시 멈추더니 부인의 영전에 말을 건넨다.

"내 지금 당신의 유고를 잘 정리해서 간직하고 있다오. 돌아가신 부친

의 문집 출판만 마치면 곧 이어서 당신의 문집을 간행하려고 하오.”

원래 부인네의 글들은 집 밖으로 내보내지 않는 것이 예의라고 하지만, 그러나 그는 그런 예의를 차릴 수가 없었다. 자신이 보기에 그녀가 남긴 글들은 선비의 글 못지않았다. 자기 부인의 글이 훌륭한 것이 자랑스럽기도 했다. 양반으로서 내세울 것이 그렇게 변변치 않았을 그로서는 도학자의 풍모가 있는 부인의 글이 자부심의 근거가 되었을 수도 있으리라. 그는 자기 부인의 글이 영원히 전해지도록 만들어주고 싶었다. 다만 형편이 넉넉지 못한 게 걱정이었다. 남들이 부인네의 글을 출판하는 건 예에 어긋난다고 해도, 경제적으로 힘들어도, 그는 부인의 문집을 꼭 간행하고 싶었다.

결국 부인이 죽은 지 4년이 지나서 그의 소원은 이루어졌다. 1836년, 윤광연의 스승이자 노론의 대학자였던 강재剛齋 송치규宋穉圭와 친족인 윤수경尹守慶의 발문을 얻어 『정일당유고』靜一堂遺稿가 간행된 것이다. 정일당은 부인의 호였다. 도대체 정일당은 어떤 여성이었기에 남편이 그렇게까지 기리고 싶어 했을까? 그것도 지어미로서만이 아니라 잘 모르는 문제에 대해 대답해주고, 자신의 뜻을 이루어주고, 또 바로잡아주고, 깨우쳐주는 존재로서……

강정일당의 어린 시절

강정일당姜靜一堂의 본관은 진주晉州이며, 아버지는 강재수姜在洙이고 어머니는 안동 권씨이다. 고조할아버지 대까지는 지제교라는 벼슬을 지냈으나, 그녀의 할아버지와 아버지가 단명했던 까닭에 이대에 걸쳐 벼슬 없이 양반의 신분만 유지하고 있었다. 어머니 쪽 역시 사정은 비슷했다. 정일당의 부모는 두 집안이 모두 유명한 가문에 속하였으나, 정일당의 아버지 대에 이르러는 한미하여 가난했던 것으로 보인다.

정일당은 1772년 충북 제천에 있는 외가에서 태어났다. 정일당의 어렸을 때 이름은 '지극한 덕', 지덕至德. 이 이름은 태몽의 내용에서 따온 것이라고 한다. 안동 권씨가 정일당을 임신했을 때였다. 꿈에 돌아가신 두 어머니가 나타나 "여기에 '지극한 덕'을 갖춘 사람이 있으니 이제 네게 부탁한다"라는 말을 남겼고, 그 후 정일당을 낳았다. 이 때문에 그 이름을 지덕이라 하였다고 한다.

그녀는 여덟 살 때부터 아버지로부터 『시경』, 『예기』 등에 나오는 경전 구절을 배웠다. 당시에는 이 같은 본격적인 한문 교양은 딸을 교육하는 내용으로는 잘 선택하지 않는 것이었다. 이 점에서 딸에 대한 정일당 아버지의 관심이 남달랐다는 것을 알 수 있다. 훗날 정일당이 정신적인 힘과 높이를 지니게 된 데에는 어렸을 때부터 익혀온 중세 경전 교육이 그 근간을 이룬 것이라 하겠다.

열여섯 살 되던 해인 1788년에 그녀는 아버지를 여의게 된다. 아버지이자 정신적 스승을 여읜 그녀는 슬픔으로 몸이 상할 정도였다. 그런데 정일당은 아버지에게만 각별했던 것은 아니었다. 그녀의 집안은 매우 가난하여 그녀는 어머니를 따라 바느질을 하고 베를 짜야 했다. 그녀는 밤새도록 자지 않고 그 일을 했다. 이를 딱하게 여긴 어머니가 잠시 쉬라고 하면 정일당은 오히려 어머니를 안심시켰으며, 배가 너무 고플 때라도 언제나 어머니를 먼저 챙겨드렸다. 한마디로 그녀는 효성스러운 딸이었다.

스무 살 되던 해인 1791년, 그녀는 충주에 살던 탄재坦齋 윤광연에게 시집갔다. 당시 신랑 윤광연의 나이는 열네 살이었다. 그의 본관은 파평坡平이며, 아버지는 윤동엽尹東燁이고, 어머니는 천안 전씨였다. 특히 어머니는 지일당只一堂이라는 호로 더 잘 알려진 여성인데, 시문으로 이름이 났다. 시댁 역시 명문의 후예였으나 당대에 이르러는 벼슬을 못하고 가세가 기울어 경제적으로 매우 어려웠던 것으로 보인다. 1782년에는 가난 때문에 온 식구들이 집을 떠나 유랑을 해야 했다. 조선 시대에 본가에 정착하지 못하고 유랑하는 사람들은 삶의 기반을 잃은 사람들이었다는 사실을 감안해보면, 그 시대의 경제적 어려움의 정도를 가늠해볼 수 있겠다. 집안 식구들이 떠돌이 생활을 해야 하는 바람에 1년 전에 혼인한 큰형수도 시댁으로 맞아올 수가 없었다. 오히려 시동생인 윤광연이 집을 떠나 큰형수 집에서 기거해야 했으며, 결국 형수는 4년 후 친정에서 죽었다. 시부모께 새 며느리로서 인사를 드리는 절차인 현구고례見舅姑禮도 치르지 못한 채, 시집은 갔으나 정작 시집에는 못 간 채 친정에서 죽어야 했으니, 그 여인의 한도 짐작할 만하다. 윤씨 형제들의 거취에 대한 이 기록은 그 집안의 가난이 어느 정도였는지를 알려주는 단서이다.

정일당의 경우도 혼인을 하긴 하였으나, 친정과 시댁이 모두 가난하니 즉시 짐을 꾸려 시집으로 갈 수가 없었다. 그러다가 1793년에 시아버지가 세상을 떠났다. 정일당 역시 시아버지에게는 예를 행하지 못한 채 친정에서 지내야 했다. 그리고 일 년 후인 1794년, 정일당은 비로소 배를 타고 남한강을 따라 시댁으로 갈 수 있었다.

가난도 고통도 삼키지 못한 그녀의 영혼

"이리 지내시면 지하에 계신 조상님들을 어찌 뵙겠는지요? 양반의 후손이 공맹의 도를 본받지 못하고 부모님의 상도 지키지 못하고 생계에 골몰하시는 모습을 보니, 제 마음이 편치 않습니다."

"……."

남편은 말없이 한동안 흔들리는 촛불만 바라보고 있더니 툭 한마디 던진다.

"난들 상중의 몸으로 이렇게 살고 싶겠는가? 어쩌겠는가, 먹고살 길이 막연하니……."

정일당은 기다렸다는 듯 남편의 말을 이어받는다.

"먹고사는 문제는 제가 어떻게 해서라도 마련해보도록 하겠습니다. 비록 아녀자의 몸이나 죽도록 노력하면 저희 식구들 세끼 죽이야 마련하지 못하겠습니까? 당신께서도 이리 지내시면서 속으로는 얼마나 괴로우시겠습니까?"

"그래도……."

"아닙니다. 남자로 태어나 사람의 도리를 다하려면 꼭 글공부를 하셔야 합니다."

시집온 뒤에도 시댁의 경제 사정은 계속 나빠져 남편은 상복을 입은 채로 충청도와 경상도를 분주히 다니며 생계를 꾸려야 했다. 이를 본 정일당은 남편에게 '배우지 않으면 사람의 도리를 다할 수 없다'며, 자신이 바느질과 베 짜기를 밤낮으로 부지런히 해서 죽이라도 끓일 테니 남편은 뜻을 지켜 학문을 하라고 권한다. 그리고는 남편이 글공부 하는 곁에 앉아 바느질을 했는데 간혹 글자의 획이나 뜻을 묻기도 하더니 한 번 살펴보면 곧 그것을 외우고 깊은 뜻을 알아차렸다. 그러니 남편이 공부를 하면 곧 자신도 공부를 하는 셈이 되었다.

또 정일당은 '좋은 스승과 벗들을 찾아 함께 배울 필요가 있다'고 남편에게 권하여 남편이 스승에게 나아가 배울 수 있도록 길을 열어주었다. 부인의 이런 권유에 힘입어 남편은 동학들과 스승을 얻는다. 그녀는 가난한 서생으로 양반의 명분만 간신히 유지하고 있던 윤광연에게 배움의 기회와 학문적 유대와 사회적 관계를 마련해준 것이다.

정일당의 문집에는 그녀가 남편 대신 쓴 작품들이 다수 포함되어 있다. 그 중에는 평소 궁금하게 여기던 예법에 관한 질문들을 남편 대신 그 스승에게 물어보는 내용들이 종종 발견된다. 그녀는 남편에게 학문의 길을 열어주면서 자신 역시 우회적인 방법으로 학문적인 대화에 참여했던 것이다. 여성이기에 궁금한 것이 있어도 어디에 물을 곳이 없었던 정일당에게 이보다 더 좋은 공부 방법은 아마 찾기 어려웠을 것이다. 이런 점에서 보면 윤지당允摯堂(1721~1793)이라는 여성은 운이 좋은 이였다. 그녀는 녹문 임성주라는 당대의 도학자를 오라비로 두었기에 늘 그를 대화의 벗으로, 토론의 상대로 삼을 수 있었으며, 또 시집간 뒤에도 주변에 친척 젊은이들이 그녀에게 가르침을 청하기도 했기에 학문적인 대화를 나눌 수가 있었다. 그러나 이는 매우 드문 경우였으며, 정일당의 경우와 같이 편법을 사용할 수만 있어도 다행으로 여겼을 것이다.

그 와중에 가난은 더욱 심해져 1798년에는 결국 고향을 떠나 과천에서 남이 버린 집을 빌려 살아야 했다. 지금은 과천에 정부종합청사도 들어서고 주거지도 변화하지만, 18세기의 과천은 '낮에도 호랑이와 표범이 으르렁거리는 소리가 들렸으며, 밤에는 인적이 없어 도깨비 천국으로 느껴질' 정도로 황량한 곳이었다. 그런 궁벽한 산골 폐가에서 철마다 양식은 떨어지고 그 사이사이 자식들이 죽기도 하였다. 가난 속에서 자식들조차 죽어 하나 둘 땅에 묻는 상황. 그러나 정일당은 오히려 남편을 위로한다.

당신께서 바른 것을 지키신다면 사악한 것은 절로 멀어질 것입니다. 배고프고 힘들 때에는 더욱 참을성이 있어야 합니다. 오래 살고 일찍 죽고 하는 것은 본래 정해진 분수에 따르는 것이지요. 걱정해도 소용이 닿지 않는 것이니 걱정할 필요가 없는 것입니다. 단지 근심할 것은 자신의 도리를 다하지 못한 것일 뿐이니, 무엇을 원망하고 탓하겠습니까?

쉼 없이 노동하는데도 먹을 게 떨어지고, 채 말도 배우지 못한 어린 자식들을 계속 잃어야 하는 고통 속에서도 그녀는 마음의 고삐를 놓치지 않았다. 무엇이 그녀를 그렇게 의연하게 만들었을까? 얼핏 보면 억지스럽다고 여겨질 정도로 흔치 않은 정신의 높이를 보여주는 그녀의 평정은, 어렸을 때 아버지로부터 배운, 그리고 시집와서는 남편 따라 귀동냥으로 익히게 된 경전의 내용들이 그녀의 삶 속에서 체화된 결과이리라. 평범한 사람과는 다른 행동 양상, 해석의 방식들…… 행동과 실천을 수반한 부인의 말을 통해 흔들리지 않는 존재의 힘이 느껴졌다. 점점 남편은 그녀 말에 귀 기울이게 되었다.

1809년, 18년을 한결같이 모신 시어머니가 돌아가시고, 1814년에는 그녀의 마지막 자식인 딸이 태어난다. 이때 그들은 서울 약현藥峴(현재의 중림동)에 '탄원'坦園이라 이름한 자그마한 집을 하나 장만해 있었다. 이미 5남 3녀를 잃은 윤광연과 정일당은 그 아기에게 계숙季淑이란 이름을 지어주고 아들 못지않은 사랑을 기울여 키웠다. 그러나 정일당은 젖이 안 나왔다. 간신히 젖동냥을 했지만 오가는 길에 아이는 바람을 쐬어 외려 병이 나고 말았다. 가난하여 다른 방도를 구하는 것도 여의치 않은 가운데 약간의 약을 썼지만 아기는 기어이 탈이 나더니, 채 돌이 안 된 이듬해 정월 초사흘에 죽고 만다. 형편 때문에 광주에 있는 자신들의 땅에 묻지 못하다가 1815년 1월 4일에야 그들은 막내를 묻었다. 그리고 정일당은 지나다니는 사람들이 이곳이 죽은 딸의 묘지인 것이나마 알아보고 함부로 파헤치지 않기를 바라는 마음에서, 남편을 대신해 글을 쓴다. "슬프고 슬퍼 차마 버려두지 못하고 글을 지어 기록한다"라고 하면서도 '이것이 지나치게 인정에 빠진 것은 아닌지'에 대해 스스로 경계하는 정일당. 무너지는 슬픔 가운데서도 그녀는 감정을 다스릴 수 있었던 것이다.

남 편 의 스 승 이 된 여 인 , 강 정 일 당

그녀는 쉰이 되던 해인 1822년 7월에 병을 앓다가 사흘 동안 혼절했던 적이 있었다. 죽음을 맛보았으리라. 그 와중에 평소 기록해두었던 「문답편」과 「언행록」을 다 잃어버리게 되는데, 깨어난 후 그녀가 아쉬워했던 것은 자신이 평생 노력했던 결과물들을 잃었다는 점이었다. 자신의 분신과 같은 저작들, 자신이 죽은 뒤에도 남아서 어떤 존재의 흔적을 환기시킬 글들……. 그녀의 자의식, 혹은 집착이 느껴지는 대목이다. 그리고 십 년 후인 1832년 가을, 병이 위독해졌다. 죽기 하루 전날, 남편은 그만 눈물을 흘리고 만다. 그녀의 죽음을 예감했던 것일까? 남편의 눈물을 본 그녀는 오히려 정색을 하면서 "죽고 사는 것은 하늘에 달린 일입니다. 어찌 슬퍼하십니까?"라고 충고했다. 그리고 그 해 9월 14일에 정일당은 마지막까지 의연함을 간직한 채 탄원의 집에서 숨을 거두었다.

남편의 멘토

윤광연은 본래 한 섬의 곡식도 없는 상태에서 시작해서, 나중에는 가난한 살림이지만 그래도 일곱 분이나 되는 조상의 묘를 이장하고 친척이 양자 들이는 일과 그들의 혼례, 상례 등을 돌보아주었다. 그리고 그는 먼 지방에 있는 스승, 친구들과 자주 교제하였다고 한다. 그런데 정일당의 삼종형제인 강원회姜元會가 쓴 그녀의 행장을 보면, 이는 정일당이 죽을힘을 다해 집안 살림을 꾸려갔기에 가능했던 것이라고 한다. 남편의 입장에서 봤을 때 이 한 가지만으로도 정일당은 너무나도 고마운 부인임에 틀림없다.

그러나 정일당을 추모하는 남편의 표현을 보면, 물론 이것만으로도 결코 만만한 일은 아니지만, 그는 부인에게 경제적 내조자 이상의 의미를 두고 있었음을 알 수 있다.

윤광연, 그는 아내의 빈자리에 대한 상실감을 토로하면서, 의심스러운 것이 있을 때 대답해주고, 하고 싶은 바를 이루게 해주며, 잘못을 시정해주고, 허물을 깨우쳐주는 그런 존재였다고 고백하고 있다. 즉 부인은 그의 스승이었던 것이다. 요즘 남편들도 자신의 아내에 대해 이렇게 인정하는 남자는 드물 것이다. 하물며 이들 부부가 살아낸 시대가 여성들에게 지아비를 하늘같이 여기라고 교육시켰던 19세기임을 생각해본다면, 그리고 여성에 대한 찬사는 시부모 공경과 남편 섬기기, 제사 받들기 및 순종과 겸손의 내면화로 대표되던 당대의 문학적 관습에 비추어본다면, 이 남편의 애사哀詞는 더욱 특별하게 느껴진다.

왜일까? 무엇이 그로 하여금 부인을 그렇게 차별화하여 기리도록 했을까? 아내의 부재로 인한 상실감보다 더한 궁벽함과 홀로 세상에 던져진 듯한 두려움조차 느껴지는, 그가 쓴 세 편의 제문들. 이는 바로 정일당이 단지 사랑하는 아내로서만이 아니라 자신을 이끌어주고 자신의 존재를 꽃피우게 해준 멘토mentor였다는 점에서 그 이유를 찾아볼 수 있다.

'멘토'란 그리스 신화에서 유래한 말이다. 이타카의 왕 오디세우스가 트로이 전쟁에 출정할 때, 자신의 집안일과 아들인 텔레마코스의 교육을 가장 믿을 만한 친구에게 부탁해놓고 길을 떠났다. 그 친구의 이름이 멘토르이다. 멘토르는 십여 년 동안 왕자의 친구이자 선생이자 상담자였으며 때로는 아버지이기도 했다. 그 이후로 멘토르(멘토)는 지혜와 신뢰로 한 사람의 인생을 이끌어주는 지도자라는 의미로 사용되었다. 정신적 지주, 현명한 지도자, 인생의 안내자 멘토. 윤광연에게 있어 정일당은 바로 멘토였던 것이다.

중국 전한前漢 시대 유향劉向의 『열녀전』列女傳에도 남편에게 바른 소리를 해서 칭송 받은 여성들이 포함되어 있다. 그러나 다양한 여성 인물 유형을 수록해놓은 열녀전列女傳이 아니라 그 가운데서도 유독 남편을 따라 죽거나 수절한 열녀전烈女傳에만 집중적인 관심을 보인 조선의 경우, 남편을 가르치거나 훈계한 여성에 대한 이야기는 찾아보기 쉽지 않으며, 또한 부인이 자신을 타이르거나 깨우치려는 의도를 지니고 진지하고 엄숙하게 조언할 때 이를 고맙게 받아들인 남편의 경우도 찾기 어려워 보인다. 윤광연이 단연 돋보이는 지점이 있다면 바로 이 점일 것이다. 그는 부인을 기꺼이 자신의 삶의 길라잡이로 인정하고 선뜻 따랐으며 고맙게 여길 수 있는 심성의 소유자였던 것이다.

윤광연은 중년 이후 학문에 열심인 선비로 어느 정도 이름이 있었던 것으로 보인다. 그런데 그녀가 아니었던들 그가 선비로서의 자신의 정체성을 확립할 수 있었을지는 의문이다. 앞에서도 언급했듯 학문을 미뤄둔 채 생업에만 열중했던 남편에게 그녀는 학문할 것을 권한다. 부인의 말에 자극받은 윤광연은 『논어』, 『맹자』 등의 사서四書와, 정자와 주자가 쓴 책들을 읽었다. 그녀는 또 남편에게 "배우고 생각하지 않는다면 배우지 않은 것과 같고, 생각하고 행동으로 옮겨 실천하지 않는다면 생각하지 않은 것과 같다"

라고 하면서 실천의 중요성을 강조했다. 지행합일知行合一을 강조했던 것이다. 그리고 스승과 벗들이 있어야 행함이 가능하다며, 남편이 스승에게 나아가 배울 수 있도록 고무하고 지원했다. 스승과 벗들을 찾아 나서라는 그녀의 권유는, 요새 감각으로 바꾼다면 대학원 진학이나 학회 참석 정도로 받아들일 수 있을 것 같다. 그녀는 이미 학문적 대화의 중요성을 깨닫고 있었던 것이다. 이런 과정을 통해 윤광연은 선비로서의 정체감을 찾아갈 수 있었다. 그러니 남편의 입에서 "그대가 아니었던들 내가 어떤 사람이 되어 있을지 알 수가 없다"라는 고백이 나오는 것도 자연스럽다.

윤광연에게 있어 정일당은 인생의 스승이었다. 남편의 평범함을 잘 알고 있던 그녀이기에 그녀는 남편에게 벼슬을 단념하고 안빈낙도安貧樂道의 생활을 하도록 권유하였다. 이런 부인에 대해 윤광연은 다음과 같이 술회한다.

부부지간이지만 존경하는 스승을 만난 것처럼 엄숙해서 매번 부인과 마주하고 앉을 때에는 마치 신명을 대하는 것 같았고, 매번 부인과 대화할 때에는 자신의 견해가 어둡게만 느껴졌다.

그러면서 그는 부인 이후로는 부인 같은 사람을 다시 보기는 어려울 것이라고 안타까워했다. 정일당의 조카인 권용정權用正도 "처음 고모에게 인사를 드렸을 때 위엄 있는 그 모습을 보니 고요하고 엄숙한 것이 마치 신명을 대하고 있는 것과 같았다"라고 기록하였다. 두 사람 다 '신명을 대하는 것과 같다'는 표현을 쓴 것을 보면, 때로는 정일당이 좀 두려운 스승이었을 수도 있겠다는 생각이 든다. 그러나 남편 윤광연이 그녀를 그리워한 것을 보면, 그녀는 엄숙하면서도 한편으론 가까이 다가가고픈 그런 사람이었을 것 같다.

부인을 잃고 윤광연이 그토록 슬퍼한 이유는 홀아비 신세가 처량해서도, 제사 지내기가 궁해서도 아니며, 바로 자신이 의심나는 것이 있어도 더이상 물을 데가 없다는 사실 때문이라고 했다. 윤광연은 학생들을 가르치는 것으로 업을 삼았다. 그런데 정일당이 남편에게 수시로 보낸 짧은 편지글들을 읽어보면, 윤광연이 가르치는 과정에서 모르는 것이 있으면 부인에게 많이 물었으며, 학생 가르치는 방법에 대해서도 수시로 부인의 조언을 얻었음을 알 수 있다. 정일당이 남편에게 수시로 짧은 편지를 보낸 것은 '필요할 때마다 조언해달라'는 남편의 부탁이 있었기 때문이다. 그는 부인의 바른 말과 지당한 논리에 죽을 때까지 승복했다고 하였으며, 부인 또한 남편을 통해 책을 빌려 보고 편지글로 외부와 교류하면서 더욱 깊이 있는 학문의 길로 들어설 수 있었다. 그러니 정일당과 윤광연은 적극적인 대화와 의사소통을 통해 평생토록 서로를 고무하고 발전시켜 나갔으며, 이 점에 있어 서로에게 진정으로 충실했다. 조선 시대에도 이런 식의 부부 관계가 있었다는 사실이 신선하게 느껴진다.

진지함 가운데 드러나는 인간적인 면모

그녀는 일정량의 한시와 문장들 및 붓글씨 몇 점을 남겼다. 그녀의 한시는 도학자로서의 그녀의 내면세계를 보여주며, 그녀의 문장들 역시 그녀가 추구했던 학문적인 경지와 무관하지 않다. 그녀의 서체는 도학자의 서체답게 소박하고 강건하다.

그런데 이 중에서도 정일당의 인간적인 체취가 잘 드러나는 글은 위에서 말한 짧은 편지글인 「척독」尺牘과 조상들의 취향에 대한 기록인 「사기록」思嗜錄이다. 여기에서는 이 두 가지 기록에서 몇몇 부분들을 발췌하여 소개하려 한다.

당신은 술을 절제하여 덕을 쌓으시기 바랍니다. 조금 전에는 무슨 일로 사람을 심히 꾸짖으셨는지요? 지나친 책망이 아닌지요? 낯빛이나 말은 군자가 더욱 마땅히 수양해야 하는 것입니다. 『시경』에도 "남에게 따뜻하고 공손함이여, 덕성의 바탕이라네"라는 구절이 있습니다. 당신이 남을 꾸짖으실 때 온화한 기운이 없으시기에 감히 아룁니다.

군자는 정의에서 우러나오는 용기는 있어야 하지만 혈기에서 비롯하는 분노는 없어야 합니다. 지금 들으니, 당신은 남을 책망하실 때 노여움이 지나치십니다. 이는 수신修身하는 데 크게 해로운 것이니, 경계하시기 바랍니다.

윤광연은 아마도 성격이 급한 사람이었던 것 같다. 학생을 가르치면서 이렇게 자신의 성격조차 다스리지 못한다면 이는 문제라고 여겼기에 정일당은 그때그때 짧은 글을 보내 충고했다. 또 그녀는 학생을 대하는 그의 태도에 대해서도 언급하였다. 다음 예문은 학생들을 바라보는 그녀의 시선을 짐작하게 해준다.

평민의 자식들 중에서도 뛰어난 아이들은 하·은·주 시대에도 버리지 않았습니다. 지금 서당의 아이들 중 노귀盧龜는 섬세하고 명민하며, 이암李巖은 성격이 도탑고 후덕하며, 유철劉喆은 효성이 있고 신중하니 모두 가르칠 만합니다. 미천하다고 하여 소홀히 하지 마십시오.

당신을 찾아와 배우는데, 처음부터 끝까지 열심히 공부하는 학생은 많지 않습니다. 이는 남을 탓할 것이 아니라 마땅히 자기 자신을 돌아보아 허물이 없는지 반성해봐야 합니다. 하시는 말씀이 미덥게 여겨지지 않았거나, 행실에 돈독함과 공경함이 없으셨던 것은 아닌지요? 나에게 수양의 모습이 없었다면 어느 겨를에 남의 잘못을 지적할 수 있겠습니까?

만약 윤광연이 정일당의 가르침에 따랐다면 그는 진정 훌륭한 스승이 되기에 충분했을 것으로 보인다. 학생들을 대할 때 자신의 성격대로 다 얼굴에 드러내지 말 것이며, 먼저 배우는 사람의 입장에서 스스로를 판단해볼 수 있으려면 무엇보다도 수양이 필요할 것이다.

짧은 편지글에도 인격 도야 및 학문 탐구에 대한 내용들이 다수 포함되어 있다.

나에게 참다운 덕이 있으면 남들이 알아주지 않는다 해도 무슨 해 될 것이 있
겠습니까? 나에게 참다운 덕이 없다면 비록 헛된 명예가 있다고 해도 무슨 유
익이 있겠습니까? ……당신이 참된 덕을 닦는 데 힘써, 위로는 하늘에 부끄럽
지 않고 아래로는 땅에 부끄럽지 않게 된다면, 다른 사람들이 알아주고 말고
하는 것은 걱정할 게 없습니다.

가난은 선비의 분수이고, 검약하는 것은 경제의 기본입니다. 자기 분수를 편안
히 여기고 근본을 지켜서 자기가 원하는 대로 살면 즐거움이 이보다 클 수 없
는 것입니다.

그런가 하면 아내의 정성스럽고 살가운 보살핌의 손길이 느껴지는 글
들도 있다.

지금 당신의 의복은 검소하기는 하지만 깨끗하지는 않습니다. 검소함은 당신
의 덕이지만, 더러운데도 빨지 못하고 뜯어진 것을 제때 바느질하지 못한 것
은 제 잘못입니다. 잿물로 빨고 바느질해드리겠습니다. …… 봉선화는 손톱에
물들이는 것인데, 저는 성격상 이를 좋아하지 않으니, 함께 옮겨 심는 것이 어
떨까요?

남편의 스승이 된 여인, 강정일당

밥을 못한 지가 이제 사흘이 됩니다. 글 배우는 아이가 마침 호박 덩굴을 가져 왔는데, 그 속에서 주먹만한 호박을 몇 개 찾아 썰어서 국을 끓였습니다. 술을 한 잔이라도 구해볼까 했는데 얻지 못하고 단지 국만 올리게 되니 송구해서 어쩔 줄 모르겠습니다.

안채에 있는 그녀가 사랑채의 남편에게 수시로 보낸 짧은 편지글들의 내용이다. 이 부부는 쪽지 글들을 부지런히 주고받으면서, 한 집에 살면서도 내외가 엄격했던 조선 시대 부부간의 거리를 좁혀가고 있었다. 때로는 엄숙하게, 때로는 살갑게, 정일당은 성실하고 진지한 태도로 남편의 생활에 깊숙이 개입했음을 알 수 있다. 정일당의 일상은 이같이 남편 윤광연의 생활과 그 맥을 같이하고 있었던 것이다.

그런데 정일당의 엄숙·진지·성실 코드가 코믹하게 느껴지는 부분도 있다. 조상의 취향에 대한 기록인 「사기록」이 바로 그것이다.

11대 조상 의정공은 어렸을 때 술에 취해 꽃나무 아래 잠드셨다.

고조 시할아버지 대헌공은 성품이 소나무를 좋아하여 궤, 지팡이, 그릇을 모두 소나무로 만들었고, 소나무순으로 담근 술을 마시고 솔잎가루를 드시고 소나무의 생김새와 냄새, 맛과 절조 등을 좋아하지 않음이 없으셨다고 한다. 그래서 고인을 '소나무 할아버지'라 불렀다.

「사기록」은 가난한 살림 가운데서도 조상들의 제상을 성심껏 차려내기 위해 그녀가 기록해둔 내용들이다. 가난한 살림에 조상들이 좋아하시던 음식을 올리자니 그들의 기호를 잊지 말아야 할 필요가 있었다. 그래야 평소에 그런 물건들이 생길 때마다 잘 챙겨두었다 필요할 때 쓸 수 있었을 것이다. 그런데 성실하게 기록하다 보니 조상에 대한 별난 정보까지도 다 드러나게 된다. 어떤 조상은 이미 어렸을 때부터 술을 즐겨 야외에서 그냥 취해 잠들었고, 또 어떤 조상은 완전히 소나무 마니아이다. 여름 겨울 가리지 않고 온갖 소나무 그릇들을 늘어놓고 소나무와 관련된 음식을 먹는 장면을 생각해보니, 쿡 하고 웃음이 터질 지경이다. 지나친 것을 경계하는 유교의 가르침에서 본다면, 이 조상들은 규범에서 살짝 벗어나고 있다. 그러나 실은 이런 부분들이 그 사람의 진면목일 수 있는 것이다. 제사를 잘 받들라는 가르침을 정성껏 실천하다 보니 그만 오히려 인간적인 면모가 부각되었고, 조상을 잘 섬기다 보니 조상의 괴벽까지도 알려지게 되었다. 이 역시 정일당이 지닌 성실함의 한 끝을 보여주는 기록들이다.

앎과 삶이 하나로

윤광연은 부인의 문집을 간행하면서 문사들을 찾아가 서문이나 발문을 써달라고 부탁했다. 당대 관습에 비추어볼 때, 여성의 글 그것도 자기 부인의 문집을 간행하는 것도 드문 일이었거니와, 그 문집을 빛내기 위해 유명 문사들을 찾아다니니 이 또한 흔하지 않은 일이었다. 서발을 보면, 당대에도 정일당의 존재와 그 부인에 대한 남편의 지극정성에 대해 들어 알고 있는 이들이 있었던 것으로 보인다. 윤광연에게는 자신이 진정한 선비가 될 수 있도록 이끌어준 부인의 표지가 바로 문집 간행이었을 것이다. 동시에 이것은 세상을 향해 그들이 양반임을 또렷하게 각인시키는 일이 되기도 하였다.

그런데 윤광연이 세상의 편견을 무릅쓰고 부인의 문집을 간행하고, 『정일당유고』에 홍직필, 송치규 등 당대를 대표하는 문인들의 헌사가 이어지는 까닭은 단지 윤광연의 인정 욕구의 발로에서가 아니라 정일당이 보여준 학문 탐구의 정신과, 배움을 생활 속에서 실천해낸 수양의 경지를 그들이 인정했기 때문이다. 조선 시대에 심성을 중요시하면서 연구했던 학자들은 무수히 많다. 그러나 자신이 공부한 내용을 자신의 생활 속에서 그대로 실천하고자 노력했다고 평가되는 이들은 별로 많지 않다. 정일당의 학문이 무게감이 있는 이유는 그녀가 예리하게 이기심성론을 펼쳐서가 아니라 자신의 앎이 곧 삶이 되도록 정직하게 실천한 드문 지식인이라는 점에서일 것이다.

정일당은 서른 가까운 나이에 학문을 시작하였다. 이후로 그녀는 밤낮없이 생계를 책임져야 했던 생활고 속에서도 경전을 읽고 그 이치를 아는 일에 게으름을 부리지 않았다.

한가한 때에는 문을 닫고 단정히 앉아 마음이 움직이기 전의 경지를 체득하였다. 스스로 말하기를, "정신이 화평할 때에는 배고픔과 추위 그리고 질병의 고통을 모조리 잊는다"고 하였다.

서당 아이들이 두레박을 치며 놀고 있었는데, 어눌하고 절도가 없었다. 정일당
이 '그 소리가 고르게 나도록 해 보라'고 하고는 자기 마음이 잡히고 놓이는
경지를 실험하였다. 또 어떤 때는 바늘을 가지고 바느질하면서, '여기서부터
저기에 이를 때까지 전일한 마음으로 하리라' 다짐하였다.

음식은 매우 깔끔하였고 바느질은 지극히 정교했다. 이는 타고난 품성이 탁월
한 데서 비롯한 것이기는 하나 또한 경전 공부에서 힘을 얻은 것이 많았다. 마
음을 지키는 데 확고하였고 행동거지는 모범이 되었으니 매사에 이와 같았다.

경전을 읽고 수양한 결과, 정일당은 실로 안빈낙도할 수 있는 정신세
계를 구축했던 것으로 보인다. 이는 절대적인 세계를 추구하는 사람들이 누
릴 수 있는 경지로, 정일당은 일신의 편안함이나 명예욕으로부터 자유로운
개인이었다. 몇몇 사대부들의 강호가도류江湖歌道類 시조에 등장하는 안빈낙
도의 세계가 어째 수상해 보이는 것과는 달리 정일당의 안빈낙도에서는 허
위의식이 느껴지지 않는다. 가난은 혹은 고통은 사람의 영혼을 파먹는다고
한다. 그런가 하면 어려움이 닥쳤을 때 그 고통을 어떻게 감당하는가가 바
로 그 사람의 됨됨이를 알려준다고도 한다. 그런데 정일당이 감당해야 했
던 고통의 무게는 보통 사람들의 경험 영역 밖에 놓인 것이기 쉽다. 배고
픔과 추위, 질병 혹은 연이어 아홉이나 되는 자식을 잃는 고통도 정일당의

담담하고도 의연한 정신을 거꾸러뜨리지는 못했다.

　정일당의 탐구와 수양은 단지 책 속에 갇힌 것만이 아니었다. 주자가 종소리를 들으며 잡념을 가라앉히기 위해 노력했다는 사실을 기억하면서 그녀 역시 아침저녁으로 종소리를 들으며 마음을 제어하는 훈련을 하기도 했으며, 심지어 서당의 아이들이 치고 노는 두레박 소리를 들으면서도 심성을 수양했다. 그리고 바느질 역시 심성 수양의 도구로 삼았으니, 그녀의 학문 탐구와 수양은 음식 할 때의 칼질과 옷 지을 때의 바느질 같은 일상의 영역과 유리된 것이 아님을 알 수 있다. 이런 훈련을 통해 그녀의 앎은 곧 삶 속에서 실천되었던 것이다.

여성으로서의 자의식

　그녀는 남편의 학업 귀동냥을 통해 학문의 세계에 다가설 수 있었지만, 이런 그녀도 자신이 여성이라는 사실에 대해서 늘 자의식이 발동했던 것으로 보인다. 물론 그녀 역시 여성 교육에 대해서는 투기를 첫째 항목으로 꼽으면서 강조하였고, 첩이 낳은 자식은 곧 처가 낳은 자식이라는 논리를 폈다. 전통적인 여성 교육의 범주 안에 속해 있는 면모를 보이는 것이다. 그러나 여성 지식인으로서 자신이 여성이라는 사실에 대해서까지 무감각했던 것은 아니었다.

　부모 된 사람들이 세속의 말을 믿어, 딸을 가르쳐 독서하게 하는 것을 큰 금기로 여기기 때문에 부녀자들 중에는 종종 전혀 도리를 알지 못하는 사람들이 있으니 매우 가소로운 일입니다. 윤지당은 말씀하시길, "나는 비록 부인이지만 하늘에서 받은 성품은 처음부터 남녀의 차이가 있는 것은 아니다"라고 하셨고, 또 "부인으로 태어나 태임, 태사를 본받으려고 마음먹지 않는 사람은 모두 자포자기한 것이다"라고 했습니다. 그렇다면 비록 부인들이라도 큰일을 한다면 또한 가히 성인의 경지에 이를 수 있습니까? 모르겠습니다. 당신은 어찌 생각하시는지요?

정일당의 여성으로서의 자의식을 엿볼 수 있는 대목이다.

조선 사회는 여성들의 지적 자질을 계발하기는커녕 여성이 경전과 문장에 뜻을 두면 부덕婦德에 어긋나는 것이라고 가르쳤다. 이 장면에서 정일당은 윤지당을 인용한다. 임윤지당은 조선조의 여성 철학자이다. 최근의 연구에서 윤지당은 강정일당과 함께 거론되곤 하는데, 위의 예문을 보면 정일당이 윤지당을 사숙하고 있었음을 알 수 있다. 이 두 여성은 조선 시대 여성으로서는 드물게 도학자의 풍모를 갖춘 여성들이다. 정일당은 학문에 대한 열정이 남달랐던 인물이다. 남편 공부를 귀동냥했는데도 오히려 남편의 인도자가 될 수 있었던 뛰어난 지적 능력의 소유자 정일당의 입장에서 보면, 자신이 여성이라는 사실이 심히 억울하게 느껴졌을지도 모른다. 그녀가 남편에게 공부 열심히 하라고 깨우칠 때에는, 자신은 생활고를 책임지면서 집안에서 홀로 틈틈이 공부하는데, 남자인 당신은 어떤가를 묻곤 한다. 필경 일말의 억울함이 있었으리라. 또 그녀는 '여성과 남성이 원래는

다를 바 없다'는 윤지당의 견해를 인용하면서 이에 대한 남편의 견해를 묻고 있다. 남자인 남편에게서 원래는 여성이 남성에 비해 열등한 존재가 아니었다는 사실에 대해 동의를 얻고자 하는 시도인 것이다.

> 저는 일개 아녀자로 몸은 집안에 갇혀 있고 들은 것도 없고 아는 것도 없습니다. 그런데도 바느질하고 청소하는 틈에 옛 경전과 고전들을 읽으면서 그 이치를 궁리하고 그 행실을 본받아 선현들의 경지에 이르고자 작정하고 있습니다. 하물며 당신은 대장부로서 뜻을 세워 도道를 구하고 스승을 모시고 좋은 벗들과 사귀고 있으니, 부지런히 노력하여 앞으로 나아가면 무엇을 배운들 능하지 못하겠으며, 무엇을 강론한들 설명하지 못하겠으며, 무엇을 실천한들 이루지 못하겠습니까?

위의 글은 남편이 학문에 더욱 분발하도록 격려하는 내용인데, 그 어법이 순하지가 않다. 힘든 가운데서도 공부하는 자신과, 모든 것이 갖추어진 상태에서 공부하는 남편을 대비시켜서 공부에 대한 정일당의 열망과 자신감이 읽히도록 되어 있기 때문이다. 하지만 그녀의 상황은 매우 열악하였다. 조선 시대 여성들은 운 좋게 공부할 기회를 얻은 경우라 해도 '도둑 공부'를 해야 했다. 그렇지 않으면 부덕에 어긋나는 일이었기 때문이다. 윤지당이나 정일당의 글들은 지적인 욕구가 있었던 조선 시대 여성들이 부딪쳐야 했던 억압에 대해 얘기하고 있다. 그녀들은 공부를 하면서 여성으로 태어난 한계를 가장 절실하게 느끼게 되었던 것 같다.

남들이 알아주지 않아도 화내지 않으니 또한 군자가 아닌가

위 제목은 『논어』 「학이」學而의 구절 중 일부이다. 우리에게는 그 앞부분이 더 잘 알려져 있다. 다시 써보기로 한다.

배우고 때로 익히면 기쁘지 아니한가

學而時習之 不亦說乎

벗이 있어 멀리서 찾아오면 또한 즐겁지 아니한가

有朋而自遠方來 不亦樂乎

남들이 알아주지 않아도 화내지 않으니 또한 군자가 아닌가

人不知而不慍 不亦君子乎

정일당을 설명하기에 이 마지막 구절보다 더 적합한 내용을 찾기는 어려워 보인다. '남들이 알아주지 않아도 화내지 않으니 또한 군자가 아닌가.' 여자이기에, 가난했기에 비롯하는 많은 어려움을 뚫고 그녀가 쌓아올린 수양의 경지는 군자라는 칭호를 얻기에 부족하지 않았다. 그러나 찬사를 보내는 남성 지식인들도 상대가 여성이라는 사실에 대해서는 항상 유념하여, 평가에 있어 유보적인 혹은 제한적인 태도를 보이기도 했다. '옥을 옥으로 알아주지 않아도 자신이 옥이라면 스스로 즐거울 수 있다'고 한 짧은 편지글의 내용은 정일당 자신의 이야기였던 것이다.

여성은 음陰의 기운이니 항상 스스로를 낮추고 약한 위치에 놓으라고 가르치고, 이를 사회 제도로 규범화한 조선 시대에, 여성이 공적인 인정을

남편의 스승이 된 여인, 강정일당

받을 수 있는 기회는 매우 제한적이었다. 학문의 기회 역시 마찬가지였으며, 수양의 덕목 역시 여성의 것은 아니었다. 정일당 역시 드러내놓고 공부하고 교류하고 가르치고 할 수는 없었으나 주어진 환경을 적극적으로 감당해내고, 제도의 틈새를 지혜롭게 이용하여 공부하고 교류하고 서당의 아이를 직접 가르칠 수 있었다.

그녀는, 당시의 많은 여성들이 제도를 탓하며 자신이 원하는 것을 억압해버린 채 순응적인 삶을 살았던 것과는 달리, 자신이 속한 사회의 제도와 자신이 욕망하는 것 사이의 갈등을 지혜롭게 긍정적인 방법으로 승화시켰다. 정일당은 사회적인, 가정적인 어려움 가운데에서 자신의 지적 능력과 호기심, 그리고 고양되고자 하는 자신의 지향을 견지하여 결국에는 자신이 원하는 상태에 도달하게 된 것이다. 여러 가지 어려움을 뚫고 늦게 시작한 공부에도 불구하고 그녀는 삶과 유리되지 않은 학문 탐구를 통해 생활 속의 철학자로 자신을 소중히 다듬어 나갔다.

강정일당, 조선 시대 기록에서는 시대의 관습 때문에 그녀를 가리킬 때 '여중군자' 女中君子라는 제한적인 호칭을 쓸 수밖에 없었겠지만, 이제는 과감히 그 앞에 붙은 '여중'이라는 한정적인 수식어를 떼어내야 할 때이다. 강정일당, 그녀는 조선 시대의 군자였다.

■
금원을 알 수 있는 자료는 금원 자신이 기록한 『호동서락기』湖東西洛記가 거의 유일하다. 『호동서락기』
는 정민이 편한 『한국역대산수유기취편』에 수록되어 있으며, 이화여자대학교 도서관에도 여사 금원女士
錦園 찬撰, 『호동서락기』 필사본이 있다. 번역한 자료로는 강원대학교 강원문화연구소에서 편역한 『(조
선 시대) 강원여성시문집』(1998)과 이혜순·정하영이 편역한 『한국고전여성문학의 세계: 산문편』(이화
여대 출판부, 2003) 등이 있다.

■■
금원에 대한 관심이 본격화된 것은 최근에 와서의 일이고, 이전에는 주로 삼호정시사와 관련하여 거론
되었다. 김지용의 「삼호정시단의 특성과 작품: 최초의 여류시단 형성과 시작 활동」(아세아여성연구 16,
1977, 숙명여대아세아여성연구소)은 삼호정시사의 존재와 활동에 대해 본격적으로 논의한 글로 이후 연
구자들의 주요 참고 자료가 되었다. 필자도 「조선 후기의 새로운 여성문화공간」(여/성이론5, 여성문화
이론연구소, 2001)이라는 제목으로 삼호정시사와 금원을 포함한 여성 시인들의 의식과 지향에 대해 다
룬 바 있다.

외씨버선발로 금강산을 밟은 남장 처녀

金錦園

김금원(1817~?)

세상을 보고 싶다!

아침에 눈을 뜬 금원은 바깥이 환한 느낌에 얼른 일어나서 방문을 활짝 열었다. 간밤에 핀 꽃이 눈부시게 들어왔다. 금원은 대강 세수를 하고 옷을 입고는 부모님께 아침 인사를 하고 또다시 여행 이야기를 꺼냈다.

"금강산을 보고 싶어요!"

"또 그 말이냐?"

"금강산을 구경하고 싶습니다. 서울에도 가보구요."

"하지만 처녀의 몸으로 어떻게? 게다가 몸도 약하지 않니?"

봄이 되자 다시 여행을 하고 싶다는 생각에 금원은 잠시도 앉아 있을 수가 없었다. 지난겨울에는 재미있게 읽었던 책들도 다 시들하고 지루해졌다. 애초에 수놓기는 해본 적이 없으니 달리 하고 싶은 일도 없었다. 그래서 또 어머니를 찾아가 졸랐지만 오늘도 허락이 떨어지지 않았다. 방으로 돌아온 금원은 복잡한 표정으로 생각에 잠겼다.

하늘이 나에게 산수를 즐기는 어질고 지혜로운 성품과 눈과 귀를 주셨는데, 산수를 즐기고 견문을 넓히는 일이 왜 안 된다는 것이지? 하늘이 이미 내게 총명함을 주셨는데 문명한 땅에서 무언가를 하는 것이 불가능하다고? 여자니까 규방 깊이 들어앉아 문을 닫고 경전과 법도나 지키고 있어야 한다고? 변변찮은 집안이니 분수에 맞게 살다가 흔적도 없이 사라져 세상에 알려지지 않는 게 당연하다고?

이제 열네 살이 된 금원의 머릿속은 온통 이런 생각들로 들끓고 있었다. 열네 살! 조선 시대건 요즘이건 아직은 새파란 꿈을 꿀 나이가 아닌가? 그런 나이에 금원은 벌써 할 수 있는 것보다는 할 수 없는 게 많다는 것을 알았다. 그리고 그것이 자신이 여자에다 변변찮은 집안 출신이라는 사실에서 비롯된다는 것도 깨달았다. 당시 열네 살이면 혼사를 의논할 나이였으니 금원이 이런 고민을 한 건 조숙해서만이 아니었을 것이다. 하지만 아직은 무엇 하나도 포기할 수 없었고, 무엇이든 하고 싶었다. 그러니 금원의 머릿속은 늘 온갖 생각들로 분주할 수밖에.
　‘세상을 보고 싶다!’
　금원은 말로만 듣던 금강산도, 사람들이 어깨를 부딪힐 정도로 많다고 하는 서울의 거리도 보고 싶었다. 그래서 틈만 나면 부모님께 여행을 가겠

외씨버선발로 금강산을 밟은 남장 처녀, 김금원

다고 졸랐다.

조선 시대 여성들에게 가해진 가장 큰 제약은 집 밖으로 나가지 못하게 하는 것이었다. 그래서인가 조선 시대 여성들이 가장 선망한 것 중 하나가 바로 여행이었다. 남성들 사이에서 여행은 이미 일상의 한 부분으로 자리잡고 있었다. 조선 중기 이후 청나라를 여행한 연행기燕行記를 비롯하여 명산을 유람한 기록들이 쏟아져 나올 정도였다. 하지만 여행이 불가능했던 여성들은 이런 여행기를 읽으며 집에서 상상하는 데 그칠 뿐이었다. 그런데 지금 금원은 결혼도 하지 않은 처녀의 몸으로 여행을 가겠다고 계속 부모님을 조르고 있는 것이다. 왜? 다만 구경을 하고 싶었던 것일까? 금원이 여행을 주장한 것은, 눈으로 산하의 거대함을 보지 못하고 마음으로 세상일을 겪지 못하면 그 변화의 이치에 통달하지 못해 국량이 좁고 식견이 트이지 못한다고 생각했기 때문이다.

한번 마음을 정한 금원은 계속 부모님을 졸랐고, 금원의 부모는 고심 끝에 드디어 여행을 허락했다. 여행을 허락받은 금원은 "새장에 갇혀 있던 매가 새장을 나와 저 푸른 하늘을 솟구쳐오르는 것 같고, 좋은 말이 굴레와 안장을 벗은 채 곧장 천리를 치닫는 것 같은 기분"이었다.

때는 경인년(1830) 봄, 금원의 나이 바야흐로 열네 살이었다. 금원은 즉시 남자 옷으로 갈아입고 짐을 꾸려 길 떠날 채비를 했다. 머리는 사내아이처럼 땋고, 수레는 푸른 실로 휘장을 두르고 앞면은 밖을 내다볼 수 있게 했다. 그렇게 해서 처음 찾아간 곳은 제천의 의림지. 의림지로 가는 길에 꽃들은 애교스럽게 웃음을 터뜨리고, 초록 잎사귀는 막 새순을 드러내고 푸른 산은 사방을 둘러 있어 초록 장막 속으로 들어가는 것 같았다. 의림지의 맑은 물과 하늘을 나는 백구를 보니 "백구야 날지 마라 너의 벗이 내 아니냐"라는 노래가 절로 나왔다. 이 길로 금원은 금강산과 관동팔경, 설악산을 모두 둘러보고 서울로 가서 도시의 번화함을 두루 구경했다. 그리고 훗날 이 여행의 기록을 『호동서락기』湖東西洛記라는 제목으로 남긴다. 1830년, 19세기 중반의 조선 사회에서 결혼하지 않은 처녀로 남자 옷을 입고 홀로 여행길에 나선 이 당돌한 여성은 누구인가?

금원의 행·불행

　19세기 중반 여성의 몸으로 여행길에 나선 이 여성은 '금원' 錦園이라는 호로 알려진 인물로, 1817년 강원도 원주에서 태어났다. 아래로는 뒤에 '경춘' 鏡春이라 불린 재주 많은 여동생이 있었다. 그녀 말대로 한미한 집안이었는지 그녀의 집안에 대해서는 별로 알려진 바가 없다. 그녀가 쓴 몇 줄의 글이 그녀의 어린 시절이 어떠했는지를 짐작하게 해줄 뿐이다.

　　나는 관동 봉래산 사람으로 호를 금원이라 한다. 어려서 병을 자주 앓아 부모께서 가엾게 여겨 부녀자의 일을 힘쓰게 하지 않고 글자를 가르쳐주시니 나날이 가르침을 듣고 깨우치게 되었다. 몇 년 안 되어 경서와 사서를 대략 통달하고, 고금 문장을 본받고자 때때로 흥이 나면 꽃과 달을 읊조리며 생각하곤 했다.
　　─『호동서락기』 중에서

외 씨 버 선 발 로　금 강 산 을　밟 은　남 장　처 녀 , 김 금 원

어려서부터 병약했던 금원은 부녀자의 일보다는 글을 익혔다. 바느질하고 요리하는 부녀자의 일보다 읽고 쓰고 생각하는 것이 더 익숙했던 금원은 어느덧 자신의 처지를 생각하면 우울에 빠지곤 하는 조숙한 소녀로 자랐다. '나는 누구인가' 곰곰 생각해보니 사람으로 태어난 건 다행인데 여자로 태어난 건 불행하고…… 이렇게 하나하나 자신의 삶의 조건을 따져보았다.

그래, 내가 금수로 태어나지 않고 사람으로 태어났으니 그건 다행이야. 또 저 오랑캐 땅에 태어나지 않고 문명한 조선에 태어났으니 그것도 다행이라 할 수 있겠지. 그런데 남자로 태어나지 못하고 여자로 태어나서 불편한 게 많고, 부귀한 집에 나지 않고 하필 한미한 가문에 태어났으니 아, 불행한 일이로다.

이렇게 계속 따져보는 가운데 금원의 생각도 자랐다. 하늘로부터 이미 총명함을 받았으니 문명한 땅에서 무언가를 하는 것이 불가능하게만 보이지는 않았다. 또 여자로 태어났다고 깊숙이 들어앉아 문을 닫은 채 경전을 읽고 법도나 지키고 있어야 하는 것도 못마땅했으며, 한미한 가문이라고 분수에 맞게 살다가 흔적도 없이 사라져 세상에 알려지지 않는 것도 억울했다.

이를 보면 혼기를 앞둔 금원의 마음을 짓누르고 있던 것이 무엇인지 알 수 있다. 그것은 여자로, 그것도 한미한 집안에 태어나 살다가 흔적도 없이 사라져버릴지도 모른다는 억울함 혹은 두려움이었다. 글을 익혀 시서詩書를 대략 통달했으며 총명함을 자부했던 금원에게 규방에 들어앉아 자기 분수에 맞게 사는 삶은 새장 속의 삶처럼 답답하게 느껴졌으리라. 더구나 금원은 "뜻이 높고 넓어 세상을 뛰어넘고 속세를 벗어나는 기상"이 있는 여성이었다.

그녀가 살았던 19세기 중반, 서울을 비롯한 도회는 상공업이 발전하며 흥청대고 있었고, 글을 하는 남성 지식인들은 시사詩社를 통해 문예를 즐기는 한편 새로운 지식과 문명을 교환하느라 부산하게 움직이고 있었다. 그러나 여성들에게 있어서 이것은 어디까지나 바깥의 일이요 남의 일이었다. 금원은 당시로서는 당연하게 여겼을 규방 안의 삶을 그대로 받아들일 수 없었다. '한미한 집안에 났으니 분수대로 살아야 하는가'라고 반문한 것도 주어진 신분에 따라 살아야 하는 것에 대한 항변이었던 셈이다. 금원은 양반의 서녀였을 것으로 짐작된다. 이런 신분의 여성 앞에 펼쳐질 삶은 포부가 큰 금원에겐 전망 없는 삶으로 여겨졌을 것이고, 이 때문에 금원은 갈등할 수밖에 없었다. 여기에는 다름 아닌 성적인 질곡과 신분적 질곡을 벗어나 세상으로 나가고 싶은 욕망, 이름을 남기고 싶은 욕망이 있었기 때문이다. 이 지점에서 금원이 선택한 것이 여행이었다.

여성 현실을 비판적으로 바라보면서 조소라도 하듯 금원은 여행을 떠났다. 이 여행길엔 금원 자신의 현실에 대한 자각과 그것을 넘어서고자 하는 '당돌한' 의지가 담겨 있었고, 여행을 통해 그녀는 자신을 둘러싼 경계를 가볍게 넘어섰다.

금원을 생각하면 엉뚱하게도 19세기 말 우리나라를 찾아와 『한국과 그

외씨버선발로 금강산을 밟은 남장 처녀, 김금원

이웃 나라들」Korea and Her Neighbours이라는 여행기를 남긴 영국의 여인 이사벨라 버드 비숍Isabella Bird Bishop이 생각난다. 어릴 때부터 병약해서 학교를 쉬고 가정교사에게 공부를 해야 했던 이사벨라는 스물세 살이 되던 1854년 캐나다와 미국 각지를 여행하고 그것을 여행기로 남겨 당시 베스트셀러 작가가 되기도 했으나 이십 대 후반, 삼십 대 내내 우울과 무기력에 빠졌다. 그것은 남성 중심의 영국 사회에서 그녀처럼 교육받은 여성이 근대적인 자아에 빠지면서 겪을 수밖에 없었던 일이었다. 그러나 이사벨라는 사십 대 이후 다시 시를 쓰기 시작했고 대학에서 청강하며 지리학을 공부했으며, 답사와 여행기 간행을 통해 바쁘고 성공적인 삶을 살았다. 금원과 이사벨라 버드 비숍은 신분도 환경도 달랐다. 그러나 이들은 여성의 한계를 누구보다 절감할 정도로 여성의 현실 즉 자신의 삶의 조건에 민감했다. 그리고 이들은 여행을 통해 적극적으로 세계와 만났고, 이를 통해 성장해갔다. 이 때문에 그 많은 차이들에도 불구하고 금원과 이사벨라 버드 비숍을 함께 떠올리곤 하는 것이다.

여행을 통해 다시 마주한 나

금원은 제천 의림지부터 시작해서 금강산, 관동팔경을 다 보았지만 미련이 남아 설악산까지 보고 나서야 서울로 가 도읍지의 화려함을 보았다. 남자 옷을 입고 하늘을 날 것 같은 기분으로 집을 나선 금원은 세상의 넓음과 화려함을 보았다.

금강산을 돌아보고 산문을 나와 멀리 하늘과 한 빛으로 펼쳐진 푸른 바다를 바라보던 금원은 문득 허공에 올라 바람을 타고 있는 듯한 기분이 들면서 천하를 다 둘러봐도 금강산에 버금할 만한 것은 없다고 생각한다. 그리고는 바다를 바라보며 시 한 수를 짓는다.

모든 물 동쪽으로 다 흘러드니	百川東滙盡
깊고 넓어 아득히 끝이 없구나	深廣渺無窮
이제야 알았노라 하늘과 땅이 커도	方知天地大
내 가슴속에 담을 수 있음을	容得一胸中
—『호동서락기』 중에서	

천하의 장관인 금강산과 멀리 펼쳐진 바다를 바라보며 금원은 이제 하늘과 땅이 아무리 크다 해도 내 안에 담을 수 있을 듯했다. 자아가 우주를 끌어안을 정도로 확장되는 경험을 한 것이라고 할까.

설악산을 거쳐 서울로 간 금원은 그곳에서 "시골에서 성장하여 스스로 안목이 좁은 것을 웃으며 성안을 두루 살펴보니 비로소 가슴이 탁 트이는 것을 깨닫"는다. 이처럼 금원에게 있어 여행은 놀이가 아니라 새로운 세계를 보고 견문을 넓히는 적극적인 깨달음의 과정이었다. 그래서인지 『호동서락기』에는 '이제야 알았노라' 方知를 비롯해서 '깨닫는다' 覺 같은 말이 종종 쓰이고 있다. 서울을 본 뒤 금원은 다시 한 번 깨달음의 과정을 거친다. 그것은 스스로의 처지에 대한 자각이었다.

외씨버선발로 금강산을 밟은 남장 처녀, 김금원

서울과 지방을 유람하고 스스로 옷차림을 돌아보니 갑자기 처량해지는 것을 깨달았다. 혼잣말로 "여자가 남자 옷을 입는 것은 결코 예사로운 일이 아니다. 하물며 인정이란 무궁한 것임에랴! 군자는 만족함을 알아 그칠 줄을 알기 때문에 절제하여 지나치지 않으나, 소인은 감정에 끌려 곧바로 행하기 때문에 휩쓸려가서는 돌아오는 것을 잊어버린다. 이제 나는 좋은 경치를 두루 즐겼고 오랜 소원을 이루었으니 그만 하는 것이 좋으리라. 본분으로 돌아가 부녀자의 일에 종사하는 것도 좋지 않겠는가?" 하고 남자 옷을 벗어 던지니 예전처럼 아직 머리 올리지 않은 처녀였다.

—『호동서락기』중에서

여행을 끝낸 금원은 남자 옷을 입고 있는 자신을 보고는 문득 처량함을 느낀다. 그래서 오랜 소원인 여행을 두루 했으니 '이제 그만하고 본분으로 돌아가자'고 스스로를 타이른다. 출발할 당시의 큰 포부나 금강산을 본 뒤 하늘과 땅도 내 속에 품을 것 같던 기상은 간데없이 한 여성으로 돌아온 것이다. 집 밖으로 나가 산수를 둘러보고 세상을 직접 본 경험을 통해 금원은 세상 속에서 자신의 위치가 어디쯤인지를 뚜렷하게 가늠하게 되었을 것이다. 재주가 없지는 않지만 시골 출신에 집안도 변변치 않은 주목받기 어려운 존재. 그것이 금원이 발견한 자신의 모습이었다. 하지만 이때의 금원은 더 이상 여행을 떠나기 전의 금원이 아니었다. 천하의 장관을 둘러보고 세상을 바라본 경험은 결코 지워지지 않은 채 가슴속에 담겨 있었고, 여행을 한 것 자체가 자부심의 근원이 되었기 때문이다.

그러나 그렇다고 해서 여행 전에 가졌던 고민이 해결된 것은 아니었다. 그러면 이제 어떻게 해야 하나? 집으로 가서 결혼을 하면 분명 자신보다 못한 남자를 만날 것이 뻔했다. 그렇다고 계속 길 위에 머물러 있을 수도 없었다. 더 이상 나아갈 길이 없는 자신의 처지를 쓸쓸히 깨달은 금원의 선택은 무엇이었을까? 금원의 머릿속은 여행을 떠나기 전보다 더 복잡했을지 모른다. 그래서인가, 『호동서락기』에서 활달하게 자기 이야기를 하던 금원은 이 시기에 대해서는 직접 말하지 않는다.

『호동서락기』에는 남장을 벗고 미혼의 여성으로 돌아온 뒤 곧 김덕희金德喜의 소실이 되어 몇 년간 생활하다 김덕희가 의주부윤이 되자 그를 따라 의주로 갔다는 내용이 이어진다. 이때가 1845년, 금원의 나이 스물아홉 살이었다. 집을 떠나 김덕희의 소실이 되기까지 십여 년 이상의 공백이 있다. 그동안 금원은 무엇을 했을까? 금원 자신이 이 시기에 대해 한마디도 언급하지 않으니 다른 경로를 통해 확인할 수밖에 없다.

연구자들은 이 시기에 금원은 '금앵錦鶯'이란 이름으로 기녀 생활을 했다고 추정한다. 이 시기 금원은 연천淵川 김이양金履陽(1755~1845)의 소실이며 시인이었던 운초雲楚(1800~1857?), 화사花史 이정신李鼎臣의 소실로 역시 시를 잘 지었던 경산瓊山 등과 어울렸다. 이때의 인연은 이후 자신들의 시회詩會를 만드는 데까지 이어졌다. 조선 후기의 문신이자 시인·서화가였던 자하紫霞 신위申緯(1769~1847)는 불우하고 재주 많은 여사들과 교분이 잦았는데, 이 당시 금원이 무엇을 했는지 짐작하게 하는 시를 남기고 있다.

1841년 여든일곱 살이 된 김이양은 생일잔치를 열고 지인들을 초대했

외씨버선발로 금강산을 밟은 남장 처녀, 김금원

다. 이 자리에는 김이양과 쉰 살이나 차이가 나는 소실 운초뿐 아니라 경산과 금원도 참석했다. 자리에 모인 사람들은 연천의 건강을 기원하고, 즐거운 시간을 보내며 시를 주고받았다. 자하도 운초 · 경산 · 금원의 시에 화답했는데, 앞에 이 세 여성에 대해 짤막한 소개를 덧붙였다. 이 소개를 보면 자하는 운초, 경산에게는 '여사'라 하면서 금원은 '교서'校書라 했다. 교서는 도서와 문건을 맡아보던 관직이다. 그런데 중국 당나라 때의 이름난 기생이었던 설도薛濤가 그 뛰어난 시적 재능으로 인해 여교서로 불린 적이 있었다. 설도가 기생이었던 탓에 이후 교서는 기생이라는 의미로도 쓰였다. 이런 사실을 모를 리 없는 자하가 금원을 유독 교서라 부른 것은 금원이 이 당시 기생이었음을 시사한다.

운초 · 경산 · 금원은 신분적으로는 열세에 있었으나 재주가 뛰어난 여성들이었다. 조선 후기 이러한 여성들은 기생이 되거나 사대부의 소실이 되는 길을 선택하기도 했다. 자신의 신분에 맞게 결혼해서 살기에는 이들의 지적 수준이 높았고 문화적으로 세련되어 있었다. 조선 후기 소설 가운데 재주 있는 여성이 용렬한 남편을 만나 고민하는 내용이 종종 등장하는데, 실제로 이런 일은 드물지 않았다. 자하는 아전의 딸이지만 재주가 뛰어난 김운낭이라는 여자가 자기와 맞지 않는 남편을 만나 고민하다 잘못해서 기녀가 된 것을 자신이 힘써 구해준 이야기를 전하고 있다. 금원도 비슷한 경우였을 것으로 보인다. 기녀의 길을 선택한 것이 자발적인 것이었는지 어쩔 수 없는 것이었는지는 짐작할 길이 없다. 그러나 여행을 끝내고 돌아와 '나는 누구인가'를 묻고 찾아낸 답이 다시 규방으로 돌아가는 것이 아니었음은 분명하다. 그녀는 시기詩妓로 이름을 날렸고, 김덕희를 만나 그의 소실이 되었다. 그리고 이제는 집 밖으로 나가지 않고, 집 안에 그녀 자신이 중심이 된 새로운 문화 공간을 만들었다.

새로운 여성 문화 공간, 삼호정 시회를 만들다

부윤이 된 김덕희를 따라 의주로 간 금원은 김덕희가 벼슬을 물러날 때 함께 서울로 돌아와 삼호정三湖亭에 머물렀다. 이때 나이 서른한 살이었다. 삼호정은 용산(지금의 원효로에서 마포로 넘어가는 삼개고개)에 있던 김덕희 소유의 정자이다. 당시 용산, 한강 부근은 풍광이 좋아 사대부들의 정자나 별장이 많이 있었다. 그중에서도 강가에 자리잡은 삼호정은 특히 경치가 아름다웠다.

벼슬을 그만둔 남편은 정원의 대나무를 꺾어 낚싯대를 만들었다. 금원은 종들에게 짧은 바지를 입게 했다. 그리고 물을 긷고 땔나무를 지고, 정원을 가꾸고 채소를 심게 했다. 경치 좋은 한강변, 김덕희와 금원의 생활은 한가롭고 평온했다. 이곳의 경치는 사시사철 아름다웠다. 날씨가 좋을 때면 금원은 동생인 경춘, 고향 친구인 죽서竹西, 기녀로 있을 때 종종 어울리던 시인 운초, 이웃에 사는 경산 등 마음이 맞는 네 친구를 삼호정으로 부르곤 했다. 봄이 오면 꽃과 새가 기분을 돋우었고, 강변이라 종종 끼는 안개와 강물 위를 떠가는 구름은 젊은 날의 꿈을 떠오르게 했다. 간혹 세차게 들이치는 비바람도, 눈 내리는 정원도 아름답지 않은 때가 없었다. 금원과 친구들은 언제 모여도 반갑고 애틋하고 즐거웠다. 처지가 비슷했고, 시와 음악을 좋아하는 것도 비슷했다. 누가 먼저랄 것도 없이 이들은 모여서 거문고를 뜯고 시를 지으며 한껏 즐기다 헤어졌다. 금원의 삼십 대는 이렇게 마음에 맞는 친구들과 어울리며 지나갔다. 남성들의 시회는 많았지만, 이렇게 여성들이 모여 시를 짓고 즐기는 모임은 흔치 않았다. 그래서 뒤에 사람들은 이 모임이 금원이 살던 삼호정을 중심으로 이루어졌다고 해서 '삼호정시사'라 부르기도 했다.

조선 후기는 그 어느 때보다도 문예 의식이 고양되었던 시기이다. 사대부 문화에서 중인 계급이 주축을 이룬 여항 문화에 이르기까지 남성들의 문화는 보다 다양한 양상으로 세련되어갔다. 이러한 분위기를 주도했던 당대의 특징적인 문화 현상 중의 하나가 바로 시사 활동이다.

계급적 특권과 아울러 문화적 특권을 누렸던 상층 양반들은 뜻이 맞는 사람들끼리 시사를 결성하여 시와 풍류를 즐겼다. 현대의 시 동인 모임과 비슷한 이 모임은 정치적인 입장이나 사상적인 입장에 따라 자연스러운 분파를 이루면서 서울, 근기 지방을 중심으로 형성되었다. 다시 말하면 조선 후기의 시사는 학문과 인생에 대한 뜻을 같이하며 서로의 예술적 재능을 고무하는 지음知音들이 모여 각자의 창작 활동을 격려하고 지원하는 문화 공간이었다고 할 수 있다. 우리가 잘 아는 정약용丁若鏞은 지금의 회현동을 중심으로 죽란시사竹欄詩社를 결성하였고, 이덕무李德懋·박제가朴齊家·박지원朴趾源·홍대용洪大容 등 연암 그룹은 지금의 탑골 공원 자리에 있었다고 하는 백탑 근처에 살면서 백탑시사白塔詩社를 결성, 활발한 문화 활동을 하였다. 이외에도 수많은 시사가 결성되어 음악을 연주하고 술을 마시며 우의를 다졌고, 시를 지어 주고받으면서 감흥과 정서를 표출하였다.

그러나 조선 후기의 시사 활동이 주목받는 이유는 시사가 이들 양반들에서부터 중인 계층(여항인)으로까지 확산되었다는 점에 있다. 18세기 중엽에 접어들면서 중인 중심의 시사 즉 여항 시사가 활발하게 전개되었는데, 당시 중인들의 거주지였던 인왕산 부근이나 삼각산 부근의 정자나 집을 중심으로 많이 이루어졌다. 그 대표적인 것이 천수경千壽慶(?~1818)이 중심이 되어 1793년에 결성한 옥계시사玉溪詩社(송석원시사松石園詩社라고도 했음)로, 여기에 참가한 사람은 수백 명을 헤아릴 정도였다.

옥계시사는 매년 봄가을 날씨가 좋을 때 날짜를 약속하고 모여서 남북 두 패로 나누어 시를 짓는 대회를 열었는데, 무기 없이 맨손으로 겨루는 싸움이라고 해서 '백전'白戰이라 불렀다. 이날의 일등 작품은 모인 사람들 모두가 외운 다음 서울 전역으로 돌렸는데, 돌고 돌아 시를 쓴 본인에게 왔을 때는 종이가 다 해질 정도였다고 한다. 여항 시인들은 이 행사를 위해 거금을 아끼지 않았고, 심지어 파산하는 지경에 이르러도 후회하지 않을 정도로 열렬한 지지를 보냈다. 그런데 역설적이게도 이 중인들의 시를 심사하는 사람은 상층 사대부 문장가였다. 비록 여항인들의 시사가 그들 자신이 주체가 된 집단적 문화 활동이었다고는 하지만, 이들에게는 다시 사대부 문장가의 인준이 필요했던 것이다.

그러나 자신들의 문예적 취향을 한껏 발산하면서 즐기고 새로운 지식과 문화를 접하는 기회이기도 했던 이러한 시사 활동은 전적으로 남성들이 주체가 된, 그들만의 문화 활동이요 문화 공간이었다. 이는 규방 밖으로 나가지 못했던 조선 시대 여성들에게는 애초에 주어지지 않은 기회요 공간이었다. 19세기 중반, 이처럼 활발하게 전개된 시사 활동의 한 귀퉁이에서 여성들로만 구성된 삼호정시사는 조선 시대 전반에 걸쳐 개별적으로 존재하던 여성 시인들이 그룹을 형성해서 문학 활동을 한 예를 보여준다는 점에서 그 의미가 각별하다.

삼호정시사가 이루어질 수 있었던 것은 마음이 맞기도 했지만 경제적 여건이 갖추어졌기 때문이기도 하다. 어떻게 보면 이 모임은 여유 있는 양반 소실들의 그저 그런 시 모임 정도로 폄하할 수도 있을 것이다. 그러나 이들의 면면을 살펴보면 이 모임의 성격은 그리 단순치 않다.

때때로 읊조리고 좇아 시를 주고받는 사람이 넷이다. 한 사람은 운초인데 성천 사람으로 연천 김상서의 소실이다. 재주가 무리들 가운데 매우 뛰어나 시로 크게 알려졌다. 늘 이곳을 찾아오곤 하는데 어떤 때는 이틀밤씩 묵기도 한다. 또 한 사람은 경산으로 문화 사람이며, 화사 이상서의 소실이다. 들은 게 많아 아는 것이 많고 시를 읊는 데 으뜸인데, 마침 이웃에 살고 있어서 찾아온다. 또 한 사람은 죽서인데 같은 고향 사람으로 송호 서태수의 소실이다. 재기가 빼어나고 지혜로워 하나를 들으면 열을 안다. 문장은 한유와 소동파를 사모하고, 시 또한 기이하고 고아하다. 한 사람은 다름 아닌 내 아우 경춘으로 주천 홍태수의 소실이다. 총명하고 지혜롭고 단정할 뿐만 아니라 널리 경사經史에 통달하였다. 시 또한 여러 사람들에게 뒤지지 않는다. 서로들 어울려 좇아 노니 비단 같은 글 두루마리가 상 위에 가득하고 뛰어난 말과 아름다운 글귀

는 선반 위에 가득하다. 때때로 이를 낭독하면 낭랑하기가 금쟁반에 옥구슬이
구르는 듯하였다.
—『호동서락기』중에서

　　운초·경산·죽서·경춘, 이들이 예사롭지 않은 것은 모두 양반의 소실
로 하나같이 시를 잘 쓰고 재기가 뛰어날 뿐 아니라 서로 어울려 시를 짓
고 있다는 점이다. 조선 시대 여성들 중 한시나 한문에 뛰어난 인물들이 적
지 않았고 이들에 대해서는 이미 알려져 있는 바, 시를 잘 쓰는 여성의 존
재는 이제 그다지 새롭지도 않다. 여기서 주목되는 것은 이들 '모임'의 성
격이다. 여성들에게는 철옹성같이 닫힌 사회였던 조선 시대에 남성들이 어
울리는 자리에 기녀들이 한둘 끼는 것은 흔한 일이었지만, 여성들이 주가
된 모임은 매우 드문, 거의 찾아볼 수 없는 일이었기 때문이다.

　　이 모임의 성격을 이해하기 위해 여기 참석했던 인물들의 면면을 살펴
보면 이러하다. 금원의 여동생 경춘을 비롯해 그중의 또 한 사람인 운초는
성천 출신의 기녀 시인이다. 운초의 아버지는 유학자였으나 집안이 가난해
서 말년에는 아전직에도 있었다고 한다. 시로 이름을 날리던 기녀 시인 운
초는 그녀보다 나이가 쉰 살이나 많은 김이양의 소실이 되어 1831년 서울
로 왔다. 운초는 금원의 삼호정에서 자주 어울렸을 뿐 아니라 당시 활발했
던 시사에도 참석해서 사대부 문인들과 교유하였다. 운초의 시는 300여 수
가 전하며 시집으로도 간행되었다.

　　죽서는 원주 출신으로 선비였던 박종언의 서녀로 태어났다. 1819년경

에 태어나 서른세 살 이전에 세상을 떠난 것으로 보인다. 죽서는 일찍 아버지가 죽어 집안 살림이 매우 어려웠는데 스스로 길쌈을 해서 살림을 도왔다고 한다. 어렸을 때부터 매우 영특해서 바느질하는 틈틈이 『소학』, 경사 및 옛 작가들의 시문을 익혔다. 뒤에 서기보徐箕輔의 소실이 되어 시 160여 수를 남겼는데, 죽은 뒤에 남편 서기보가 유고를 모아 『죽서시집』竹西詩集을 펴냈다. 금원과는 같은 고장 출신으로 어려서부터 같이 자랐고, 서울로 함께 시집을 가서 시를 주고받은 것이 많았다. 죽서는 평생 병을 앓을 정도였으나 책을 읽고 시를 쓰는 일을 멈추지 않았던 시인이었다. 죽서는 호를 반아당半啞堂이라고 했다. 반벙어리라는 뜻의 이 호를 보면 서녀에서 소실로, 주변적 위치에만 머물렀던 죽서의 처지를 상징적으로 보여주는 것 같아 마음이 아프다.

이정신의 소실이었던 경산은 삼호정 가까이에 살았다. 경산은 이정신의 집 일벽당에 살았는데, 이곳으로 여성 시인들은 물론 남성 문인들도 많이 방문했다. 경산은 당대의 시인들로부터 이미 인정받은 뛰어난 시인이었다. 삼호정시사에는 이 다섯 명 외 다른 소실도 참여했는데, 이들은 함께 모여서 시와 음악을 즐기고 우의를 다졌던 것으로 보인다.

삼호정시사에 모인 인물들은 양반의 서녀 혹은 기녀 출신으로 모두 소실들이며, 자식이 없었다. 이들을 신분적으로 규정하는 서녀·기녀·소실이라는 말은 이들의 주변성을 그대로 드러낸다. 서녀나 기녀가 가부장제와 갈등하지 않고 살 수 있는 길로 신분이 낮은 사람의 아내가 되거나 소실이 되는 것 외에 어떤 것이 있었을까? 조선 시대의 서자나 서녀는 양반 가문의 일원으로 태어났으나 언제나 가문의 타자로 존재했다. 그나마 서자들은 남성이었기에 나름의 학문 세계나 문학 세계를 일구어 나가는 것이 가능했다. 하지만 서녀들은 다시 기녀나 소실로 소리 없이 묻혀서 우리는 그 존재의 흔적조차 알기가 어렵다. 이들은 가부장제의 경계에 위치해 있다가 또 다른 경계로 옮아가 희미하게 존재했던 인물들이다. 이에 비하면 삼호정시사의 동인들은 남성 시인들로부터 그 시재詩才를 인정받은 시인들이었고, 자신들을 이해해주고 후원했던 사대부 문인들에 힘입어 그들과 교유하는 한편 자신들의 공간을 만들어 나갈 수 있었다. 그러나 이들은 어디까지나 주변인에 불과했다. 역설적이게도 언제나 불안한 자리에 위치해 있던 기녀 혹은 서녀 출신의 소실들이 그 주변성으로 인해 오히려 문화의 전방으로 나갈 수 있었던 것이다. 물론 갈등은 내재한 상태였지만.

그런데 이들이 모여서 뜻을 같이하고 시를 쓴 것은 다만 비슷한 처지에 있는 사람들끼리의 동류의식 때문이었을까? 이들이 모임을 가진 내면의 동기는 어떠한 것이었을까?

소통과 연대를 꿈꾸었던 금원과 친구들

금원과 다른 네 명의 여성 시인들을 지속적으로 사로잡았던 고민은 무엇이었을까? 그것은 공부를 해도 쓰일 데가 없고, 시를 써도 알려지지 못한 채 사라져버릴 것이라는 소외감과 고립감이었다. 금원의 고향 친구였던 죽서 역시 소통되지 못하는 시를 쓰는 데 대한 안타까움, 즉 문학적 소통에 대한 열망을 이렇게 표현하고 있다.

상자 속의 시구절 누구와 화답할까   篋中短句誰相和

거울 속 여윈 모습 도리어 가련할 뿐   鏡裏癯容却自憐

스물세 해 무엇을 했던가   二十三年何所業

절반은 바느질, 절반은 시를 쓰며 보냈으니   半消針線半詩篇

──「앓고 난 뒤」病後

상자 속의 시구절을 화답할 사람은 없지만 여전히 죽서를 가장 편안하
게 해주는 것은 책 읽기요, 멈출 수 없는 것은 난간머리에 앉아 시를 쓰고
또 누군가 읽어주기를 기다리는 일이었다.

향 피우고 부들자리에 책상다리하고 앉아   焚香盤膝坐蒲團

책 속에서 세월 보내니 마음 절로 편안해   卷裏光陰意自安

꾀꼬리 울음소리 그치자 해는 저물어가고   鶯聲乍斷日將暮

꽃향기 이제 맑은데 봄은 이미 가버렸네   花氣初晴春已殘

봄바람 따뜻한가 가벼운 옷 입었더니   輕衫欲試東風暖

보슬비 싸늘하니 오히려 술 한잔이 마땅하구나   薄酒猶宜小雨寒

붓 잡고 난간머리에서 한가로이 글자 메워   把筆闌頭閒寫字

겨우 긴 구절 이루고 누군가 보아주기 기다린다   謾成長句待誰看

──「늦봄에」又

죽서 역시 인정받고 싶은 열망을 버릴 수 없어 누군가 기다려보지만 '또 혼잣말을 했구나' 하고는 마시다 남은 술을 마저 비우고 잠들기 일쑤였을 것이다. 이튿날이 되면 또 '시의 글자를 몇 번이나 고쳐 쓰면서 문장에 힘을 기울였고' 누군가 그 시를 읽어주기 바랐다. 늘 병을 앓아 만족스럽지 않을 때는 "예로부터 시 재주는 응당 한계가 있으니 이제 이 반벙어리 이름도 구하지 않는다"라고 자조 어린 시를 내뱉기도 했다. 스스로를 '새장 속에 갇힌 몸'이라 했고, 그 호를 반아당, 반벙어리라 했다. 세상에 나가지도, 세상을 향해 소리치지도 못하고 침묵 속에 멈칫거리며 속으로 말을 삼켜야 하는 자신의 현실적 처지를 누구보다 잘 알고 있었던 것이다. 그럼에도 죽서는 문학적 소통에 대한 열망과 시를 보여 인정받으려는 기대를 드러낸다. 이런 죽서에게 있어 뜻을 같이한 사람들끼리 모여 함께 술을 마시고 자연을 감상하고 시를 읊으며 서로를 인정해주던 삼호정의 시 모임은 그토록 원하던 바로 그 소통의 공간이요 시인으로 인정받는 공간이었을 것이다. 늘 몸이 약했던 죽서가 앓아눕기라도 하면 금원은 연일 편지를 보내 안부를 물어서 감격시키곤 했다.

이들은 모여서 서로를 적극적으로 인정해주었다. 이들이 서로를 높이 평가한 것은 여공女工에 해당하는 일이 아니라 학문의 넓음과 시 짓는 재주였다. 그리고 이들은 서로에게서 군자나 선비의 풍모를 찾아내고, 스스로 성인의 경지에 이르기 위해 노력하였다. 오늘날의 입장에서 본다면 남성 중심적인 가치를 선망하고 모방하는 것이라 비판할 수도 있겠지만, 아직 중세의 틀이 버티고 있던 19세기 중반의 인간들이 그릴 수 있었던 이상적인 삶의 모델은 성인·군자·선비의 삶이었던 것이다. 따라서 삼호정시사에 모인 여성들이 성인·군자·선비의 삶을 지향했던 것은 '여성'이기보다는 보편적 '인간' – 비록 남성의 또 다른 이름일 뿐이지만 –으로 인정받고 싶은 욕구에서 나온 것으로 해석된다.

이들은 또 서로가 세상에 쓰이지 못함을 누구보다 안타까워했다. 금원은 그 아우 경춘을 두고 "그가 규중의 여자가 되어 세상에서 구해지는 바 되지 않는 것"을 애석해 하였고, 운초는 금원과 경춘 자매를 두고 "그들이 남자가 되지 못해 세상에 알려지는 바 없게 된 것"을 아쉬워했다. 금원은 죽서에게 이렇게 말하곤 했다.

> 모를 일이다. 다음 세상에는 나와 죽서가 함께 남자로 태어나 혹은 형제가, 혹은 친구가 되어 서로 시를 주고받으며 책상을 함께하게 될지. 아!
> ―『호동서락기』중에서

모두 세상에 쓰이지 못한 데 대한 안타까움과 원망의 표현이었으리라. 그러나 이들은 삼호정이라는 공간에 모여서만은 자신들의 표현 욕구를 풀어낼 수 있었고, 동등하게 어울렸다. 실제로 삼호정의 모임이 이루어졌을 때 이들은 소실의 처지였고, 따라서 자신들끼리 어울리는 한편으로 사대부 남성들과도 어울렸을 것이다. 그런데 금원은 이 삼호정의 모임에 대해 기록하면서 다른 남성들과의 모임에 대해서는 일절 언급하지 않고 자신들의 모임에 대해서만 기록하고 있다. 이러한 사실은 이 모임이 그들에게 얼마나 큰 의미를 가졌던 것인지 짐작하게 해준다.

그런데 이들을 더욱 주목해야 하고, 이들의 의미가 보다 적극적으로 되살아나야 하는 이유는 이들 사이를 두텁게 맺고 있는 연대의 모습 때문이다. 금원의 『호동서락기』에는 그의 아우인 경춘을 비롯해 운초, 경산, 죽서가 차례로 글을 써주고 있다. 이들이 사대부 문인들과 맺었던 관계로 볼 때 당대의 이름난 문인의 발문을 얻기가 그다지 어려운 일은 아니었을 것이다. 그러나 이들은 오직 자신들이 돌아가면서 발문을 싣고 있다. 여항인의 시를 엮은 시집 『소대풍요』昭代風謠나 『풍요속선』風謠續選에 사대부 문인의 발문을 실어 끊임없이 그들의 인정을 받고자 했던 것과는 대조적인 태도가 아닐 수 없다. 바로 이 점에서 삼호정시사가 갖는 의미는 남다르다. 다시 말해서 사대부 남성들의 인준을 받기보다는 자신들끼리 인정하고 격려하면서 자신들의 글을, 모임에 대한 기록을 남기려는 의도를 명확히 드러내고 있기 때문이다.

또 이 삼호정이라는 공간이 조선 후기 사회에서 각별한 의미를 갖는 것은 가족 밖의 관계 맺기가 불가능했던 여성들이 사회적인 관계를 맺고 있다는 점이다. 이곳에 모인 여성 시인들은 가정을 벗어난 공간에서 바느질이나 화전놀이가 아니라 한시를 매개로 만나 시를 통해 교감했다. 이들은 단지 비슷한 처지의 여성으로 만난 것이 아니라 서로를 알아주는 지음으로, 시인으로 만났다. 그리고 여기서 지어진 시들은 남성들의 요구에 응해서가 아니라 자신들의 표현 욕구로부터 나온 시들이었다.

삼호정시사의 여성 시인들은 규방이나 기방이 아닌 새로운 여성 문화 공간을 만들어 남성 문화로 대변되는 중세 문화의 한 귀퉁이를 조용히 허물고 있었다. 하지만 아쉽게도 이 모임은 오래 지속되지 못했다. 죽서가 세상을 떠나고 금원이 남편인 김덕희를 따라 다른 곳으로 가면서 자연스럽게 흩어졌기 때문이다. 한편에서는 여성들만의 모임인 이 시사에 대한 시선이 곱지 않았기 때문이라고도 한다. 삼호정시사는 이들에게 다시는 돌아갈 수 없지만, 그들의 재능을 한껏 펼칠 수 있었던 공간, 그리하여 자연스러운 즐거움이 끝나지 않았던 공간이었음을 경산은 이렇게 회고하고 있다.

> 내가 일찍부터 금원의 이름을 듣고는 선망하고 사모하였는데 마침 강가 이웃에 살게 되었다. 뜻을 함께하여 모이니 무릇 다섯 사람이었는데 생각하는 것이 넓고 풍류가 넘쳐흘렀다. 이름난 정자에서 술잔 기울이며 시를 읊조리니 그 즐거움이 도도했다. 아름다운 안개비, 옥 같은 눈가루는 재자才子의 붓끝에서 춤추는 듯하고, 붉은 꽃 푸른 풀은 시인의 입에서 모두 향기를 뿜는 듯했다. 이 모두는 마음속에서 저절로 우러나는 자연스런 즐거움으로 스스로 멈출 수 없는 것이었다.
> ―『호동서락기』 중에서

금원의 여행기, 『호동서락기』

여성의 삶에 불만을 품었던 열네 살의 금원은 새로운 삶을 모색하여 길을 떠난 뒤 오랜 여정 끝에 서른한 살의 나이로 삼호정에 안착했다. 그러나 마음에 맞는 벗들과 만나 시회를 열곤 하면서도 그녀는 마음 한편이 허무해지는 것 또한 어쩔 수 없었다. 모든 것이 꿈같기도 했다. 게다가 소실의 처지란 얼마나 불안하고 위태로운 것인가? 남편이 죽으면 그나마 의지할 곳도 막막했다. 당시 거문고와 바둑을 잘하고 시와 그림에도 뛰어나 세상에 이름이 났던 '경혜' 여사라는 여성은 권상서가 총애하던 소실이었다. 그러나 권상서가 죽자 그만 영락해서 떠돌아다니는 신세가 되었다. 뒤에 한 무인이 그녀를 거두었지만 그녀의 뜻은 아니었다고 한다. 금원 역시 이런 불우한 예를 모르지 않았으리라.

금원은 어느 모로 보나 당대 여성들의 지향과는 달랐지만 결국 양반의 소실이 될 수밖에 없었다. 그러나 어디에고 얽매이지 않는 자유의지를 가졌고, 자신의 삶이 묻혀 사라지는 것을 결코 원치 않았다. 금원은 삼호정에서 벗들과 어울리던 시절, 자신의 일생을 돌아보며 그것을 기록으로 남겼다. 이 기록의 중심에 여행이 놓여 있고, 그 마지막에는 삼호정에서의 모임이 놓여 있다.

『호동서락기』는 금원의 여행기이면서 동시에 삶의 기록이기도 하다. 금원은 금강산, 설악산의 아름다운 경치와 서울과 의주 같은 도시의 번화함을 놓치지 않고 기록하고 있고, 여행 틈틈이 쓴 시들도 모두 기록하고 있다. 이 여행기는 당시의 풍속을 아는 데 중요한 자료일 뿐 아니라 금원이라는, 역사 기록에 누락되어 있는 한 여성의 삶과 시 세계를 전해준다는 점에서 여성사 및 문학사의 중요한 자원이다.

금원이 『호동서락기』를 기록한 것은 자신의 존재를 남기기 위해서였

외 씨 버 선 발 로 금 강 산 을 밟 은 남 장 처 녀 , 김 금 원

다. 금원은 이 책을 마무리하면서 이 모든 일들이 한순간의 꿈과 같다고 하며 모든 것을 허무한 것으로 돌린다. 그런데 의외로운 것은 한순간의 꿈에 지나지 않기 때문에 오히려 "진실로 글로 전하지 않으면 누가 지금의 금원을 알겠느냐"라고 하며 적극적으로 글을 쓰고 있다는 점이다. 글로 써서 남기는 데 대한 욕망은 버릴 수 없었던 것이다. 마치 여행을 포기하지 않았던 것처럼. 이런 자신의 삶에 대해 금원은 "경치 좋은 곳을 두루 돌아다녀 남자도 못할 일을 했으니 분수에 족하고 소원도 이루었다"라고 스스로 평하였고, 운초는 "여자 가운데 영웅호걸"이라 했다. 기록이 완성되자 운초·경춘·죽서·경산 등 함께 모이던 여성 시인들이 돌아가며 발문을 써주었다.

이렇게 그녀 인생에 있어 가장 빛나는 한 시절이 지나가고 있었다. 이후 그녀는 남편을 따라 다른 곳으로 갔다고 하는데 자세한 행적이 알려져 있지 않다.

■

바우덕이에 대해 참고할 수 있는 자료는 드물다. 바우덕이를 소재로 한 희곡과 소설은 있지만, 바우덕이의 생애를 구성하는 데 직접적인 도움을 받기는 어려웠다. 바우덕이의 삶에 대한 기본적인 정보는 어느 자료를 보나 거의 비슷하다. 심우성의 『남사당놀이』(화산문화)는 남사당패의 구성과 연희 내용을 사진 자료와 함께 소개하고 있어 많은 도움을 받았다.

바람처럼 살다 간 거리의 예인 바우덕이

바우덕이(19세기)

사내들 가운데 웬 미녀 어름사니가

조용하던 마을이 오랜만에 떠들썩하다. 농사일로 허리 한 번 못 펴던 농사꾼들이 오랜만에 어깨를 들썩이고, 마을 처녀들은 멀리 숨어서 놀이판에서 눈을 떼지 못하고 있었다. 환하게 흔들리는 횃불 아래 흔들리는 그림자들, 그 위로 어지럽게 퍼지는 흥겨운 풍물 소리. 마당 가운데서는 남사당 패들이 신나게 놀이를 펼치고 있었다. 풍물놀이에 이어 버나(대접) 돌리는 묘기도 끝나고, 손에 땀을 쥐게 하는 살판(땅재주)이 이어졌다.

매호씨(어릿광대)와 살판쇠(땅재주꾼)가 나와 서로 주거니 받거니 이야기를 나누더니 갑자기 입을 맞추어 "안암팍이 분명하니 앞곤두부터 넘어가는데 휙휙" 하고 소리를 지른다. 그리고는 휘파람 소리를 내며 갑자기 손을 짚더니 한 바퀴 공중회전을 했다. 어둠 속에 숨을 죽이고 있던 구경꾼들이 벌린 입을 채 다물기도 전에, 살판쇠는 다시 뒷걸음질을 치는가 싶더니 다시 손을 짚고 뒤로 한 바퀴를 가뿐하게 돌았다. '휙휙' 입으로 소리를 내며 아무렇지도 않다는 듯 두 손으로 거꾸로 서서 걷다가 금세 한 손으로 거꾸로 서서 걷기까지 했다. 마지막으로 살판쇠는 "잘하면 살 판이고 못하면 죽을 판이렷다" 하고 신명나게 소리를 지르더니, 껑충껑충 위로 뛰어 몸을 틀고는 공중회전을 하려는 듯 몸을 솟구쳤다. 구경꾼들은 순간 숨을 멈추었다. 그 밑에는 불을 벌겋게 담은 놋화로가 있었기 때문이다. 실패했다가는 온몸에 불을 뒤집어쓰는 것이다. 작년에도 다녀간 적이 있는 살판쇠는 이 아슬아슬하고 위험한 묘기를 멋지게 성공했다.

살판이 끝나자 이런 놀이판에서는 보기 드문 미녀 어름사니(줄타기 재주를 부리는 광대)가 나와서 매호씨와 '줄고사'를 올렸다. 꽹과리, 징, 장구 소리에 날라리 소리까지 합세했다. 줄타기를 하기 전에 간단하게 지내는 줄고사가 끝나자 장삼에 고깔 쓰고 중 모양을 한 여자 어름사니는 키를 훌쩍 넘게 높이 매단 줄 위로 오르면서 재담 한마디를 하고 나서는 "중 하나 내려온다. 중 하나 내려온다. 저 중에 거동 보소. 억단(읽었단) 말도 빈말이오" 하고 맑은 목청으로 중타령을 시작했다. 스무 살이나 되었을까. 기예로 다져진 날렵한 몸매와 횃불 조명으로 음영이 짙은 미모에 구경꾼들은 잠시 넋이 나갔다. 곧이어 높이 있는 저 미녀를 더 자세히 보려고 일어선 사람들을 앉히는 소리에 놀이판은 잠시 소란해졌다. 그러는 사이 다시 어름사니는 장삼을 벗어던지고 전복(戰服) 차림이 되어 갖은 걸음으로 재주를 부렸다. 앞으로 걷다가 뒤로 걷다가 줄을 타고 앉아 화장하는 시늉을 하는가 하면,

앉았다 일어났다가 하면서 앞으로 가다가 두 발로 뛰어 돌아앉기도 했다. 움직일 때마다 멍석 깔린 마당으로 그림자가 출렁였다.

구경꾼들이 놀란 가슴을 진정하기도 전에 어름사니는 아래를 향해 살짝 눈웃음을 지으며 구성진 가락을 뽑아내기 시작했다.

뒷동산 살구꽃은
가지가지가 봄빛이요
곳곳에 푸른 산은
보리밭머리가 풍년이요

어름사니의 노래는 구경꾼들의 귀를 파고들어 기어이 그 마음까지 흔들고 말았다. 살판이 끝나고 탈을 쓰고 노는 덧뵈기가 시작되었어도 그들의 눈은 내내 어름사니 뒤만 쫓고 있는 것이었다.

온통 사내들 판인 남사당패들 가운데 유독 구경꾼들의 눈을 잡아끌었던 이 가냘픈 여사당은 19세기 말 한때 조선 민중의 인기를 독차지했던 바우덕이 김암덕金岩德이었다.

안성 남사당패의 꼭두쇠, 바우덕이
삼남의 물산이 모여든다는 경기도 안성. 예로부터 안성시장은 물산이 풍부하고 거래가 활발하기로 유명했다. 연암의 「허생전」許生傳에서 허생이

변부자에게 돈을 빌려 사재기를 한 곳도 안성시장이고 보면 안성시장이 조선 후기 당시 물품 유통에서 얼마나 중요한 위치를 차지하였는지를 잘 알 수 있다. '안성맞춤'이란 말이 생길 정도로 질 좋은 유기를 만들어낸 곳이 안성이기도 하지만, 또 안성에서는 많은 소설이 방각되고 출판되기도 했다. 조선 시대에 소설이 출판된 곳은 문화의 중심지였던 서울과 종이가 많이 나는 전주 외에 안성이 거의 유일했다. 이처럼 안성은 물산의 거래뿐만 아니라 문화적으로도 활발한 곳이었다. 게다가 조선 시대 말기의 안성은 남사당패의 주요 터전으로 유명했다.

안성의 청룡사靑龍寺는 사당패를 이어 남사당男寺黨패의 주요 터전이었다. 일정한 거처 없이 전국을 떠돌아다니는 유랑 연예 집단인 남사당패는 겨울이 되면 이곳 청룡사 불당골로 모여들어 지친 몸을 쉬면서 자신의 기예를 다듬고, 새로 들어온 신참들에게 기예를 가르쳤다. 간혹 여자가 한둘 끼는 경우가 있었으나 이는 조선 후기에 와서의 일이고, 남사당패는 보통 사오십 명의 독신 남성으로 이루어져 있었다. 우두머리 꼭두쇠를 정점으로 그를 보좌하는 곰뱅이쇠가 있고, 그 밑으로 각 연희 분야의 선임자인 뜬쇠가 있었다. 뜬쇠들은 놀이 규모에 따라 몇 사람씩 보통 기능자인 가열을 두었고, 가열 밑으로는 초입자인 삐리들을 두었다. 남사당패는 꼭두쇠를 정점으로 일사불란하게 움직였으며 조직의 규율이 엄격했다.

1862년 겨울이 막 끝나가고 얼었던 땅이 조금씩 녹아가는 봄. 안성 청룡사 불당골 볕이 잘 드는 마당에 남사당패들이 꼭두쇠를 선출하기 위해 한 자리에 모였다. 오십 명 가까이 되는 남사당패들의 꼭두쇠는 철저하게 다수결에 의해 선출되었다. 그 자리에 모인 사람들은 각자 자신이 지지하는 사람 앞으로 표를 던져 자신의 의사를 표시하면 되었다. 그런데 누군가가 이제 겨우 열다섯 살인 바우덕이 앞으로 자신의 표를 던졌다. 바우덕이는 놀란 표정으로 몸을 약간 움츠리는 듯했다. 여자 광대들만 모여 있는 여사당패의 우두머리조차도 남자 거사가 맡는 것이 사당패의 불문율이었던 것이다. 그런데 남사당패의 여자 꼭두쇠라니. 그러나 꼭두쇠를 뽑는 사당패들의 평등한 한 표들은 계속해서 바우덕이 앞으로 날아왔다. 결국 바우덕이는 이날 남사당패의 여자 꼭두쇠가 되었다. 언제 어느 때부터 시작되었는지 그 유래는 알 수 없지만, 조선 민중들 사이에서 자생적으로 생겨난 유랑 연예인 남사당의 역사에 여자 꼭두쇠는 처음 있는 일이었다.

바우덕이는 다섯 살 무렵에 안성 남사당패에 들어가 열다섯 살에 꼭두쇠가 되었다고 전한다. 그 출신지가 어디인지 부모가 누구인지조차도 알려져 있지 않다. 다만 남사당패가 인원을 충원하는 방법이 가난한 농가의 어린이를 응낙을 얻어 받아들이거나, 아니면 가출한 아이들을 받아들이는 것이었던 점을 미루어 바우덕이도 그런 예에서 크게 벗어나지 않았을 것이다. 그렇게 하여 다섯 살의 나이에 남사당패에 들어간 바우덕이는 어려서부터 기예가 워낙 뛰어나서 가는 곳마다 사람들의 인기를 독점했다고 한다. 열다섯 살의 어린 처녀아이가 꼭두쇠가 될 수 있었던 것도 패거리들이 놀이판을 벌일 때마다 확인하게 되는 바우덕이의 인기를 믿었기 때문이었을 것이다. 바우덕이가 이끈 남사당패는 그 패가 곧 '바우덕이'로 불릴 정도로 바우덕이 개인의 예능이 단연 주목을 받았던 것이다.

어린 처녀로 꼭두쇠가 된 바우덕이는 신명을 바쳐 패거리를 먹여 살려야겠다고 속으로 맹세했다. 그러나 사오십 명이나 되는 식구들이 먹고사는 일은 쉬운 일이 아니었다. 가는 곳마다 흔히 겪게 되는 천대도 싫고 두려웠지만, 그보다는 먹을 게 없고 잘 곳이 없는 게 더 두려운 일이었다. 바우덕이는 패거리를 이끌고 팔도를 누비고 다니며 놀이판을 펼쳤지만, 놀이패들이 어디서나 환대를 받는 것은 아니었다. 놀이판을 한 번 열려고 해도 마을 지주나 양반에게 어렵사리 사전 양해를 얻어야 했고, 그렇게 힘들게 공연을 해도 공연료는 대부분 겨우 먹을 것과 잘 곳을 얻는 것이 전부일 때가 일쑤였다. 그나마 기나긴 장마철은 비 피할 곳도 구하기 어려웠다. 그런 상황에서 이들이 살기 위해 할 수 있는 일이란 많지 않았을 것이다. 사람들이 사당패의 놀이를 즐겨 구경했으면서도 돌아서자마자 그들을 더럽고 천하다고 비난했던 가장 큰 이유 중의 하나, 그것은 사당패가 남녀 할 것 없이 몸을 팔아 생계를 도모했다는 사실 때문이었다. 사당패에 대한 그나마 많지 않은 양반들의 기록이 부정 일변도인 것 역시 바로 이 점 때문일 것이다. 더욱이 여성으로 거리를 유랑하며 몸을 써서 기예를 판다는 것은 천하디 천한 일로 간주되었다.

아무리 재능이 뛰어나도 기녀는 말하는 꽃, 해어화解語花에 불과했고, 보통 사람과 같은 대접을 받지 못했다. 기녀는 조선 시대 사람들이 무엇보다 중시했던 정절을 지킬 수 없는 처지에 있었기 때문이다. 그러니 기녀보다 못한 유랑 예인인 사당은 말할 것도 없었다. 남성과 여성의 공간이 철저하게 분리되어 있고, 집 밖으로의 외출이 허용되지 않았던 그런 시대에 남자들 앞에서 몸으로 재주를 부리는 여성 예인들의 존재는 바로 음란함과 연결되었다. 게다가 사당들은 직접 매춘 행위에 나서기도 때문에 사당은 곧 매춘부라는 인식이 뿌리 깊이 박혀 있었다. 정조 시대의 문인이었던 이옥 李鈺(1760~1816)은 그의 문집에 사당에 대한 기록을 두 편 남기고 있는데, 이 두 편의 글은 당시 사당이 어떤 존재로 인식되고 있었는지를 여실하게 보여준다. 그 중 하나를 보자.

> 서울 이남에 무당 같으면서도 무당이 아니고, 광대 같으면서도 광대가 아니고, 비렁뱅이 같으면서도 비렁뱅이가 아닌 자들이 있어, 떼 지어 다니면서 음란한 짓을 하고 있다. 부채 하나 손에 쥐고서 장터를 만나면 연희를 하고, 집집 문전을 따라다니며 노래를 불러 남의 옷과 음식을 도모하는데, 방언에 이를 일컬어 '사당' 社黨이라고 하며, 그 우두머리를 일컬어 '거사' 居士라고 한다. 거사는 단지 소고를 두드리며 염불만을 하고, 사당은 오로지 가무만을 행하지 않고 남자를 농락하는 것으로 그 재능을 삼는다. 매양 훤한 대낮, 많은 사람들 가운데서 남자의 입술을 깨물고 손을 끌어당겨, 온갖 꾀로 돈을 요구한다. 그러면서 보통 예사로 여기고, 얼굴은 조금도 붉어지지 않는다. 대개 생명이 있는 유類들 중에 가장 극히 추하고 더러우며, 천리와 인도를 상실함이 이 무리보다 심한 자가 없다.
>
> ─ 역주 『이옥전집』, 「봉성문여」鳳城文餘 '사당'

여기서 사당은 분명히 연희를 행하고 노래를 불러 먹고사는 존재로 묘사되지만, 동시에 음란한 짓을 일삼는 존재로 그려지고 있다. 이옥의 눈에는 이들이 기예를 갖춘 예인이라기보다는 여기저기 떠돌아다니면서 도덕적으로 음란한 짓을 하는 존재로 보였던 것이다.

　　그러나 이 기록이 씌어진 지 약 오십여 년 뒤에 활동했던 바우덕이의 경우는 달랐다. 바우덕이가 여사당패에 속하지 않았던 것도 그 한 원인이 되겠지만, 무엇보다 그녀는 뛰어난 재능과 대중적 인기가 있었다. 남자 동료들의 인정을 받아 꼭두쇠가 될 정도로 그 재능을 인정받았으며, "안성 청룡 바우덕이 소고만 들어도 돈 나온다"는 노래가 나올 정도로 상업성도 있는 예인이었던 것이다.

서울까지 알려진 이름, 안성 바우덕이

　　바우덕이가 가는 곳마다 인기를 모으며 활동하던 당시 서울에서는 대원군 주도하에 경복궁 중건 공사가 한창이었다. 조선의 정궁正宮인 경복궁을 중건하여 왕실의 권위를 세우겠다는 생각 하나로 대원군은 무리에 무리를 더하고 있었다. 원납전을 발행하여 돈을 끌어 모으는가 하면, 당백전을 마구 찍어내서 급기야 인플레 현상까지 나타났다. 게다가 공사 도중 계속 불이 나서 애써 준비한 재목들이 불타버리고, 공기工期는 자꾸 길어졌다. 지친 인부들을 독려하면서 빨리 작업을 진행하기 위해 대원군은 소리꾼들을 불러들였다. 요컨대 노동에 지친 인부들에게 놀이를 제공해서 인심도 얻고 능률도 올리자는 계획이었다. 전국 각지에서 이름난 재인들이 경복궁 중건 공사장으로 와서 놀이판을 펼쳤고, 그 중에서도 기량이 뛰어난 재인들은 운현궁으로 가서 대원군 앞에서도 공연을 했다.

바우덕이와 그녀의 남사당패들도 급히 경복궁 중건 공사장으로 오라는 전갈을 받고 서울로 올라가 놀이판을 벌였다. 남사당패에서는 보기 드문 미인이 소고를 치고 노래를 하자, 인부들은 열광적인 관심을 보였다. 바우덕이를 보려고 공사장 인부들이 빈 지게로 뛰어다녔다는 말이 있을 정도니, 그 인기를 짐작할 만하지 않은가.

대원군은 판소리를 애호했으며 풍류를 이해할 줄 아는 인물이었다. 그는 바우덕이의 재주를 보고 그 뛰어난 기예를 칭찬하는 뜻으로 옥관자를 하사했다. 옥관자는 조선 시대 당상관 이상의 벼슬아치들만이 쓸 수 있는 것이었다. 그러니 바우덕이에게 내려졌던 그 옥관자는 하층 천민 출신의 유랑 예인에게 내려진 놀라운 공식적인 평가요, 인정이었던 것이다. 이후 안성의 바우덕이 남사당패들은 그들이 들고 다니는 깃발의 위쪽에 옥관자를 붙이고 하단에는 다섯 방위를 뜻하는 오색 삼각기를 달고 다녔다고 한다. 그리고 다른 남사당패나 두레패의 깃발을 들고 있는 사람이 바우덕이패의 옥관자 깃발을 보면 멀리서부터 깃발을 숙여 존경의 뜻을 표했다고 한다.

조선 후기 광대는 대중적 인기를 얻어가면서 그 위치도 상대적으로 높아져갔다. 천민이라는 신분 자체가 변한 것은 아니었지만, 관직을 하사받기도 하고 전문 예인으로 우대받게 되는 추세였다. 조선 후기 민중 연희의 대표적 장르였던 판소리의 경우에도 명창이 되는 창자들은 그만의 독특한 예술 세계를 구축했고, 청중들은 이들 개인 창자들이 터득한 예술적 경지에 열광하였다.

　바우덕이의 경우는 어떠했는가? 남성들만 있는 남사당패에 들어가 기예 하나로 뜬쇠가 되고, 여기서 더 나아가 남사당패를 이끄는 꼭두쇠가 되었다. 게다가 바우덕이는 서울에까지 올라가 당대의 권력자인 대원군으로부터도 인정을 받았다. 그녀로서는 예인으로서의 최고 영예를 누린 셈이다. 이는 여성 예인과 몸을 파는 여성을 동일시했던 당대의 관습에서 볼 때 파격적인 대우였다.

　19세기 무렵 그 기량을 인정받은 판소리 광대들은 전문 예인으로서 대중들의 인기를 모았다. 그러나 판소리 명창들은 모두 남성들이었고, 여자 명창이 나온 것은 신재효申在孝(1812~1884)가 애지중지 키운 진채선陳彩仙(1847~?)이 처음이었다. 여자들로 이루어진 사당패가 있기는 했지만, 이들은 예인이라기보다는 주로 몸을 파는 사람으로 인식되었다. 기녀들 가운데 재예가 뛰어난 예인들이 있기는 했지만, 기녀들은 주로 양반들을 상대했고 또 기예만을 파는 직업적 예인은 아니었기 때문에 대중적으로 알려지는 데는 한계가 있었다. 그러나 바우덕이의 이름은 지나가는 바람이 전해주기라도 한 듯 전국에 퍼졌고, 이후 바우덕이 덕분에 바우덕이가 속했던 개다리패는 그 명맥을 유지하여, 1900년대 이후에도 복만이패를 거쳐 원육덕패로 이어졌다. 그리고 한참 동안 잊혀졌다가 오늘날에 와서는 안성시에서 '바우덕이 축제'를 개최하여 바우덕이를 기리고 있다.

사당패에서 재능 있는 예인으로

그러나 공적인 인정을 받았다고 해서 살기가 편해진 것은 아닐 터였다. 대중적 인기를 한 몸에 받았던 바우덕이는 스물한 살에 폐병을 얻어 스물세 살의 젊은 나이로 죽었다. 쉴 새 없이 떠돌아다니면서 줄타기에 노래에 갖은 놀이를 펼치고도 변변한 잠자리나 먹을 것을 누리지 못하는 생활의 연속이었으니, 젊은 몸이었으나 상할 대로 상해 있었던 것이다. 꼭두쇠로 식구들을 먹여 살려야 한다는 생각에 혹사한 몸은 한 번 병이 들자 회복될 기미를 보이지 않았다.

오랜 떠돌이 생활에 지친 바우덕이는 안성 청룡사에서 병든 몸을 쉬었다. 이때 바우덕이를 지극한 정성으로 돌본 사람이 남편 이경화였다. 그 역시 남사당패로 바우덕이와는 스무 살 가까이 나이 차가 있었지만 바우덕이를 몹시 아끼고 사랑한 인물이었다. 그러나 제대로 먹이고 약이나 써보았을까? 어쩌면 있는 것이라고는 이경화의 정성뿐이었을지도 모른다. 결국 정성은 병을 이기지 못했다. 바우덕이는 그녀의 삶 대부분을 거리에서 보내고 스물세 살의 나이로 세상을 떠났다. 제대로 장례도 치러주지 못한 이경화는 바우덕이가 죽은 뒤 그녀와 함께 오르곤 했던 바위 위에 올라가 장구를 치거나 피리를 불었다고 전한다.

바우덕이라는 조선 말의 한 여성 예인에 대한 이야기를 쓰려고 여기 저기 기록들을 찾아보니 전체적인 내용은 비슷한데 세부적인 것은 조금씩 달라서 어느 것을 믿고 써야할지가 참으로 난감했다. 기록자의 권위를 가진 자들이 이런 하층 천민 여성의 공연을 보았을 리 없고, 보았다 한들 이를 위해 자상한 기록을 남겼을 리 없으니, 대체로 구전으로 내려오는 이야기를 근거로 한 탓일 것이다. 게다가 사당에 대한 기록들은 그 음란함에 대한 도덕적 비판으로 가득 차 있어 보면 볼수록 거리의 예인이라는 그 가중된 비천함만 확인할 뿐이었다. 더욱이 여성으로서 '몸을 쓰는 기예'를 한다는 것은 거의 회복될 수 없는 운명의 회로 속에 들어간 것인 듯 그 흔적을 남기지 않고 있었다. 감상의 대상으로서 고급 예술로 한 발 올라설 수 있었던 판소리에 여자 명창의 계보가 이어지는 것과 비교해도 바우덕이라는 존재는 미미하기 짝이 없었던 것이다.

그러나 남들은 음란하다고 욕을 하거나 말거나 바우덕이는 재담에 음담을 섞어가며 노동에 지친 민중들의 몸과 마음을 한껏 풀어주면서 신명을 돋우었다. 자신의 몸과 기예를 최대한 활용해서 구경꾼들을 열광시켰다.

안성 청룡 바우덕이

소고만 들어도 돈 나온다

안성 청룡 바우덕이

치마만 들어도 돈 나온다

안성 청룡 바우덕이

줄 위에 오르니 돈 쏟아진다

안성 청룡 바우덕이

바람을 날리며 떠나를 가네

'소고만 들어도, 치마만 들어도' 구경꾼들은 돈을 던지고, 줄 위에 오르면 돈이 쏟아졌다고 하니 바우덕이의 몸짓 하나, 재주 하나가 대중들의 마음을 사로잡았음을 알 수 있다. 바우덕이는 이처럼 자신의 기예를 통해 대중의 인기를 한 몸에 받으며 이름 없이 거리를 떠돌던 사당패에서 '바우덕이'이라는 이름을 가진 재능 있는 예인으로 남게 되었다.

■
윤희순에 대한 기본 자료로는 박한설이 엮은 『외당선생삼세록』(강원일보사, 1995)이 있는데, 여기에는 윤희순이 남긴 여러 편의 의병가와 그녀 자신의 회고록 등 그녀의 작품 다수가 실려 있으며, 시아버지의 문집인 『외당집』도 수록되어 있다. 이밖에 윤희순의 작품은 『강원여성시문집』(강원대학교 강원문화연구소 편, 1998)에도 실려 있다. 또 중국에서의 윤희순에 대한 증언은 『강원도민일보』의 네 편의 기사에서 찾을 수 있었다. 네 편의 기사는 〈새롭게 밝혀진 항일학교 '노학당'〉(2002. 7. 30), 〈'조선의 안해' 망명지에서 일생록 남기다〉(2002. 8. 8), 〈21세기 중국에 살아 있는 윤희순〉(2002. 8. 15), 〈여성의병장 윤희순 68주기-참다운 어머니상〉(2003. 8. 26)이다.

■■
윤희순의 의병 운동에 대한 연구 논문으로는 박용옥의 『한국여성독립운동』(독립기념관 한국독립운동사연구소, 1989) 및 『한국근대여성운동사연구』(한국정신문화연구소, 1984)가 있다. 전자는 의병가를 중심으로 그녀의 의병 운동을 살핀 연구이고, 후자는 여자의병단에 대한 논의이다. 또 후자의 연구에는 1900년대 초반 조선 여성들이 벌인 국채보상운동에 대해서도 상세하게 고찰되어 있다. 강원도의 의병 운동에 관한 내용은 강원의병운동사연구회에서 펴낸 『강원의병운동사』(강원대학교 출판부, 1987)를 참고하였다. 윤희순의 의병가를 시가문학적인 시각에서 연구한 논문으로는 고순희의 「윤희순의 의병가와 가사」가 있다. 이 논문은 『한국고전여성문학연구 창간호』(한국고전여성문학회, 2000)에 수록되어 있다. 그리고 최익현의 의병 운동에 대한 평가는 우윤의 『우리 역사를 읽는 33가지 테마』(푸른숲, 1997) 중 「과대포장된 역사인물」에 의거한 것이다.

미칠 수 있는 에너지를 지닌 여인 尹熙順

윤희순(1860~1935)

위험을 무릅쓰고

"윤희순이가 누구래?"

"윤희순? 아니 누구 집 며느리도 아니고 웬 아녀자를 이름을 가지고 찾는담?"

"아, 거 있잖아. 저 외당댁 며느리 아닌가?"

"아, 그렇군."

"그 집 며느리는 왜?"

"글쎄, 왜경들이 묻고 다닙디다요."

"아이고, 내 그럴 줄 알았어. 무슨 안사람들도 의병을 해야 한다고 그렇게 바삐 다니더니만 결국 그 일 때문인가 보네."

"그 사람 그러다가 일 나는 거 아냐? 그 시댁 어른들도 다들 의병 나간다고 집

나간 지 꽤 오래라던데 며느리까지 잡혀가면 애들은 누가 돌본대? 일 났구먼."

요 며칠간 동네에선 말들이 많았다. 지난번 의병들이 한차례 몰려들 왔을 때 동네에서 의견을 모아 밥을 해준 일이 있었다. 그렇지 않아도 동네 사람들은 모이기만 하면 이 나라가 장차 어찌될 건지 걱정 반 의분義憤 반 이야기들이 분분하던 중이었다. 마을 어른이라 불리는 사람들 중에는 의병을 한다고 집을 나선 이들도 있으니, 배고픈 의병들이 결코 남일 수만은 없었다. 의논이 분분하기로는 여자들이 더하였다. 이 뒤숭숭한 때에 아녀자들도 뭔가 해야 되는 게 아니냐는 게 주를 이루는 이야기들이었다. 실은 그 이전에도 굶주린 의병들을 겪어보지 않은 것은 아니었다. 그러나 험상궂게만 느껴지는 주린 의병들을 귀히 대접한다든지 혹은 남정네들만이 아니라 안사람들도 의병에 동참해야 한다든지 하는 생각은 해본 적이 없었다. 그런데 외당댁 며느리는 의병들을 독려하거나 부녀자들에게 안사람 의병 운동의 필요성을 역설하기도 하고 또 몰래 의병가義兵歌를 지어서 부르게 하였다. 모두 일본 경찰이나 그 앞잡이들이 듣는다면 큰일 날 내용들이었다. 그러나 그녀가 보여준 행동과 말에서는 뭔가 힘이 느껴졌다. 그 힘에 이끌려 동네 아낙들은 그 이전에는 남정네들만 할 수 있는 '큰일'이라고만 여겼던 나랏일에 자신들의 힘을 보태고 싶어졌다. 실은 외당댁 며느리, 아니 윤희순尹熙順은 며칠 전에 어린것들을 떼어놓고 남장을 하고는 의암댁, 최골댁 등 동네 아낙 몇 명과 함께 몰래 자취를 감추었다. 의병을 하러 나간 시댁 어른을 찾아간 것인데, 여자들끼리만 떠난 길이라 여간 불안한 것이 아니었다. 그런데 윤희순을 묻고 다니는 사람들이 있다니, 막연한 불안이 현실로 다가온 듯했다. 윤희순, 그녀는 어떤 여성이었기에 그런 용기와 담력을 낼 수 있었던 것일까?

순전히 '미칠 수 있는' 에너지를 지닌 여성

윤희순이 지은 '의병가'를 보면, 윤희순은 스스로를 '조선 선비의 아내'로 규정하고 있다. 선비의 아내라면 음전한 부덕을 갖춘 참한 여성상이 떠오르는데, 윤희순에게는 전혀 다른 면도 있었던 것으로 보인다. 황골에 살았던 어떤 부인이 성재省齋 유중교柳重敎(1821~1893) 선생 댁으로 보낸 편지 중 윤희순에 대한 부분을 참고해보자.

저녁이고 낮이고 밤낮없이 소리를 하는데 부르는 소리가 왜놈들이 들으면 죽을 소리만 하니 걱정이로소이다. 실성한 사람 같사옵고 하더니, 이제는 아이들까지도 그러며 젊은 청년 새댁까지도 부르고 하니 걱정이 태산이로소이다.

하긴 일본이 제국주의의 무력으로 침입해 들어오던 때 일본을 겨누면서 의병을 하자는 내용의 노래들을 지어 가르치고 부르게 하였으니 미쳤다는 소리를 들을 만도 했다. 그런데 윤희순의 그런 열정은 상당한 파급력을 가지고 있었던 것으로 보인다. 아이들 및 새댁들까지도 조선 독립을 하자는 노래를 부르게 만든 것이다. 열정이 없으면 미칠 수 없고, 미치지 않았

다면 관심 없는 사람들을 변화시키기 어려운 법이다. 이 편지는 의병 운동
에 대한 윤희순의 열정을 잘 보여주는 예이다.

하지만 규방의 법도를 지켜야 하는 양반 부인네가 양반의 체통을 무색
케 하는 '실성했다'는 소리를 들었다. 이처럼 자신이 속한 계층의 규범을
넘어서면서 의병 운동에 투신했던 윤희순은 원래 제어하기 힘들 정도로 폭
발적인 에너지를 지니고 남다른 면모로 살았던 것일까? 그러나 윤희순에
대한 전기적 사실들을 검토해보아도 그런 행적들은 보이지 않는다. 의병 운
동에 투신하기 전까지 윤희순의 삶은 오히려 구한말의 평범한 여성상에 가
까웠다. 그녀는 철종 11년인 1860년 서울에서 윤익상尹翼商의 딸로 태어나
1876년에 외당畏堂 유홍석柳弘錫(1841~1913)의 큰아들 유제원柳濟遠에게 시집간
다. 유홍석이 서울에서 머물렀을 때 윤희순의 친정과 교류가 있었던 것이
다. 그녀가 태어났던 1860년에 중국은 북경이 함락되고 황제가 열하烈河로
피신한다. 이 사건은 조선에 큰 충격을 안겨다 주었다. 조선의 관료들 중에
는 무단히 직무를 이탈하는 자들도 있었으며 부유한 자들은 낙향하거나 산
중으로 피난하기도 했다고 한다. 곧이어 1866년 병인양요, 제너럴 셔먼 호
사건, 그리고 1868년 독일인 오페르트의 도굴 사건 등 조선은 연이은 외세
의 도전에 부딪히게 된다.

그런데 윤희순의 어린 시절에 대한 기록은 별로 자세하지 않다. 다만
어려서부터 성품이 활발하고 씩씩했으며 결혼한 뒤로는 시부모를 잘 모시
고 가사를 잘 돌보아 동네에서 칭찬을 들었다는 기록이 보일 뿐이다. 그중
좀 다른 것이 있다면 '성품이 활발하고 씩씩하였다'는 언급이다. 조선 시

대 양반 여성의 성품에 대한 칭찬으로는 주로 '유순하다, 화목하다, 조용하여 말수가 적다' 등의 표현이 즐겨 사용되었던 것을 생각해보면, '활발하고 씩씩하다'는 것은 윤희순 개인의 기질로 이해할 수 있겠다. 이 활발하고 씩씩하고 헌걸찬 기운이 그녀를 의병 운동에 앞장서게 한 요인이 되었을 것이다.

아버님, 저도 가겠습니다

달빛도 비치지 않는 한밤중이었다. 시아버지 유홍석은 자신의 결심을 이제 며느리에게 이야기할 때가 되었다고 생각하였다.

"나는 의병을 하러 갈 것이니, 너는 집안일에 힘쓰도록 하여라."

"아버님, 저도 가게 해주세요. 저도 가겠습니다."

"아니다. 너는 남아서 집안일을 돌보아다오. 그리고 내가 너에게 부탁하고픈 게 또 하나 있구나. 만약 내가 전장에 나가 소식이 없더라도 조상을 잘 모셔다오."

순간, 윤희순은 시아버지의 눈에서 눈물이 글썽하는 것을 보았다.

"자손을 잘 길러라. 충성되고 훌륭한 자손으로 길러내어 너희 대에는 이런 일이 없도록 해주길 바란다. 네가 불쌍하구나."

시아버지의 눈에서 다시 눈물이 글썽이는데 차마 볼 수가 없었다. 불쌍하신 시아버님……. 윤희순은 시아버지의 뒷모습이 사라질 때까지 바라보다가 산으로 올라가 단을 쌓고, 전쟁터에 나가신 시아버지의 무사 귀환을 위해 하루도 빠지지 않고 축원을 드렸다. 매일 삼경이 되면 목욕하고 맑은 물 떠다 놓고 삼백 일 동안 기도를 드렸다. 지성이면 감천이라더니 시아버지는 열 달째 되던 날 무사히 돌아오셨다. 반가운 마음 그지없었다. 시아버지께서는 그간의 일에 대해 말씀해주시며 "성공한 적도 있었지만 실패한 적도 많았구나"라고 하시더니 "네 지극한 정성으로 내가 돌아온 것 같구나. 비가 오나 눈이 오나 그렇게 정성이 있었으니 우리 며느리가 효부 열녀로다" 하시며 크게 칭찬하셨다. 그러나 윤희순의 눈에는 그 대담하신 모습이 오히려 더욱 안쓰럽게 느껴졌다. '환갑을 바라보시는 나이에 전쟁터라니…….' 외당은 그렇게 겨우 하룻밤을 머물고는 다시 집을 떠났다.

윤희순은 시집온 후 오랜 세월 홀로 시아버지를 모시고 지냈기에 정이 각별했을 수도 있다. 열여섯 살 되던 해 춘천 남면 발산리 황골로 시집온 윤희순은 남편 없이 오랜 동안 홀시아버지를 모시고 살아야 했다. 시어머니는 이미 세상을 뜬 뒤였으며, 남편은 공부를 위해 늘 집을 떠나 있었기 때문이다. 훗날 그녀는 「해주윤씨 일생록」에서 그때를 "짝을 잃은 두견새 신세가 되다시피 살자 하니 항상 쓸쓸히 지냈다"라고 술회하고 있다. 그래서인지 그녀는 서른다섯 살 때인 1894년에야 첫아들 돈상敦相을 낳는다. 그리고 한 해 뒤인 1895년 일제에 의해 명성황후가 시해당하는 사건이 발생하였다. 1895년의 명성황후 시해 사건과 단발령으로 인해 조선에서는 유생을 중심으로 전국적으로 의병 운동이 전개되기 시작했는데, 첫번째 의병 전투가 춘천에서 일어났다. 한말 의병을 선도한 춘천 의병들은 화서華西 이항노李恒老, 중암重菴 김평묵金平默, 성재 유중교, 의암毅菴 유인석柳麟錫으로 이

어지는 화서학파의 인맥으로 연결되었는데, 윤희순의 시아버지인 외당 유홍석은 제천에서 재종제 유인석을 도와 의암 의병에 가담하였다. 외당이 출정할 때 윤희순은 자신도 따라나서고자 하였으나 시아버지의 간곡한 만류로 집에 남기로 하였다. 황골에 사는 부인은 이때 윤희순의 모습을 '저 죽을 줄 모르고 충효에만 정신이 들었다'면서 '규중 부인네 몸으로 봉두난발로 시아버님을 좇아' 가려 했다고 묘사했다. 이때 그녀의 나이 서른여섯. 스무 살의 의분도, 혈기도 아니었다. 자신의 굳은 신념에 바탕한 선택이었다. 비록 시아버지의 만류로 집에 남기는 하였으나, 중년에 접어든 나이 더군다나 늦게 얻은 첫아들이 이제 막 돌을 넘긴 때에 그녀는 종군하기를 소원했던 것이다.

이렇게 집에 남은 윤희순은 그러나 아들을 기르며 집안일을 하는 것만으로 만족하지 않았다. 그녀에게는 나랏일에 동참하고 싶은 굳은 뜻이 있었던 것이다. 그녀가 찾은 방법은 의병들이 다시 전투에 투입될 수 있도록 하는 일이었다. 외당이 떠난 며칠 후 군량이 떨어져 굶주린 의병들이 몰려왔다. 윤희순은 마침 춘천 숯장수들이 숯을 사기 위해 갖다 놓은 보리쌀 한 가마와 좁쌀 한 가마, 그리고 자신의 집에서 쓸 쌀을 몽땅 털어 밥을 해주었다. 이 일이 계기가 되어 그녀는 동네 사람들을 설득하여 의병 운동을 지원하는 방법들을 강구해내기에 이르렀다. 처음에는 반대하는 사람들도 있었고 주저하는 사람들도 있었지만 윤희순의 웅변으로 많은 사람들이 뜻을 모으기에 이르렀다. 그녀는 특히 부녀자들의 동참을 촉구하여서 군자금도 모금하고 밥도 해주고 버선도 손질해주었다.

을사조약이 체결되던 1905년 외당은 다른 의병장들과 더불어 의병 600여 명을 모집하고 주민들과 함께 가정리 여우내골에서 의병 훈련을 했다. 이때 윤희순은 마을 부녀자들을 모아 군자금을 거두었고 또 직접 화약, 탄환을 만들었으며 의병 훈련에도 참여하였다. 그뿐 아니라 그녀는 의병들의 사기를 북돋우는 여러 노래들을 지어 보급했다. 오늘날의 군가에 해당하는 노래이다. 그녀가 남긴 「방어장」, 「왜놈 앞잡이들아」 등의 글이 을미년(1895), 병신년(1896)에 씌어진 것을 보면, 그녀가 의병 운동에 투신한 것은 춘천 의병 운동이 시작한 해와 궤적을 같이한다. 노래의 내용은 일제와 일제 앞잡이 노릇을 하는 조선인들을 비판하고, 의병들의 사기를 진작하며 또 안사람들도 의병 운동에 함께해야 한다는 것들이었다. 비록 시아버지인 외당 유홍석은 인식의 한계를 보이면서 며느리에게 가문을 보존하는 일과 집안일에만 전념해줄 것을 당부했지만, 며느리 윤희순은 집에 머물면서도 나랏일에 적극적으로 나서서 후방에서 독립을 위한 투쟁을 주도해 나갔던 것이다.

아들이냐, 의병장이냐?

윤희순의 자식에 대한 기록은 두 가지이다. 하나는 1902년에 둘째아들 교상敎相을 낳고 연이어 1903년에 셋째아들 휘상徽相을 얻었다는 것이고, 또 다른 하나는 1897년에 둘째아들 민상敏相을 1902년에 셋째아들 교상을 낳았다는 것이다. 현재 남아 있는 자료로는 어느 기록이 더 정확한지 판단하기 어려우나 「재종 지와장 서방님에게 올림」이라는 편지 글에 민상이라는 이름이 언급된 것으로 보아 후자의 기록이 더 신빙성이 있는 것으로 보인다. 어쨌든 세 명의 아이를 기르면서도 그녀의 의병 활동은 계속되었다. 1905년부터 본격화된 여우내골에서의 의병 운동에 적극 가담했지만 1910년 조선은 일본의 식민지가 되고 말았다. 그해 어느 날 일본인들과 그 앞잡이들이 들이닥쳐 윤희순에게 시아버지인 외당의 행방을 물은 적이 있었다. 어디서 전쟁을 하느냐고 물어도 윤희순이 모른다고 하자 일본인들은 큰아들 돈상을 붙잡아 죽인다고 위협하면서 어린것에게 매질을 하였다. 제대로 대답하지 않으면 이 아이의 목숨이 위태롭다는 호통과 함께……. 순간 윤희순은 갈등에 휩싸였다. 그리고는 대답하였다. "자식을 죽이고 내가 죽을지언정 큰일을 하시는 시아버님을 돌아가시게 할 줄 아느냐?" 윤희순의 목소리는 조금도 주눅이 들지 않고 쩌렁하게 울렸다. 그러자 더 이상 소득이 없을 것이라고 판단했는지 그자들은 아이를 내려놓고는 물러났다. 훗날 어른이 된 돈상은 이 일을 소상히 기억하면서 그때 자신은 '꼭 죽는 줄로만 알았다'고 했다.

어머니에게 있어 자식의 목숨은 흥정의 대상이 될 수 없다. 더구나 돈상은 집안을 이어갈 장자였다. 그러나 윤희순은 망설임 없이 시아버지를 보호하였다. 물론 유교의 윤리는 이런 상황에서 자식이 아니라 부모를 구해야 한다고 가르치고 있다. 그러나 윤희순의 선택은 이런 유교적 가르침에 의한 것과는 그 성격이 다르다. 그녀는 아들 대신 시아버지를 선택한 것이 아니라 아들 대신 의병장을 선택한 것이었다. 이 사건은 그녀가 얼마나 자신의 뜻에 철저한 사람인가를 보여주는 일화이다.

나라가 망하자 외당은 자결을 결심한다. 그러나 외당의 아들이자 윤희순의 남편이었던 유제원은 생각이 달랐다. 그 역시 의병 운동에 동참했는데, 유제원은 여기서 죽고 말 것이 아니라 중국으로 망명하여 독립운동을 지속해 나가는 것이 낫다고 판단하였던 것이다. 이에 1911년 온 가족이 중국으로 망명할 것을 결심하고 압록강을 건넌다. 중국에서의 고난은 예견된 것이었다. 독립운동을 하자니 온 가족이 뿔뿔이 흩어져 살아야 했으며, 조밥과 옥수수로 끼니를 해결해야 했다. 그러면서도 그들은 꾸준히 독립운동에 힘써서 '가족부대'라는 호칭을 얻기에 이른다. 윤희순을 비롯하여 시아버지부터 남편, 아들, 손자에 이르기까지 그들의 삶은 오직 조국의 광복이라는 소망을 향해 순직하게 전진하는 행군의 과정이었다.

우리 조선 사람들은 목숨을 내놓을 테니

춘천에서의 윤희순이 집안에 남아 의병 운동에 동참하는 형태의 삶을 살았다면, 요동에서의 삶은 그 자체가 독립운동이었다. 조선에서는 유홍석을 비롯한 시집 식구 중심의 구국 운동이 주를 이루었다면, 중국으로 망명한 후에는 윤희순이 주도하는 독립운동이 펼쳐진다. 그 대표적인 것이 요동 환인현 보락보진에 세워진 노학당老學堂을 중심으로 한 활동이다. 윤희순은 망명한 이듬해인 1912년 동창학교東昌學校의 분교인 노학당을 세워, 반일 정신을 고취시키고 오십여 명의 졸업생을 배출하였다. 윤희순은 이 학교의 교장으로, 운영자금을 모금해서 이 학교를 세웠던 것이다. 그 지방 사람들은 그녀를 '연설 잘하는 윤교장', '조선 여교장 윤희순'으로 불렀다고 한다. 윤희순은 여러 마을을 돌아다니며 반일 선전을 하고 모금을 했으며, 그녀가 가르쳐준 반일 애국 노래는 당시 망명한 조선인이나 중국인들에게 힘과 용기를 주었다고 한다. 그녀는 중국 사람들에게 반일운동의 필요성을 설파하면서 "우리 조선 사람들은 목숨을 내놓을 터이니, 당신네 중국 사람들은 식량과 터전을 달라"라고 설득했다고 한다.

그녀가 노학당을 세운 지 일 년 만인 1913년에 시아버지 유홍석이 세상을 뜨고, 1915년에는 남편인 유제원과 의암 유인석이 죽음을 맞게 된다. 조선에서 의병 운동을 주도했던 인물들이 다 저세상 사람이 되었지만 이 가족의 독립운동은 윤희순을 중심으로 계속되었다. 환갑을 바라보는 나이에도 윤희순의 기상은 꺾일 줄 몰랐다. 윤희순은 계속 군자금을 모으고 독립의 필요성을 연설했으며, 돈상과 교상 등 아들들은 지속적으로 독립운동을 했다. 돈상, 민상 등이 연루된 단체는 독립단이었고, 그 와중에 교상은 십대 때 비밀문서를 운반하다 말에서 떨어진 뒤로 다리를 절게 되었다. 돈상의 아들 봉준 또한 어린 나이로 굴렁쇠를 굴리고 다니면서 자신도 모르는 사이에 독립운동을 하는 사람들의 연락책 노릇을 잘 수행해냈다. 윤희순은 삼십 대 이후 늘 의병 운동 중이었으며, 일흔에 이르기까지 기꺼이 독립운동가로 살아내었다.

그러나 조국의 독립이 여의치 않자 그녀는 고향을 그리워하며 「신세타령」을 써서 남긴다.

이역만리 타국 땅에 남겨둔 건 눈물이라 / 슬프고도 슬프도다 우리 의병 슬프도다 / 이내 몸도 슬프도다 이렇듯이 슬플쏘냐 / 울어본들 소용없고 가슴속만 아파지네 / 엄동설한 찬바람에 잠을 잔들 잘 수 있나 / 동쪽 하늘 밝아지니 조석거리 걱정이라 / 이리하여 하루살이 살자 하니 맺은 것이 왜놈이라 / 어리석은 백성들은 왜놈 앞에 종이 되어 / 저 죽을 줄 모르고서 왜놈 종이 되었구나 / 슬프고도 슬프도다 맺힌 한을 어이할꼬 / 자식 두고 죽을쏘냐 원수 두고 죽을쏘냐 / 내 한 목숨 죽는 것은 쉬울 수도 있건마는 / 만리타국 원한 혼이 될 수 없어 / 서럽구나 이내 신세 슬프고도 서럽구나 / 어느 때나 고향 가서 옛말하고 살아볼꼬 / 애달프고 애닯도다 슬프고도 슬프도다 / 이내 신세 슬프도다 / 방울방울 눈물이라 맺히나니 한이로다

늙도록 독립운동을 했건만 고향에 돌아갈 수 있다는 희망을 갖기 어렵게 되자 그녀는 낙담하게 된다. 이 작품은 1923년 정월 15일 밤에 쓴 것으로 보인다. 슬프고 서러운 가운데, 그러나 분명한 것은 일제에 대한 저항정신 곧 고향으로 대표되는 조국에 대한 애정이었다. 자식 두고 원수 두고는 죽을 수조차 없다는 말에서 우리는 그녀의 강한 의지와 적극적인 태도를 엿볼 수 있다. 그러나 이렇게 강인했던 그녀의 정신력도 한계에 이르는데, 이는 그녀의 첫아들 돈상의 죽음과 관련 있다. 1935년 돈상은 제사를 지내러 왔다가 왜병에 체포되어 요동감옥에서 모진 고문을 당한다. 데려가라는 소리를 듣고 가보니 돈상은 이미 다 죽어갈 지경으로, 도중에 결국 무순에 있는 그의 처갓집 근처에서 숨을 거두고 말았다. 어떻게 할 수가 없

자 윤희순은 나무에 '유'柳 자 한 글자를 새겨 그 아들을 묻는다. 남편이 죽었을 때도 잘 감당하였던 그녀가 아들의 죽음 앞에서는 그만 망망하게 삶의 의지를 놓는다. 「해주윤씨 일생록」을 지어 자신의 삶을 대강 기록하고 후손들에게 당부하고픈 말들을 정리하여 남긴 뒤, 그녀는 곡기를 끊어 죽음을 택하였다. 1935년 8월의 일이다.

1900년대 초반의 조선 여성들

윤희순의 삶을 보면 순박함과 강한 의지, 그리고 지도자로서의 그녀의 자질에 감탄하게 된다. 도대체 철종 시대에 태어나, 위정척사를 주장했던 화서학파에 속하는 시댁으로 시집간 양반 여성이 어떻게 그럴 수 있었을까? 그저 규중에 다소곳이 있다가 외적이 쳐들어오면 스스로 목숨을 끊고 열녀가 되어야 더 마땅해 보이기까지 하는데 말이다. 그런데 비단 윤희순이 아니어도 1900년대 초반 조선 여성들의 대사회적 태도는 의외로 열렬하다. 당시 조선의 여성들은 여성들도 권리를 행사할 수 있어야 한다고 주장하면서 남성들의 영역이었던 공적인 '큰일'에 동참하기 시작했던 것이다.

우리나라 여성에 의해 여권운동이 시작된 최초의 사건은 1898년 9월 1일 서울 북촌에 거주하는 부인들을 중심으로 일어났다. 당시 북촌은 양반의 거주지였다. 그러므로 우리나라의 여권운동은 양반 부인 사회에서 먼저 일어난 것이라 할 수 있다. 서울 북촌 부인들의 「여권통문」女權通文은 여성들의 참정권, 직업권, 교육권의 획득을 주장하는 내용으로 되어 있으며, 그녀들은 이 글을 통해 구습을 벗어버리고 문명·개화 정치를 수행할 대열에 참여하겠다는 의지를 보였다. 「여권통문」 발표 당시 이 운동의 지지자들인 찬양회贊襄會 회원은 삼백여 명이었는데, 발표 이후 회원 수가 사오백 명으로 늘어났다. 이 중에는 중심 세력인 양반 여성을 비롯하여 일반 서민층 부인과 기생들도 있었다. 그리고 이 운동은 곧 여성의 교육 운동과 애국 운동으로 연결되었다.

1898년 11월 독립협회 지도자 17명이 갑자기 체포되고 독립협회 해산 칙령이 반포되자 독립협회 회원들과 서울 시민들은 울분을 참을 길 없어 다시 만민공동회萬民共同會를 열고 수감될 것을 각오하고 연설을 하는 등 사태가 거칠어졌다. 이때 찬양회 부인들도 상황에 개의치 않고 기어이 고등재판소 앞에 몰려와 근처에 묵으면서 남자들과 동등하게 끈질긴 투쟁에 참여하였다. 그리고 부인들은 자신의 재산을 선뜻 내놓아 만민공동회에 보내기도 했는데, 당시 신문들은 부인들의 이 같은 행동에 대해 한결같이 '남자도 따를 수 없는 애국적인 행동' 이라고 평가했다.

그리고 애국 운동을 통해 양반 여성들이 신분의 한계를 넘어서서 운동성을 발휘하게 되는 계기를 맞는다. 그것은 바로 신기료장수 김덕구의 장례식이었다. 11월 5일 보수파들은 만민공동회를 기습했는데, 이 과정에서 신기료장수인 김덕구가 중상을 입고 사망하였다. 만민공동회는 김덕구의 장례를 '만민장' 萬民葬으로 치르기로 결정하였고, 여기에 찬양회 부인 회원 백이십여 명도 참석하고자 몰려왔다. 장례에 참석한 찬양회 대표들은 제물을 준비해서 노제를 지냈으며 사인교와 장독교를 타고 영구 행렬 뒤를 따랐다. 양반 여성이 사적인 규방 공간을 벗어나 광장의 정치 문제에 동참하고, 하층민의 죽음에 이처럼 공식적으로 애도를 표현한 것은 아마 이때가 처음이었을 것으로 보인다.

우리나라 여성사에 있어 1900년대는 여러모로 기억해야 할 것이 많다. 1906년 9월부터 시작되어 25회에 걸쳐 일 년 정도 지속된 토론회도 그중 하나이다. 이 토론회의 진행을 보면 회를 거듭할수록 부인네들이 주도적인 역할을 담당하게 되었으며, 토론 주제 역시 여성 문제였다. 참석하는 부인 회원 수는 백여 명이었는데, 이 토론회는 누구에게나 개방되어 있어 매회 삼백 명에서 오백 명에 이르는 남녀 방청인이 참석하여 성황을 이루었다고 한다. 6회 토론회에 참석했던 『만세보』의 기자는 이 부인들의 토론 태도와 논리 정연한 지식에 감탄하여 관련 기사를 썼다. 20세기 초반, 서울의 어떤 건물에 수백에 이르는 남녀들이 자유롭게 한가득히들 모여 여성들이 주도하는 찬반양론에 열렬하게 참여했을 광경을 생각하니 그 열기가 후끈 전해지는 듯하다. 아마도 이해조의 『자유종』은 우리나라 근대 초기 부인네들의 이런 자유로운 토론 문화를 반영한 것이리라.

이 무렵의 사건 중 또 하나 기억해야 할 것이 있다. 바로 1907년 2월 대구에서 일어난 국채보상운동이다. 처음 국채 보상을 위한 국민대회가 개최되었을 때 수많은 부녀자들도 참석하였는데, 보상금 마련 방법으로 '3개월간의 금연'과 '현금 모으기'만이 제시되었다. 이러한 발상은 이 대회가 처음부터 남자의 참여만을 전제로 한 것이었음을 의미한다. 그러자 대구의 부녀자들은 크게 격분하여 '패물폐지부인회'를 조직하고 「경고 아부인 동포라」라는 격문을 발표하기에 이른다. "나라 위하는 마음과 백성 된 도리에 어찌 남녀가 다르리오", "부인은 논외로 한다 하니 대저 여자는 나라의 백성이 아니냐"라는 문제 제기는 나라의 운명을 안위하는 일에 있어 남녀 평등을 주장하는 것으로, 조선 시대의 열절 의식으로부터 진일보한 자세를 보여준다. 그리고 이러한 의식은 윤희순이 「안사람 의병가」를 지어 여성들의 의병 운동을 촉구하면서 의병 운동에 투신한 것과 궤를 같이하고 있는 것이다. 대구 여성들의 격문은 전국 여성의 즉각적인 반응을 일으켜 여성 중심의 국채보상운동이 전개되기에 이른다. 여성이 소지한 패물을 헌납하거나 끼니마다 쌀을 덜어내자는 여성들의 국채보상운동은 3개월간 금연하자는 남성들의 방법보다 훨씬 효과적이고 실질적인 것이었다. 남녀의 분별은 있으나 권리는 동등하다는 의식, 애국에는 남녀 · 신분 · 지역의 차별이 있을 수 없다는 당시 여성들의 인식은 인간 평등을 바탕으로 한 근대적인 정치의식을 보여준다.

그런데 전국적으로 전개되었던 여성들의 국채보상운동에 대한 기사가 보이지 않는 지역이 있으니, 강원도이다. 유독 강원도에서만은 국채 보상을 위한 여성 단체가 조직되었다는 기사를 찾아보기 어려운데, 이는 이 지역이 개화 문명과 접촉할 기회가 적었기 때문일 것으로 추정하고 있다. 그러나 강원도에서 국채 보상을 위한 여성 단체가 결성되지 않았다고 해서 이 지역 여성들이 시대적 요청과 동떨어진 채로 살아간 것은 절대 아니다. 강원도 여성들은 윤희순과 같이 안사람으로 의병 운동에 적극 동참함으로써 구국의 대열에 합류했던 것이다. 당시 시대가 요구했던 여성상은 잔 다르크와 같은 여성상이기도 했다. 이러한 필요에 의해 프랑스의 여성 전쟁 영웅 잔 다르크의 일대기가 『애국부인전』이라는 소설로 번역, 소개되고 읽혔던 것이다. 그리고 프랑스의 잔 다르크가 그러했듯 조선에도 직접 독립운동에 투신한 여성들이 다수 있었다. 그리고 이 계열에 윤희순이 속해 있었다.

뜻으로 산 삶, 조국 독립에의 헌신

'20세기 초반의 여성'이라고 하면, 우리는 대개 도시를 배경으로 신여성, 여학생, 여급 등의 단어를 떠올린다. 그런데 윤희순은 춘천에서도 더 들어가는 가정리의 애기 엄마였다. 말하자면 그녀는 시골 아줌마였던 셈이다. 임진왜란 때 삼대 대첩 중 하나로 기록되는 행주산성에서의 전투는 관군만의 전투가 아니었다. 수많은 여성들이 치마를 끊어 거기에 돌을 날라서 그 전투를 승리로 이끄는 데 기여했다는 사실은 초등학교만 졸업하면 알 수 있을 정도로 유명한 일이다. 당시 그렇게 치마를 잘라 전투에 참여하자고 발의한 여성이 분명 있었으리라. 그리고 이에 기꺼이 동참하자고 소리 높인 여성들도 있었으리라. 그러나 행주대첩에서 역사적으로 이름을 얻은 이는 권율을 비롯한 몇 명의 양반 남성들이었다. 당시 전투 상황에서 행주치마라는 단어가 생겼다고 할 정도인데도, 여성들의 행위는 복수 명사로, 설화로, 야사로 전해질 뿐이다.

윤희순의 행적이 잘 알려지지 않은 데는 그녀가 중국에서 숨을 거두었다는 이유도 있겠으나, 그녀가 시골 유생의 아내였다는 점 역시 작용했으리라고 여겨진다. 게다가 「안사람 의병가」로 드러난 그녀의 행적이 도움을 주는 보조적인 역할에 불과한 것처럼 평가된 측면도 있다. 그러나 그녀가 의병 운동에 헌신한 것과 무엇보다 평생 그 뜻을 지켜 자신의 삶 속에서 꾸준히 실천했다는 사실은 그 어떤 의병장과 비교해도 못하지 않다. 아니, 어쩌면 그 진정성의 측면에서 본다면 윤희순은 더 높이 기려져야 마땅하다. 구한말 의병 운동으로 기억되는 대표적인 인물을 들라고 하면 단연 최익현 崔益鉉(1833~1906)을 꼽을 수 있겠다. 그러나 오늘날 역사는 최익현의 의병 운동에 대해 회의적인 시선을 보내기도 한다. 호남에서 가장 먼저 일어났다는 명분을 위해 엉성한 군대를 몰아 순창에 이르러서는 전주, 남원에서 급파된 정부군에 포위당하자 임금의 군사와 싸울 수 없다고 그대로 무기를 버리고 투항한 것이 최익현의 의병 활동 내용이다. 그리고는 체포되어 대마도로 끌려가 병사했던 것이다. 물론 아예 친일을 한 자들도 많은 사정임을 고려한다면 이나마도 존경받아야 하는 것일 수도 있으나, 의병장 최익현에게 실제로 일제에 맞서 싸우려는 구국의 의지가 있었는지 그 진정성에 대해서는 다시 물어야 할 필요가 있는 것이다. 여기에 비하면 일제에 대한 윤희순의 저항 정신, 나라를 구하려는 투쟁 의지는 조선에서 만주에서 한 평생 올곧게 힘을 발휘했다.

　　오늘날 우리는 당시 상황 속에서 개인의 의를 증명하기 위한 것이 아니라 혹은 자신이 속한 집단의 명분을 세우기 위해서가 아니라, 문제 상황 자체를 문제로 파악하고 그 해결에 동참하려는 문제 해결 의지, 그 순박한 열정을 지닌 이들에 대해 적극적으로 의미를 부여할 수 있어야겠다. 이는 오늘날의 우리 문제를 해결하는 실마리이기도 할 것이다.

우리의 역사 속에서 진정 문제를 해결하고자 헌신했던 이들이 누구인지를 제대로 가려내고 기리는 일은 오늘날 삶의 맥락에서도 중요하다. 그런 판단력은 우리 사회에서 자신이 속한 집단의 이익이 아니라 실제 문제를 헤쳐 나가고자 하는 진정성을 지닌 인물이 누구인지를 가려내는 능력이기도 할 것이기에 그러하다.

기억해야 하는 '그리운 미친년들'

그리운 미친년 간다
햇빛 속을 낫질하며 간다
쫓는 놈의 그림자는 밟고 밟으며
들풀 따다 총칼 대신 나눠주며 간다
그리움에 눈감고 쓰러진 뒤에
낫 들고 봄밤만 기다리다가
날 저문 백성들 강가에 나가
칼로 물을 베면서 함께 울며 간다
새끼줄에 꽁꽁 묶인 기다림의 피
쫓기는 속치마에 뿌려놓고 그리워

간다, 그리운 미친년 기어이 간다
이 땅의 발자국마다 입맞추며 간다
—정호승, 「유관순 1」

　　위 시는 정호승 시인이 유관순을 기리며 쓴 것이다. 그리운 미친년. 이
시를 처음 읽었을 때, 그리울 수 있는 미친년이 있다는 사실이 신선했다.
그렇게 이 땅의 발자국마다 입 맞추며 기어이 가고야 말았던 그녀는 비단
유관순만은 아니었다. 다만 역사가 기억하지 못할 뿐이다. 유관순, 윤희순,
벌골댁, 소리댁, 턱골댁 그리고 역사 속에 그 흔적조차 남기지 못한 수많은
의로운 여성들……. 각기 인간으로, 자식으로, 어머니로 제 앞의 이로움 대
신 고통스러운 의의 방식을 선택했던 여성들. 미치지 않은 다음에야 어떻
게 그렇게 할 수 있었겠는가. 윤희순은 자신의 평생을 걸고 투쟁하는 방식
을 선택했다. 눈에 띄기 어려운 지리한 방식이다. 어느 한순간 파란 불꽃처
럼 타버렸다면 어쩌면 그녀에게도 한 편의 시를 헌정한 시인이 있었으리
라. 그러나 삼십 줄의 나이로 시작한 독립운동을 할머니로 늙어 죽을 때까
지 한평생 올곧게 실천한 윤희순은 현재 그 이름 석 자조차 제대로 기억되
지 않는다. 근래 들어 강원도를 중심으로 윤희순을 새롭게 조명하는 작업
이 진행되고는 있지만 21세기의 우리는 불과 70여 년 전에 세상을 뜬 그녀
의 카리스마, 실천적인 삶, 그 곧은 삶의 자세를 잘 알지 못한다. 주변의 진
실을 보기 어렵다는 점에서 역사의 기억은, 역사의 기록은 허망하기조차 하
다.

미 칠　수　있 는　에 너 지 를　지 닌　여 인,　윤 희 순

21세기는 여성이 중요한 화두로 부상한 세기이며, 우리 사회에서도 여성 문화의 새로운 흐름들이 소개되거나 형성되어가고 있다. 오늘날 우리가 윤희순을 기억하는 것은 단지 민족주의적인 측면에서 우리 역사에 독립운동가를 하나 더 보태는 일에 불과한 작업이 아니다. 윤희순의 삶은 새로운 기술과 경제에 휘둘리는 오늘날 여성들에게 하나의 역할 모델이 되기에 충분하다. 여성도, 어머니도 제 남편·제 자식의 안온한 앞날만을 위해 기도하지 않을 수 있으며, 자신의 뜻을 좇아 의를 실천하며 살 수 있다는 것을 윤희순은 자신의 삶으로 실천해 보였다.